"十三五"国家重点出版物出版规划项目
交通安全科学与技术学术著作丛书

船舶舱室环境定位
与感知技术

刘克中　陈默子　曾旭明　王克浩　著

科学出版社

北　京

内 容 简 介

随着物联网、人工智能等技术迅猛发展，智能船舶成为未来船舶发展的必然趋势，而位置信息的有效感知正是船舶智能化技术应用的基础和前提。基于泛在无线网络的船舶舱室环境室内定位能为舱室智能监测、人员货物实时定位和异常事件检测等智能化应用提供关键的物理地址标识。然而，由于船舶环境独特的动态干扰性、结构复杂性、场景多变性等特征，现有定位技术的性能在船舶场景下会受到巨大的干扰。本书针对船舶动态环境下的室内目标定位问题，从船舶动态环境对室内定位信号影响机理研究入手，分析研究船舶动态环境多因素干扰对室内定位的干扰，运用深度学习等理论方法提出面向船舶动态环境的高精度、多目标、低部署成本的无线室内定位方法，使船舶室内定位系统具有在船舶环境下大范围部署、长时间运行的潜力。

本书可供从事船舶安全、室内定位及导航工程的研究人员参考，也可作相关专业高年级本科生、研究生参考用书。

图书在版编目（CIP）数据

船舶舱室环境定位与感知技术 / 刘克中等著. —北京：科学出版社，2023.9

（交通安全科学与技术学术著作丛书）

"十三五"国家重点出版物出版规划项目

ISBN 978-7-03-072730-5

Ⅰ．①船…　Ⅱ．①刘…　Ⅲ．①船舱-环境工程Ⅳ．①U663.8

中国版本图书馆 CIP 数据核字（2022）第 122984 号

责任编辑：姚庆爽　魏英杰 / 责任校对：胡小洁
责任印制：赵　博 / 封面设计：陈　敬

斜 学 出 版 社 出版

北京东黄城根北街 16 号
邮政编码：100717
http://www.sciencep.com

北京科印技术咨询服务有限公司数码印刷分部印刷
科学出版社发行　各地新华书店经销

*

2023 年 9 月第　一　版　开本：720×1000　1/16
2024 年 8 月第二次印刷　印张：16 1/4
字数：328 000

定价：128.00 元
（如有印装质量问题，我社负责调换）

"交通安全科学与技术学术著作丛书"编委会

(按姓名汉语拼音排序)

"交通安全科学与技术学术著作丛书"序

交通安全作为交通的永恒主题，已成为世界各国政府和人民普遍关注的重大问题，直接影响经济发展和社会和谐。提升我国交通安全水平，符合新时代人民日益增长的美好生活需要。

"交通安全科学与技术学术著作丛书"的出版体现了我国交通运输领域的科研工作者响应"交通强国"战略，把国家号召落实到交通安全科学研究实践和宣传教育中。丛书由科学出版社发起，我国交通运输领域知名专家学者联合撰写，入选首批"十三五"国家重点出版物出版规划项目。丛书汇聚了水路、道路、铁路及航空等交通安全领域的众多科研成果，从交通安全规划、安全管理、辅助驾驶、搜救装备、交通行为、安全评价等方面，系统论述我国交通安全领域的重大技术发展，将有效促进交通运输工程、船舶与海洋工程、汽车工程、计算机科学技术和安全科学工程等相关学科的融合与发展。

丛书的策划、组织、编写和出版得到了作者和编委会的积极响应，以及各界专家的关怀和支持。特别是，丛书得到了吴有生院士、范维澄院士、翟婉明院士、丁荣军院士、李骏院士和郑健龙院士的指导和鼓励，在此表示由衷的感谢！科学出版社魏英杰编审为此丛书的选题、策划、申报和出版做了许多烦琐而富有成效的工作，特表谢意。

交通安全科学与技术是一个应用性很强的方向，得益于国家对交通安全技术的持续资金投入和政策支持。丛书结合973、863和国家自然科学基金、国家支撑计划、重点研发任务专项等国家和省部级科研成果，是作者在长期科学研究和实践中通过不断探索撰写而成的，汇聚了我国交通安全领域最新的研究成果和发展动态。

我深信这套丛书的出版，必将推动我国交通安全科学与技术研究工作的深入开展，在技术创新、人才培养、安全教育和工程应用等方面发挥积极的作用。

中国工程院院士
武汉理工大学交通运输工程学科首席教授
国家水运安全工程技术研究中心主任

前　言

随着船舶智能化的发展，船舶舱室环境室内定位逐渐引起学术界的关注。船舶智能化是利用先进的人工智能、大数据、云计算、物联网、移动互联网等技术联合在船舶上开展应用，而实现这些智能化技术的基础和前提则是物理信息的有效感知。在这些感知信息中，位置属性作为连接信息世界和物理世界系统的关键标识无疑是最基础的特征，没有位置就没有所谓信息互联。基于位置信息的船舶智能化应用可以解放长期值守船员，通过运用传感识别、通信网络、智能计算、信息控制等技术方法，对船舶、客货、人员等水运要素进行精准的智能感知和动态监控，实现智能化的船舶航行控制、货物自动化管理，以及人员感知和监控。

本书从无线通信与感知的角度论述当前备受关注的船舶人员位置感知技术，讲述船舶环境无线定位与感知的原理与方法。本书前 2 章讲述船舶环境室内定位的基本原理。对传感网定位感兴趣的读者可以重点阅读第 3 章。对室内定位感兴趣的读者可以重点阅读第 4、5 章。对无线感知及应用感兴趣的读者可以重点阅读第 6 章。本书整体结构清晰，对原理性内容解释详尽。读者需要了解通信原理、矩阵论等基础理论，部分章节需要读者掌握机器学习、数字信号处理等相关知识。

本书的相关研究得到国家自然科学基金项目(51979216)、湖北省自然科学基金创新群体项目(2021CFA001)、船舶×××项目(2020××××)的资助。感谢武汉理工大学严新平院士、杨星教授、马杰教授、郑凯副教授，明尼苏达大学何田教授，得克萨斯大学达拉斯分校刘聪教授给予的帮助。在本书的写作过程中，我们还得到武汉理工大学的多位研究生的帮助，感谢王国宇、陈梦达、马玉亭、杨稳、陈嘉鸣、陈家豪、蔡鄂、胡招等。在此一并表示感谢。

限于作者水平，书中难免存在不妥之处，恳请读者指正。

作　者

目　　录

第1章 船舶舱室环境定位与感知概述

1.1 船舶舱室智能感知需求

随着物联网、人工智能等技术的迅猛发展，智能船舶成为当前人工智能应用最为重要和活跃的研究领域之一，也是"中国制造 2025"高新技术船舶下一步发展的重要方向。根据中国船级社 2015 年发布的《智能船舶规范》，智能船舶通过突破自动化技术、计算机技术、无线通信技术、物联网技术等在船舶上的应用，实现智能航行、智能船体、智能机舱、智能能效管理、智能货物和智能集成平台。智能船舶技术是指能够提升船舶在航行、管理、维护保养、货物运输等环节智能化水平的技术集合。作为航运大国，我国正在积极推动智能船舶技术的发展。2018 年 12 月 27 日，《智能船舶发展行动计划(2019—2021 年)》发布，对我国智能船舶三年的发展做出了规划。2019 年 5 月 9 日，《智能航运发展指导意见》发布，对智能船舶的定义、分级标准、系统架构、技术体系和发展路线图等基础性和宏观战略性问题进行了分析。

信息有效感知是一切智能化技术应用的基础和前提。船舶环境中的物标位置信息作为连接信息物理系统的关键标识，是智能船舶信息感知的基础数据。物联网相关技术逐渐被引入航运事业中。船载监控传感网络即对船舶内部环境监测的无线传感器网络(wireless sensors network，WSN)。它是由大量的无线通信传感设备部署在船舶内，感知并采集各舱室信息，以多跳的方式形成一种自组织无线通信网络系统，具有灵活度高、适应性强、成本低等优点，可以实时监测感知区域内的各种对象信息及事件状态，并及时处理信息，传递给用户。它的出现为船舶室内事件的检测和跟踪提供了新的技术手段。位置信息服务是船载监控传感网络的一个重要应用，同时在更多安全保障应用中，传感网节点都需要具有正确的位置感知能力。例如，在游船内，船载传感网络可以为游客提供所在场所的位置和资源信息，寻找最优路线，实现游客的在船舶内部的室内定位和导航；事故发生后，船载传感网络可以为船内旅客提供最优逃生路径，为应急指挥人员提供受困旅客的实时位置信息，帮助救助等[1]。船舶环境的室内定位不但可以为舱室环境智能监测、人员(货物)实时定位与跟踪、非法异常事件自动检测等提供直接物理地址标识，而且可以为船舶智能配载与自动装卸、应急响应与安全服务、能效管理与资源调配等提供重要的决策依据。基于无线信号的定位技术是人们感知客观世界的重要工具，已经成为人类生活的重要组成，从野外目标行为监测、车船导航、军事定位、工业自动化的精细定位及安防监测系统，到个人定位等领域，都有重要的应用前景。当今流行的无线信号定位技术包括基于卫星协助的全球定位系统(global positioning system，GPS)、基于无线保真(wireless fidelity，Wi-Fi)的室内定位、基于射频识别(radio frequency identification，RFID)的物流跟踪定位、基于 ZigBee 的 WSN 定位。上述定位技术/系统，从室外到室内、从高精度到中低精度等可以满足不同定位监测场景的需求。其本质特点是要求被定位的目标携带特定设备，如 GPS 模块、RFID 标签。

在卫星定位导航信号不可达的室内环境下，由于 Wi-Fi 等室内无线信号具备穿透力强、覆盖范围广、部署便捷、隐私性好等优点，基于无线信号的室内定位已成为泛在位置感知的主流技术和重点研究。区别于陆上通用建筑物室内定位环境，船舶舱室环境具有干扰动态性、结构复杂性、场景多变性等显著特征。其室内无线信号传播表现出的多径效应、反射衍射、信道时变等特性与陆上环境相比产生了本质差异。传统室内定位方法在定位精确度、可靠性、响应速度等方面面临着全新挑战。实验研究表明，船舶运动及环境变化会对室内无线信号造成显著的干扰和影响；通用的室内定位方法在船舶动态环境下表现出明显的信号紊乱和性能下降趋势。目前多数基于移动设备的定位技术只适合在无遮挡的室外使用，由于船舶本身的金属结构及航行因素，现有的技术并不适用于船舶的舱室环境。

目前，我国的船舶航运业务正迅猛发展，不仅进出口量增多，乘船旅游的游客数量也大幅增长，因此船舶正向大型化发展。多数内河游轮船体积庞大、内部结构复杂、载客量庞大，且设有各种消费、娱乐场所设施，也被称为水上移动城堡。正是由于船舶内部结构特殊、人员流动巨大、航行水面状况复杂，其日常管理和应急机制就显得极为重要。若船舶发生火灾状况，船舱和甲板内部极易出现浓烟和断电情况，乘客和重要货物的疏散极易拥堵，不易快速安全地撤离。因此，对应急人员和被困人员的具体船内位置进行有效感知，是应急任务需要的重要信息。由于相关技术手段的缺乏，多数时候只能通过急救人员的经验估计和查找值班报告等方法了解受困人员信息，无法对事故发生区域人员的实时位置进行有效的监测、获取。因此，对船舶室内定位技术开展研究，有利于增强船舶安全管理，加速航运的信息化发展。

1.2　通用室内定位技术

学术界对于室内定位的研究基本沿袭 GPS 的系统架构。其基本工作原理是通过与多个 GPS 卫星进行通信，估算目标和卫星之间的视距路径距离，从而计算坐标位置。室内定位通常在室内空间部署可通信设备作为信标节点，利用定位目标携带的通信设备与信标进行信息交互来估计位置。信标节点是物理空间的位置参考点，通常使用蓝牙信标、RFID 信标、Wi-Fi 热点等设备技术。基于无线信号的定位方法与传统基于摄像头的目标定位方法相比，具有无线信号覆盖范围广、穿墙通信能力、部署成本低，以及可在非视距的场景下工作等优点，被学术界广泛接受和深入研究。

1.2.1　室内定位原理

总体上说，现有的室内定位技术大致可以分为基于模型计算的无线室内定位技术和基于特征库匹配的无线室内定位技术。

1. 基于模型计算的无线室内定位技术

此类方法主要根据无线信号传输模型，分析目标对无线链路信号强度产生的影响，结合定位系统部署的相关物理空间信息，构建目标与部署设备之间的测距模型，从而利用几何方法实现目标位置的解算。距离估算主要是利用超声波、红外线等测距传感器，测量目标与已知节点在空间上的距离和方位(或角度)。计算距离的方法包括到达时间(time of arrival，ToA)法、到达时间差(time difference of arrival，TDoA)法、基于接收信号强度指示(received signal strength indication，RSSI)的信号衰减模型法。ToA 法是通过高精度的时钟对无线信号的收发时间差进行记录，利用传播时间与通信距离的关系计算目标到信标的距离。其要求通信节点之间有高精度的时钟同步。对于使用高频信号的通信节点，1μs 的时间差会导致近300m 的距离误差。TDoA 是 ToA 的优化算法，利用两种不同通信方式的信号 TDoA 来估计距离。该方式可以降低时钟同步要求。由于以上两种方法需要利用高精度的时钟同步保证距离的估计误差，在以 Wi-Fi 无线网络为代表的无线室内定位中，测距主要采用基于接收信号强度(received signal strength，RSS)的测距模型。RSS 法利用接收端信号强度与收发节点间距离的关系完成测距，可以较大地省成本，降低测距难度。在室内环境中，常用的描述两者之间关系的无线信号衰减模型为

$$P_r(d) = P_0(d_0) - 10n_p \lg\left(\frac{d}{d_0}\right) + X_\varepsilon \tag{1-1}$$

式中，$P_0(d_0)$ 是距离为 d_0 的信号强度；n_p 为路径衰减系数；X_ε 为环境干扰引起的随机分量。

模型中的参数都与特定环境有关，因此可以利用多项式模型对信号强度与距离关系进行回归分析。Kdouh 等[2]根据实验测量的船内环境的衰减因数实现一种适用于船舶环境的 RSSI 模型。Kotaru 等[3]提出的 SpotFi 系统，通过构建天线阵

列和信号到达角度(angle of arrival，AoA)的信号空间谱模型实现对运动物体的定位。Wang 等[4]提出 LiFS 系统，利用目标对射频信号的吸收，建立目标信号衰减模型，实现高精度的 Wi-Fi 信号被动式目标定位。上述定位方式通常依赖多径效应较小的理想室内环境，且大都借助通用软件无线电外设(universal software radio peripheral，USRP)等实验室专用设备保证信号精准、稳定获取，无法在大规模环境下部署使用。

2. 基于特征库匹配的无线室内定位技术

为解决上述技术在实际使用中面临的多径问题，有学者提出基于特征库匹配的室内定位方法。其核心思想是利用无线信号在不同位置的空间差异性，将无线信号作为物理位置的特征(位置指纹)，通过构建一个目标位置-信号特征关系的定位特征库，以特征识别和匹配的方式实现对目标位置的估计。在经典的 Wi-Fi 信号指纹的定位方法中，定位特征库又称为指纹地图。无线特征库匹配定位方法流程图如图 1-1 所示。在训练阶段，工程人员在定位区域进行位置采样，在每个采样位置收集信号特征，存入位置-特征数据库。这个过程称为现场勘测。在定位阶段，通过采集目标位置实时的信号测量值，利用定位算法在定位特征库中查找相似度最高的特征位置作为目标的位置估计。

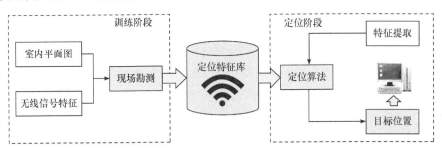

图 1-1　无线特征库匹配定位方法流程图

指纹定位方法的开山之作是微软研究院在 2000 年设计的 RADAR 算法[5]。RADAR算法提出将Wi-Fi信号作为特征库实现定位的新思路，并设计了基于RSSI特征匹配定位方法的原型。其后，很多室内定位系统都基于 RADAR 原型进行改进和性能提升，如 Horus 系统[6]。随着群智感知等技术的发展，自主构建 RSSI特征库得以实现，使该方法更易部署和使用，如 Unloc 室内定位算法[7]和免勘探式无线室内定位(wireless indoor localization without site surrey，WILL)方法[8]。信道状态信息(channel state information，CSI)定位特征因其具有区分多径的特性而取得更高精度的定位，是目前最新的研究方向之一。Wang 等[9]提出 DeepFi 系统，利用深度神经网络学习和训练 CSI 特征的抽象表达和分类。一些研究人员将 CSI

特征与其他技术结合，进一步提升基于 CSI 特征室内定位方法的精度，如 Li 等[10]通过融合惯导技术和 CSI 特征实现细粒度室内跟踪。特征库匹配定位方法的优势在于所需定位的参考测量节点少，可在非视距路径下工作，降低定位硬件成本且可保证较高定位精度，但问题是定位特征库会随环境的变化而失效。人工采集定位特征的部署成本和特征库定期更新的维护成本过高，会限制其普适化和规模化程度。

1.2.2　常用定位技术

根据所用设备的不同，室内定位可以分为两大类。

1. 基于专用无线电设备的定位方法

基于专用无线电设备的室内定位技术，包括 RFID、超宽带(ultra wide band, UWB)和 WSN 等。UWB 最初用于无线通信，后来被用于二维和三维的室内定位系统[11]。UWB 可以抑制室内复杂的多径效应，同时具有较高的时间分辨率，可以大大提高定位精度。室内机器人和四旋翼飞行器的日益普及也吸引了人们使用UWB 进行高度精确的测距和定位[12]。但是，金属和液体是 UWB 信号的干扰源，而且短通信范围(小于 10m)限制了它的大规模应用。RFID 是一种基于射频信号的自动识别技术。基于 RFID 的定位技术已经广泛应用到物联网。例如，LANDMARC[13]系统是将有源 RFID 标签应用于定位的首次尝试，采用密集部署的 RFID 标签作为感兴趣定位区域的接收器，使已知位置的参考标签适应动态环境，从而提高定位的准确性。BackPos 系统[14]提出一种基于相位的双曲线定位技术，并实现平均12.8cm 的定位精度。多入多出(multi-input multi-output, MIMO)技术进一步将基于RFID 的定位精度提高到厘米级。WSN 以其低成本、低功耗、多功能传感器节点的特点成为定位系统中广泛使用的工具。它具有感知、数据处理和通信的功能。在这些射频技术下，涌现出许多基于专用无线电设备的方法解决室内定位问题。与此同时，这些方法都需要特定的硬件实现定位功能。

2. 基于通用 Wi-Fi 网卡的定位技术

随着 Wi-Fi 等无线设备的普及，基于 Wi-Fi 信号的定位方式引起人们的广泛关注。它可以利用包括 ToA、AoA、RSSI、CSI 在内的各种测量值实现位置的感知。

在各种定位方法中，ToA 是一种常用的位置估计方法，通常用于基于超声波的室内定位。Yamasaki 等[15]研究了在基于 Wi-Fi 的无线网络(IEEE 802.11b)上使用

TDoA 的可行性，并利用 10 个访问接入点(access point，AP)实现 2.4m 的定位精度。此外，由于无线信号以光速传播，获取精确的 ToA 需要高度精确的时间同步机制，如 Sen 等[16]提出 CUPID2.0，这是一个基于信号飞行时间(time of flight，ToF)的定位系统，利用直接路径的能量和直接路径的 ToF 实现精确测量，并实现平均 1.8m 的定位误差。这些方法虽然能够实现高精度定位，但大都需要借助软件定位无线电设备或 60GHz 信号等实验室专用设备保证信号相位等信息的精准、稳定获取。由于其成本非常高，无法在普通商用环境下大规模使用，因此需要探索采用基于廉价通用的 Wi-Fi 设备实现高精度目标定位的方法。

基于 RSSI 的 Wi-Fi 室内定位技术因为其方便获取，不需要额外设备等优点成为常用的定位技术。例如，RADAR 算法研究无线电 RSSI 测量信号 AP 和 Wi-Fi 接收器之间的位置关联关系，提出基于位置指纹的定位方法。Horus 通过应用 RSSI 分布的概率模型提高指纹定位的准确性。为了避免耗时的地图勘探，Will 利用 RF 信号特征增强用户运动，构建用于定位的逻辑无线电地图。上述系统采用 RSSI 为基本的定位特征，然而 RSS 是 IEEE 802.11 标准的介质访问控制(medium access control，MAC)层参数，其为衡量信号强度单一变量。从理论上讲，虽然 RSSI 随自由空间中的距离单调递减，但是在具有严重多径影响的室内空间中，这些定位系统存在巨大的噪声，使基于 RSSI 的位置指纹方法在室内空间中可能具有过低的识别精度。因此，RSSI 可以认为是一个粗粒度的信号测量值。对于有室内目标精确定位需求，且 Wi-Fi AP 有限的公共场合来说，基于 RSSI 的室内定位系统很难达到令人满意的定位精度。

近年来，Wi-Fi 和正交频分复用(orthogonal frequency division multiplexing，OFDM)技术的逐渐普及改变了 RSSI 定位具有的瓶颈。在 IEEE 802.11a/g/n 标准中，现有的 OFDM 接收机可以 CSI 的形式提取信道响应的采样版本，即 CSI 可以描述每个子载波的幅度和相位，描述信道频域测量的结果。因此，Wi-Fi 接收机能获取表示物理层各个 OFDM 子载波上的 CSI，具有进行细粒度无线感知的潜力。CSI 与 RSSI 对比如表 1-1 所示。目前，CSI 已在多种商业通信协议中使用，如 IEEE 802.11a/g/n、WiMax 等，并且近年普通的商业网卡已经成功提取 CSI。Halperin 等[17]首先证明了 CSI 的优越性，将 CSI 用于自适应地调整传输速率，提高数据吞吐量。受其工作启发，国际上许多学者已经对此进行了广泛的研究，将 CSI 用于无线定位、行为识别等领域。研究发现，CSI 作为一种较 RSSI 更为细粒度的信号特征，可以极大地增强现有基于无线信号的定位方法对环境中目标的感知能力，因此大量学者尝试利用物理层的 CSI 替代 RSSI，实现基于无线局域网(wireless local area network，WLAN)基础设施的室内定位系统。

表 1-1　CSI 与 RSSI 对比

特征	普适性	网络层次	稳定性	时间分辨率	频率分辨率
RSSI	几乎所有 Wi-Fi 设备	MAC 层	低	数据包尺度	无
CSI	部分 Wi-Fi 设备	物理层	高 (CSI 整体)	多径信号簇尺度	子载波尺度

1.2.3　室内定位模式

近年来，基于 CSI 的室内定位系统以惊人的速度发展。根据不同的应用场景，我们可以将现有的技术分为基于绑定设备的主动式定位方法和无设备接触的被动式定位方法。通常要求定位目标具有特定的设备以执行定位功能，这样的定位系统属于主动式定位的类别。与之相反，定位目标不携带任何属于被动式定位的设备。为了使用各种基于位置信息服务的应用场景，对每类应用需求设计对应的定位系统至关重要。

1. 主动式定位方法

主动式定位技术基于定位目标本身携带的定位终端，包括射频标签和智能手机等。近年来，基于智能手机的定位系统正在快速发展。Wu 等[18]提出基于 CSI 的主动式定位系统 FILA。该系统通过 CSI 提取信号视线(line of sight，LoS)路径的长度，在复杂的室内环境中定位目标。因此，虽然 FILA 系统只是使用简单的三边测量方法对目标的位置进行估计，但是仍可以实现较好的定位性能。除指纹定位方法外，AoA 为亚米级精度的 CSI 室内定位提供了另一种解决方案。在基于 AoA 的定位方法中，定位目标通过与至少两个 AP 通信，根据测量的与 AP 间的 CSI 数据估计直射路径角度估计目标的位置。

2. 被动式定位方法

以上定位方法均为主动式定位，即需要定位目标佩戴定位设备，主动以广播形式与信标节点通信实现自身位置的感知。显然，这种主动的定位方式在诸多船舶环境的实际应用中存在较大的局限性。例如，在入侵检测和安全监控中，窃贼或入侵者不可能佩戴任何可追踪的设备，主动暴露其入侵的信息，或是在应急搜救中，在紧急状况下无法保证每个搜救目标都配备可定位设备。这些应用都给传统的定位方式带来极大的挑战。被动式定位利用人体对无线信号造成的衰减、散射、绕射等影响，通过构建衰减模型、分析多普勒频移等方法识别并跟踪目标，成为目前研究的热点之一。

1.3　船舶室内定位与感知

位置信息是物联网最基础的感知信息，是沟通物理世界和数字世界的桥梁。随着物联网技术的广泛应用，基于室内位置的信息服务也成为当前移动互联网领域最为活跃的研究热点。

1.3.1　船舶人员室内定位

随着船舶智能化的发展，以及船舶内部目标精细化感知的需求，船载环境的室内定位问题逐渐受到重视和关注。船舶内部目标位置信息的确定不但有助于提升船载环境监管水平，而且对构建内部传感监控网络、支持智能船舶深度信息挖掘及智能物流也具有重要的现实意义。近年来，英、法等国已达成战略合作，协议开发船舶的智能感知系统和无人自主航行运输船舶。欧盟也在逐步开展SeaSafeNet、MONALISA 2.0 项目等船舶智能化项目，以船联网和信息技术手段研究统一的智能化管理系统，利用物联网的传感、定位、标识、跟踪、导航等多种手段保障海上船舶内的人员和货物安全，提供船舶安全监管和服务。当前相关研究主要从船舶环境无线组网技术与信号传输特征、定位方法与技术两个方面展开。本节首先介绍船舶室内定位技术。以上室内系统都是在普通的室内场景下进行研究，然而面对动态、金属结构、内部复杂的船舶场景室内定位还存在诸多挑战。本节从船舶金属结构和动态环境下的室内定位两个方面展开介绍。

1. 船舶金属结构下室内定位

目前，针对船舶环境的定位方法研究相对有限，当前已有的研究主要包括RFID 测距、超声波、蓝牙等技术方法。2013 年，欧盟首先提出 MONALISA 2.0 项目，将 RFID、WSN 等技术用于船舶环境，实现船舶内部人员位置追踪，以及船上危险区域的实时监控。Kdouh 等通过在 Armorique 号和 Acadie 号邮轮上测量和分析封闭船舶环境内发射的 2.4GHz 频率的射频信号，探讨信号频率，以及信号强度在船舶环境传播时的波动特征，构建 2.4GHz 无线电传播路径损耗的测量数据和经验模型。刘文[19]将惯性传感器用于船舶室内导航，分析船舶运动对室内导航的影响，提出基于 3 轴角速度和动态时间弯曲的步态识别算法，并对船内多层甲板导航的高误差问题提出误差修正算法。

2. 动态环境下的室内定位系统

室内无线信号的传播易受到环境变化的影响，特别是对环境敏感的 CSI 极易随着室内的动态变化发生不同程度的改变，如建筑格局、室内装饰、桌椅摆设、天气温度等都会改变室内信号传播路径或功率衰减参数。这些变化使定位系统在部署阶段勘测的定位模型随着系统的长期运行逐渐偏离实际的定位效果，使无线定位系统在实际运行过程中需要定期重复勘探环境来更新模型，因此产生巨量的人工维护成本。在现阶段的无线室内定位相关的研究工作中，还不能有效解决无线信号定位模型高代价、无法自适应更新的问题。

考虑环境的动态变化，早期能实现指纹地图自动更新的 LEASE 系统[20]采用许多额外的固定发射器为参考节点获取更新地图的最新 RSSI 特征，以此动态地校正 RSSI 特征库。为了避免使用大量的参考节点而增加成本，部分学者提出基于机器学习的指纹微调模型用于降低成本。这些方法主要利用监督型学习方法拟合指纹前后变化特征，实现指纹库的更新。例如，Yin 等[21]提出一种基于回归分析的方法，学习由参考位置接收的 RSSI 与移动设备接收的 RSSI 之间的时间关系，构建一种模型树对已采集指纹的 RSSI 进行校准。Kosba 等[22]通过分析 RSSI 特征分布规律，采用线性拟合方式补偿环境偏差。在此基础上，部分学者利用迁移学习技术使一个时刻的 RSSI 测量可以迁移到另一个时刻使用。Zheng 等[23]通过引入半监督隐马尔可夫模型(hidden Markov model，HMM)学习旧模型中的可迁移信息，将模型在不同时间段进行迁移减少每个时间段的校准工作。Wu 等[24]利用群智感知技术将原本无法使用的射频信息进行学习和推断，定位特征库的自动化更新。对于 CSI 信号，Chen 等[25]提出一种针对 CSI 特征的自动校准方法，在环境布局变化(打开窗户和移动的家具)后收集 CSI，并在线阶段重建指纹。以上这些方法基于环境缓慢发生变化的假设，主要用于普通室内环境下的定位信号迁移。然而，动态船舶环境的室内变化是即时且很难预测的，通过部署额外的 CSI 采集设备很难及时收集足够的校准数据来更新指纹图。同时，现有的方法没有将环境瞬时干扰考虑到特征模型的更新机制中，对于动态船舶室内定位环境，不仅包括天气温度等的长期变化，也包括船舶加减速、外部风浪等的瞬时干扰，使现有的定位特征自适应更新方法无法在船舶环境下适用。

总之，船舶环境下的室内定位主要存在以下挑战。

(1) 金属舱壁。金属材质对电磁波传播的影响是普遍存在的，而金属构造的船舶舱室则面临更大的电磁波干扰问题，包括更复杂的多径效应等。针对多径效应广泛存在的场景，选择高精度的专业设备，可以保证相位信息精准、稳定获取，能有效提高定位精度和系统的稳定性，但部署成本过高会限制其应用的推广。利用普通商用 Wi-Fi 网卡获得 CSI 信息进行定位，可以有效地降低技术的部署成本，但同时由于商用网卡没有接收机和发射机的同步机制，其接收端采集的 CSI 会产生较大的相位等误差，降低系统的定位性能。因此，针对多径效应复杂的船舶室内场景，如何在通用设备中稳定准确地获取 CSI 信息，并精准提取与定位目标关联的定位特征,是在降低硬件代价的同时保证高精度和鲁棒性的重要挑战。

(2) 动态环境。目前对于船舶环境下定位方法适用性的研究都侧重于静态船舶场景,而对更复杂的航行状态下定位影响的研究尚不深入。在具有时变特性的船舶航行室内环境中,对室内定位信号产生影响的具体环境因素和影响量化程度尚不明晰。虽然普通环境的室内定位技术能达到亚米级的定位精度,但在结构特殊、状态多变的船舶室内定位场景,定位系统的空间分辨率、时间稳定性都将面临巨大的降级。目前尚没有能在船舶环境实现高精度、全方位、多场景,长期稳定运行的室内目标定位系统。因此,对船舶的动态特性进行针对性研究,分析多种航行因素对室内无线信道与定位系统的影响机理,设计对应的定位系统在船舶动态环境下的适应机制,是实现面向大型船舶普适、泛在的室内定位系统的关键问题。

(3) 部署成本。现有普通室内情况下的环境动态变化(包括门窗开关、家具移动等)的方法主要依赖重复的人工勘测标定,从而产生巨大的维护成本。在现有利用迁移学习等进行环境变化自适应的定位场景中,虽然利用迁移学习理论进行定位特征的环境迁移可以节省定位模型重构成本,但是定位特征模型更新方法主要面向变化周期长、过程缓慢的普通室内场景。应用在具有瞬时航行状态变迁的船舶环境时则会产生巨量的时间、人工成本。针对现有方法代价过高的问题,研究如何实现船舶动态环境的定位特征自适应迁移至关重要,即如何根据在一个船舶航行场景中建立的知识模型完成新的船舶航行场景下的任务,从而有效地解决不同场景下的定位模型迁移问题。同时,如何降低人工标定数据的工作量,降低船舶环境下定位系统的维护成本是保证定位算法在真实船舶场景下应用和普及的重要问题。

(4) 定位方式。在主动式和被动式的定位技术对比中,被动式定位技术以不需要定位目标佩戴特定设备在船舶内具有更广泛的应用前景。基于 CSI 的被动式定位不同于主动式的定位方法,没有可以直接使用的物理定位模型。现有 CSI 定位方法主要依靠指纹等模式匹配的方法,这会带来大量耗时费力的人工勘探工作。同时,由于 CSI 信号中每个子载波的频率不同,其在空间中的衰落特性(频率选择性衰落)、定位目标活动和船舶环境变化的敏感度都不同。因此,如何利用 CSI 信号提取相对有效的空间特征,并准确估计目标对特征的影响特性,从而实现单目标,以及多目标的精确定位,是实现适用于船舶环境被动式定位技术的核心问题。

1.3.2　敏感区域入侵检测

区域入侵检测指的是检测目标区域内是否存在移动物体的过程,主要应用于对人员的检测。这一过程对船舶航行安全至关重要,包括对一些船舶敏感区域的入侵检测预警、边界检测，以及对船舶事故中存活人员的检测等。基于设备的人员移动检测已经得到普遍应用，通常需要专门的硬件辅助设备，包括加速度传感器、红外传感器、摄像头等，因此不适合大规模快速部署。如何突破需要外部携带设备的限制，实现被动式的检测是人员感知的关键技术。Woyach 等[26]首次提出没有传感器的传感器网络的概念，通过观察 WSN 节点之间的通信情况对环境进行感知。通过对人员的活动或环境变化给无线信号带来的影响进行理论分析，总结得到环境因素对信号造成的影响，即阴影衰落和多径效应这两个方面，使用由一对收发节点构成的信号链路对监测区域进行感知，测量有人和无人影响下的 RSSI，通过分析 RSSI 的变化程度得到对人员移动速度的估计。Hussain 等[27]实现了针对 RSSI 异常变化的识别算法，并在不同长度的信号链路上进行验证。信号发射节点在发射信号的同时还会发射一道光束，如果光束能够成功被接收端接收，则证明存在 LoS 路径，否则表示存在障碍物对视距路径造成遮挡。结果证明，当人员对视距路径形成遮挡时，会给信号的 RSSI 带来非常严重的衰减，并基于此原理设计室内环境中的人员入侵检测系统。Patwari 等[28]在此理论基础上对人员处于信号链路的位置与造成 RSSI 变化量之间的关系进一步探究，构建了人员位置与 RSSI 波动分布之间的关系模型，在考虑多径效应对信号的影响后，利用此模型不仅实现了对入侵人员的检测，还实现了对人员位置的估计。

尽管基于 RSSI 的感知技术已经取得巨大突破，但是 RSSI 易受窄带和多径干扰影响的特性。基于 RSSI 的感知手段存在检测精确度不高的技术缺陷，而 CSI 信息不仅具有对静态环境的稳定性，还具有对人体活动、动态环境等的高敏感性，因此，为实现更具鲁棒性的非接触式检测，研究者将视线转向更为细粒度的 CSI 信息。Xiao 等[29]实现了一个非接触式的室内人员运动检测系统 FIMD，以连续时间段内的 CSI 数据矩阵作为研究对象，通过协方差计算得到 CSI 矩阵的相关系数矩阵 H，然后使用奇异值分解得到 H 的最大特征值，将之作为判别环境中是否有人的特征值。特征值越大表示受人员运动干扰的可能越小，如果判断特征值低于某个设定的阈值，表明可能存在运动人员的干扰。为了提高检测精度，FIMD 使用基于密度的 DBSCAN 分类算法对提取的特征值进行分类处理，若得到的簇包含的特征值数量多于定义的阈值，则判定为无人员入侵。

大部分人员入侵检测方法都是基于人体的移动，导致信号传播环境发生变化。通过信号的波动情况来判断是否存在人员入侵时，只有当人体引起的信号变化量大到一定程度时才能被检测到；当人体移动量很小，甚至保持静止不动时很难被检测到。

1.3.3　驾驶员行为检测

随着船舶系统可靠性的不断提升，由技术故障造成的事故比例显著下降，由驾驶员等人为因素造成事故的比例则不断上升。进一步研究表明，75%～96%的水上交通事故(或者部分)是人为因素引起的。驾驶员作为交通系统的信息处理者和决策者，离岗、睡岗等不规范行为非常容易诱发安全问题，因此对驾驶员值班行为的监测识别具有重要意义。驾驶员行为的研究一直以来都是国内外研究的热点。Kuge 等[30]通过采集汽车驾驶员换道时方向盘转角数据实现了对驾驶员换道行为的建模。船舶驾驶环境与汽车驾驶环境有很大的区别，相对于汽车驾驶员活动空间位置的限制，船舶驾驶员具有活动范围广、持续时间长、操作行为多的特点，这就为船舶驾驶员的行为识别带来新的挑战。

传统的人体行为识别技术主要分为 2 类，即基于传感器和基于视觉。基于传感器的行为识别需要人体佩戴相应的传感器来获取各种体态信息，缺点是所佩戴的设备可能会对检测者的活动带来不便。基于视觉的行为识别主要利用摄像头进行信息采集。赵维等[31]提出一种多角度行为识别方法，但系统需在精度和计算量之间有效平衡。石英等[32]利用运动历史图像使人体识别效果更加直观，然而在人体动作变化频繁的情况下性能不佳。基于视觉的人体行为识别技术目前在算法方面已经相对成熟，但图像视频采集的数据受客观环境机制影响严重，同时缺少对人员隐私的保护。受益于无线通信基础设施在船舶舱室内的广泛部署，基于无线通信的网络技术已经越来越多的和船舶中各种应用紧密结合，其中无处不在的 Wi-Fi 信号作为数据传输的载体已经被广泛利用。另外，Wi-Fi 信号也可以用作人体行为的感知。Wi-Fi 信号中的物理层 CSI 可以刻画信号的多路径传播。其特性更加稳定且对人体具有较高的敏感性，Wi-Fi 无接触识别技术在减少人员隐私侵犯的同时不受光线、障碍物遮挡等影响，检测目标无须穿戴感知装置。CSI 实现人体行为感知的依据在于，人体的行为动作会对无线信号的信道状态产生影响，通过 CSI 的变化可以映射出不同的行为特征。实现对移动驾驶员的检测后，进一步感知希望使用无线信号侦测到驾驶人员的数量。Nakatsuka 等[33]直接使用 RSSI 的均值和方差特征实现人员数量的估计，利用人员数量增多时会增加对信号的遮挡而导致信号强度的减弱，同时对信号造成的干扰会使信号波动更加剧烈，从而方差会增大，然后测量不同人员数量情况这两个统计量，使用线性拟合构建人员数量检测模型。在实际情况中，RSSI 的大小和方差与人员数量之间并不符合严格的线性关系，所以此方法会带来较大计算误差。Ibrahim 等[34]在此基础上进行改进，同样使用 RSSI 实现多人员情况下的人数识别和区域定位，但他们利用不同情况下 RSSI 的相对方差进行人数的估计，通过多组收发设备形成的信号链路将监测区域划分为多块子区域，对比离线阶段和在线阶段采集的 RSSI 方差，估计得到每片区域内的人员数量，最后累加所有子区域的估计值得到全部人员数量。

参 考 文 献

[1] Tomic S, Beko M, Dinis R. RSS-based localization in wireless sensor networks using convex

relaxation: Noncooperative and cooperative schemes. IEEE Transactions on Vehicular Technology, 2015, 64(5): 2037-2050.

[2] Kdouh H, Farhat H, Zaharia G, et al. Performance analysis of a hierarchical shipboard wireless sensor network// Proceedings of 23rd IEEE International Symposium on Personal Indoor and Mobile Radio Communications, Sydney, 2012: 765-770.

[3] Kotaru M, Joshi K, Bharadia D, et al. SpotFi: Decimeter level localization using wifi// Proceedings of the 2015 ACM Conference on Special Interest Group on Data Communication, London, 2015: 269-282.

[4] Wang J, Jiang H, Xiong J, et al. LiFS: Low human-effort, device-free localization with fine-grained subcarrier information// Proceedings of the 22nd Annual International Conference on Mobile Computing and Networking, New York, 2016: 243-256.

[5] Bahl P, Padmanabhan V N. RADAR: An in-building RF-based user location and tracking system// Proceedings of 19th IEEE Annual Joint Conference of Computer and Communications Societies, Tel Aviv, 2000: 775-784.

[6] Youssef M, Agrawala A. The horus WLAN location determination system// Proceedings of 3rd International Conference on Mobile Systems, Applications, and Services, New York, 2005: 205-218.

[7] Wang H, Sen S, Elgohary A, et al. No need to war-drive: Unsupervised indoor localization// Proceedings of 10th International Conference on Mobile Systems, Applications, and Services, Low Wood Bay, 2012: 197-210.

[8] Wu C, Yang Z, Liu Y, et al. WILL: Wireless indoor localization without site survey. IEEE Transactions on Parallel and Distributed Systems, 2013, 24(4): 839-848.

[9] Wang X, Gao L, Mao S, et al. DeepFi: Deep learning for indoor fingerprinting using channel state information// 2015 IEEE Wireless Communications and Networking Conference, Los Angeles, 2015: 1666-1671.

[10] Li Z, Acuna D. B, Zhao Z, et al. Fine-grained indoor tracking by fusing inertial sensor and physical layer information in WLANs// Proceedings of IEEE 50th International Conference on Communications, Kuala Lumpur, 2016: 1-7.

[11] 席瑞, 李玉军, 侯孟书. 室内定位方法综述. 计算机科学, 2016, 43(4): 1-6.

[12] Chowdhury T J S, Elkin C, Devabhaktuni V, et al. Advances on localization techniques for wireless sensor networks: a survey. Computer Networks, 2016, 110: 284-305.

[13] Ni L M, Liu Y, Lau Y C, et al. LANDMARC: Indoor location sensing using active RFID// Proceedings of the First IEEE International Conference on Pervasive Computing and Communications, Fort Worth, 2003: 407-415.

[14] Liu T, Liu Y, Yang L, et al. BackPos: High accuracy backscatter positioning system. IEEE Transactions on Mobile Computing, 2015, 15(3): 586-598.

[15] Yamasaki R, Ogino A, Tamaki T, et al. TDOA location system for IEEE 802.11b WLAN// IEEE Wireless Communications and Networking Conference, Los Angeles, 2005:2338-2343.

[16] Sen S, Kim D, Laroche S, et al. Bringing CUPID indoor positioning system to practice// Proceedings of the 24th International Conference on World Wide Web, Florence, 2015: 938-948.

[17] Halperin D, Hu W, Sheth A, et al. Predictable 802.11 packet delivery from wireless channel measurements. ACM SIGCOMM Computer Communication Review, 2010, 40(4): 159-170.

[18] Wu K, Xiao J, Yi Y, et al. FILA: Fine-grained indoor localization// Proceedings IEEE Infocom, Orlando, 2012: 2210-2218.

[19] 刘文. 基于微机电惯性传感器的船舶室内导航算法研究. 大连: 大连海事大学, 2013.

[20] Krishnan P, Krishnakumar A S, Ju W H, et al. A system for LEASE: Location estimation assisted by stationary emitters for indoor RF wireless networks// Proceedings of IEEE Infocom, Hong Kong, 2004: 1001-1011.

[21] Yin J, Yang Q, Ni L M. Learning adaptive temporal radio maps for signal-strength-based location estimation. IEEE Transactions on Mobile Computing, 2008, 7(7): 869-883.

[22] Kosba A E, Saeed A, Youssef M. Rasid: A robust WLAN device-free passive motion detection system// IEEE International Conference on Pervasive Computing and Communications, Illinois, 2012: 180-189.

[23] Zheng V W, Xiang E W, Yang Q, et al. Transferring localization models over time// AAAI, New York: 2008: 1421-1426.

[24] Wu C, Yang Z, Xiao C, et al. Static power of mobile devices: self-updating radio maps for wireless indoor localization// IEEE Conference on Computer Communications, Hong Kong, 2015: 2497-2505.

[25] Chen X, Ma C, Allegue M, et al. Taming the inconsistency of Wi-Fi fingerprints for device-free passive indoor localization// IEEE Conference on Computer Communications, Atlanta, 2017: 1-9.

[26] Woyach K, Puccinelli D, Haenggi M. Sensorless sensing in wireless networks: Implementation and measurements// 2006 4th International Symposium on Modeling and Optimization in Mobile, Ad Hoc and Wireless Networks, Boston, 2006: 1-8.

[27] Hussain S. Using received signal strength variation for surveillance in residential areas. The International Society for Optical Engineering, 2008, 6973: 69730L.

[28] Patwari N, Wilson J. Spatial models for human motion-induced signal strength variance on static links. IEEE Transactions on Information Forensics & Security, 2011, 6(3): 791-802.

[29] Xiao J, Wu K, Yi Y, et al. FIMD: Fine-grained device-free motion detection// IEEE 18th International Conference on Parallel and Distributed Systems, Singapore, 2012: 229-235.

[30] Kuge N, Yamamura T, Shimoyama O, et al. A driver behavior recognition method based on a driver model framework. SAE Transactions, 2000, 10(2): 469-476.

[31] 赵维, 沈柏杉, 张宇, 等. 多角度视频的驾驶人员行为识别. 吉林大学学报(信息科学版), 2020, 38(3): 353-359.

[32] 石英, 孙明军, 李之达, 等. 基于运动历史图像与卷积神经网络的行为识别. 湘潭大学学报(自然科学版), 2019, 41(2): 109-117.

[33] Nakatsuka M, Iwatani H, Katto J. A study on passive crowd density estimation using wireless sensors// The 4th International Conference on Mobile Computing and Ubiquitous Networking, Tokyo, 2008: 212-227.

[34] Ibrahim M, Youssef M. CellSense: A probabilistic RSSI-based GSM positioning system// IEEE Global Telecommunications Conference GLOBECOM, Florida, 2010: 1-5.

第 2 章　船舶环境对无线室内定位的影响

船舶环境与陆地一般建筑的室内环境有诸多不同，其钢铁结构、水密门等特殊构造会对无线信号的传播和衍射造成不同程度的影响。本章主要介绍船舶舱室环境下无线自组织网络的特点，根据实际船舶结构和舱室分布情况，分析船舶环境下的无线自组织网络节点部署方案及拓扑结构，通过对比通用室内环境，定量分析船舶环境因素对无线室内定位的影响。

2.1　船载无线自组织网络

2.1.1　通用无线自组织网络概述

1. 无线自组织网络定义与分类

无线自组织网络[1]是由一组兼具终端及路由功能的设备通过无线链路形成的无中心、多跳、临时性自治系统。其目的是，通过动态路由和移动管理技术传输满足一定服务质量要求的信息流。

无线自组织网络是一种新型网络形式，它由低成本、低功耗的无线节点组成。节点通过自组织的方式形成多跳无线网络。受无线节点自身通信范围限制，当目的节点不在源节点的直接通信范围时，可以借助中间节点中继实现数据传输，并且往往是多个中继节点实现源节点与目的节点数据的中间传递。该过程称为多跳。

无线自组织网络拥有多种具体类型，主要包括移动无线自组织网络、无线传感器网路、无线 Mesh 网络、机会网络、车载自组织网络、认知无线自组织网络等。

无线自组织网络应用广泛，在现代智慧农业、智能工厂、灾害监测、环境监测、智慧医疗、智能驾驶、智能家居等领域均有广阔的发展空间。

2. 无线自组织网络特点

与传统无线通信网络相比，无线组织网络具有的特点包括无中心、自组织、多跳路由、动态网络拓扑、临时性、有限无线传输带宽等。

(1) 无中心。无线自组织网络没有严格的控制中心，所有节点的地位平等，即对等网络，节点可以随时加入和离开网络，任何节点的故障不会影响整个网络的运行，具有很强的自愈能力。

(2) 自组织。无线自组织网络在任何时刻、任何地点不需要现有网络设施的支持，就能快速构建一个无线通信网络。

(3) 多跳路由。无线自组织网络中的每一个网络节点可以扮演多个不同的角色，既可以是终端节点，也可以充当路由节点。

(4) 动态网络拓扑结构。在无线自组织网络中，网路节点以任意速度和任意方向在网络中移动，同时受无线发送功率变化、无线信道干扰、节点位置变化等多因素的影响。网络节点间通过无线信道形成的网络拓扑结构随时可能发生变化，而且变化的方式和速度都是不可预测的，这将对路由协议提出更高的要求。

(5) 临时性。无线自组织网络专为某个特殊目的而建立，如环境监测、灾害监测等，一般为临时性网络，应用完成即拆除。

(6) 无线传输带宽有限。无线信道本身的物理特性决定了其能提供的网络带宽比有限信道带宽低很多，而竞争共享无线信道产生的碰撞、信号衰减、噪声干扰及信道之间的干扰等因素使终端的实际带宽远小于理论值。

3. 无线自组织网络协议标准

ZigBee 是无线自组织网络常用的协议。它是基于 IEEE 802.15.4 标准的低功耗局域网协议，理论传输数据速率可达 250Kbit/s，工作在 2.4GHz 和 868/915MHz。ZigBee 网络的主要特点是，低功耗、低成本、低速率、支持大量节点、支持多种网络拓扑、低复杂度、快速、可靠、安全。其网络可以便捷地为用户提供无线数据传输功能。

IEEE 802.15.4 标准旨在提供一种无线个域网的基本较低网络层。其专注于设备之间的低成本、低速、无处不在的通信。它可以与其他方法形成对比，如 Wi-Fi，需要提供更多带宽并更大功率。其重点是附近设备的低成本通信。

IEEE 802.15.4 标准是电气和电子工程师协会针对低速无线个人区域网络制定的物理层和 MAC 子层规范，是 ZigBee 技术采用的底层标准。该标准旨在为个人或者家庭范围内的不同设备提供低能耗、低速率、低成本的互联标准。

IEEE 802.15.4-2006 是目前最新、最常用的版本。根据通信能力，它将全网设备定义为全功能设备和精简功能设备两种类型。全功能设备之间，以及全功能设备与精简功能设备之间可以互相通信，而精简功能设备只能与全功能设备通信。根据所处的位置和发挥的作用，全网设备又可以分为个人局域网(personal area network，PAN)网络协调器、协调器和终端设备。前两者除了实现自己的应用功能，还需要完成身份认证、拓扑管理、数据包转发等任务，所以只能由全功能设备承担。终端设备只能位于拓扑末端，被动接受管理。

IEEE 802.15.4 标准协议支持如下功能。

(1) 支持星型和点对点两种网络拓扑结构。

(2) 有 16 位和 64 位两种地址格式，其中 64 位地址是全球唯一的扩展地址。

(3) 支持避免冲突的载波多路侦听技术。

(4) 支持确认机制，保证传输可靠性。

2.1.2　船载无线自组织网络特点

船舶结构是由板和骨材组成的船体的总称。长期以来，船体结构的主要材料是木材和钢材，近代以钢材为主。船体结构型式依据船舶的类型而定，不同的船有不同的结构型式，但基本组成结构大致相同[2]。船舶由主船体、上层建筑和其他各种设备组成。主船体是指上甲板以下包括船底、舷侧、甲板、舱壁和首尾等结构组成的水密空心结构。这些结构全部由板材和骨架组成，即钢板、各种型钢、铸件和锻件等组成。大量的钢结构可能造成无线通信无法正常进行，因此本章通过对实际船舶环境、结构的调研，分析船舶内影响无线通信的典型场景。

实验环境选取运营于长江流域的散货船。它们主要运输各种干杂货，运输线路为长江中下游武汉到上海段。船舶总长 83.5m、型宽 14.2m、型深 7.6m，设有首楼和尾楼，尾楼设有 3 层甲板，中部有 2 个货仓，设有双层底。通过对船舶环境的考察，船舶的甲板、舱壁、水密门等均为钢材构成，会对无线信号产生一定的阻隔作用，并且在同一舱室或空间内金属舱壁对信号传播也会有一定的影响。船舶环境中的典型场景如表 2-1 所示。

表 2-1　船舶环境中的典型场景

船舶环境		典型场景
主甲板上		空旷甲板
船舶内部	同一层甲板	同层且贯穿的甲板空间
		舱室内部空间
		舱壁分割空间
		水密门分割空间
		普通门分割空间
	不同甲板间	甲板阻隔的上下层

为了测试无线信号在船舶环境中的典型场景内能否充分发挥其性能，同时也为了研究船载监控传感网络的部署方案，我们在船舶上进行无线传感器节点的点对点通信实验。

通过对长江贰号游轮和长江流域上的散货船进行实地调研，深入研究船舶环境特点,并结合船载监控网络中的节点角色特征对船载监控网络的特点进行分析。从无线信号在船舶内的传输特性来看,整个船载监控网络是由多个独立的单元组成的。它由不同的汇聚节点构成一个整体。复杂的船舶环境由多个独立舱室、走道、楼梯、水密门,以及大厅等多种环境组成。各个舱室内部的信号只能通过门附近的汇聚节点进行通信。每个独立舱室构成一个基本的单元网络,并且由多个单元网络组成,最终构成整船的监控网络。

根据船载监控网络相关实践资料的研究,可得工程实践中传感网络特点,综合整理可建立如下网络模型。整个网络为由金属舱结构单元组成,基本的金属舱结构为单个舱室,以及单层甲板内的连通走廊。其特点是单元结构内为贯穿空间,且对无线信号通信无明显影响,可以根据常规的无线传感网络布置方法组成单元网络。单层甲板网络结构主要包括各单元舱室的汇聚节点、贯穿甲板的感知节点和汇聚节点、楼梯附近的汇聚节点。整个网络以上述结构为基础。该网络模型由4 个部分组成,即单个舱室内的网络结构、单层甲板内的网络结构、甲板间的网络结构,以及整船的网络结构。

2.1.3 船载无线自组织网络模型

整个船舶由密闭的金属舱室构成,每个舱室内的节点构成一个独立的网络,并通过汇聚节点接入整个网络。舱室独立单元网络和布置在走廊的节点通过汇聚节点组成整层甲板的网络,各层甲板的网络信息通过楼梯节点转发至协调器。协调器再将信息汇总至基站,构成整个船舶的无线自组织网络[3]。

整个船载无线自组织网络由传感器节点、汇聚节点、协调器,以及基站组成。由于 ZigBee 网络采用动态路由进行信息传输,结合船载无线自组织网络的特点,船载无线自组织网络基本结构如图 2-1 所示。在船载无线自组织网络中,节点可根据其作用划分为不同的节点角色,即感知节点和汇聚节点两类。这两类节点根据其所在位置和作用的不同,可以分为以下类型。

(1) 感知节点。主要位于舱室内、甲板走道和空旷甲板处,其作用主要是采集不同的监测信息。这类节点主要为感知节点。

(2) 门节点。主要位于舱门附近,其主要用来接收舱室内的节点信息,并将其转发至同层的汇聚节点、楼梯节点或基站。

(3) 汇聚节点。位于舱室内部或甲板走道内,主要用来接收同层感知节点和舱门节点处的信息,并将其转发至其他汇聚节点、楼梯节点或基站。

(4) 水密门节点。位于水密门两边,主要作用是接收水密门附近节点的信息,并将其转发至其他汇聚节点处。

(5) 楼梯节点。位于楼梯附近,主要用于接收本层甲板的汇聚节点,以及附近感知节点信息,并将其转发给另一楼梯节点或基站处。

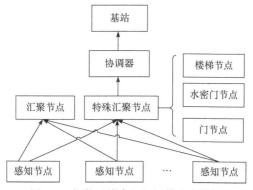

图 2-1　船载无线自组织网络基本结构

基于嵌入式系统技术和 ZigBee 协议搭建的船载无线自组织网络系统架构如图 2-2 所示。船载无线自组织网络由传感节点、锚节点和汇聚节点等组成。传感节点安装在目标区域，向周围节点广播信号。锚节点安装在船舱各处，接收到传感节点的广播数据后，解析感知数据，与节点编号封装发送到汇聚节点。汇聚节点接收数据包，将数据提取、封装，再经串行接口发送至上位机。上位机会对接收到的数据进行处理、显示、存储。

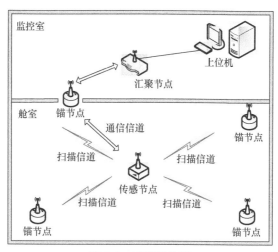

图 2-2　系统架构图

船载无线自组织网络结构主要由单个舱室、单层甲板、甲板间通信三个部分组成。单个舱室为船载监控网络中独立的基础单元。单层甲板的网络主要由感知节点、连接舱室单元的汇聚节点和连接其他层甲板的汇聚节点构成。整个船载无线自组织网络以这种单元结构实现连接。船载无线自组织网络结构如图 2-3 所示。

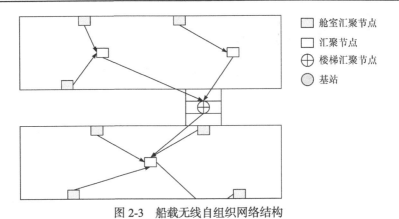

图 2-3   船载无线自组织网络结构

从船载无线自组织网络的结构可以看出,船载无线自组织网络与普通的 WSN 存在一定的差异,这是因为船舶环境限制对传感器节点感知信息存在一定的影响。单个舱室及走道单元的传感器网络结构与基础的传感器网络无大差异。在这种条件下,影响节点检测准确度的因素与一般的传感网络并无太大差异,主要是检测出错,以及节点的固有特性造成的检测结果错误[4]。由于船舶环境的限制,节点信息在传播过程中需要通过增加跳数使整个船载监控网络正常工作,船载环境下的节点信息转发的跳数比一般传感网络要多。例如,一般的室内环境,即使不用特别在门等地方进行节点布置就可以保证信息的正常通信;船载监控网络则需要增加门节点连接入网络。同时,当信息转发的跳数增加时,信息的衰减,以及丢包率也会随之增加。这对节点信息的可信度也造成影响。综上可知,船载监控网络与普通传感网络最主要的区别是,不同区域间只依靠汇聚节点进行通信,感知节点不能跨区域通信。为了方便进行事件检测方法的研究,对船载监控网络结构进一步抽象,得到的船载监控网络模型如图 2-4 所示。

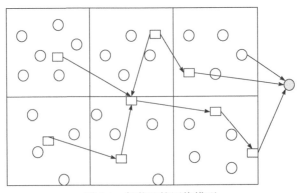

图 2-4   船载监控网络模型

(1) 单个舱室传感器网络结构。船舶舱室的舱壁主要由金属壁构成。其对无线信号的传播有阻断作用，并使信号形成反射和衍射，最终产生多径效应。研究[5,6]发现，在单个舱室内，无线传感网络可以正常运行，整个舱室内的网络结构为基础的传感器网络结构。由于金属舱壁对信号的阻断作用，网络主要是通过门、窗和水密门进行对外通信的，因此汇聚节点应至少在每个门或窗边有一个。特别是，水密门应在门两端的门缝附近分别放置汇聚节点。单个舱室传感网络结构如图 2-5 所示。

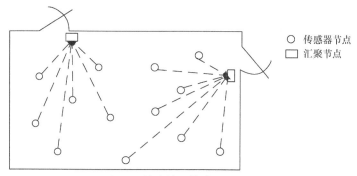

图 2-5　单个舱室传感网络结构

（2）单层甲板的传感器网络结构。船舶的甲板结构相较于船舶舱室结构更为复杂，整层甲板中存在多个舱室、走道，以及不同功能的活动区域，其中舱室、走道和空旷活动区域均可看作基本的单元结构。走道内会布置大量的感知节点，根据信号传输距离及质量要求会布置多个汇聚节点，同时汇聚节点还需要对单元舱室的门节点信号进行转发。单独考虑走道内环境特点，其网络结构应与单个舱室内的基础传感器网络相同。空旷活动区域附近如果没有门、水密门存在，可以将其归入走道网络中。如果存在门或者水密门结构，其网络结构则类似于单个舱室内的网络结构。因此，单层甲板的整体结构可以看成以舱室和走道两种基础机构组合而成的，舱室的信号利用舱室内的汇聚节点来向外传播，走道的网络结构与单个舱室内的基础传感器网络相同，因此可建立如图 2-6 所示的网络结构。

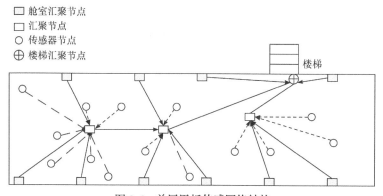

图 2-6　单层甲板传感网络结构

(3) 甲板间的网络结构(图 2-7)。根据无线信号的传输特征，相邻甲板间仅在楼梯附近可以通信，若收发节点远离楼梯，则无法进行通信。因此，甲板间需要增加楼梯节点。2 个甲板间的信号主要通过楼梯进行传播，单层甲板汇聚节点的信号最终汇聚到楼梯附近的汇聚节点进行信号传播。

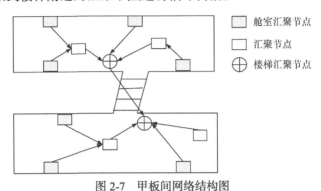

图 2-7　甲板间网络结构图

2.1.4　船载无线自组织网络节点部署方案

利用文献[7]的结论制定船舶环境下各不同场景的节点部署方案，如表 2-2 所示。

表 2-2　不同场景下节点部署方案

场景	部署方案
空旷甲板	普通空旷环境下可满足覆盖要求的部署方案
同一舱室内	普通室内环境下可满足覆盖要求的部署方案
同层且贯穿甲板空间	普通走廊环境下可满足覆盖要求的部署方案
有普通门的不同舱室间	在门处需布置本舱室的收发节点进行 2 个舱室间的通信
有金属舱门的不同舱室间	在门缝处布置里外 2 个节点进行 2 个舱室间的通信
水密门处	在水密门两侧分别布置节点并增大发射功率
不同层甲板间	2 个节点布置在 2 个甲板间的楼梯处进行通信

在船舶上进行小型组网实验，并根据实验结果对部署方案进行调节。节点部署方案如图 2-8 所示。

1. 货仓甲板

对于节点 1、2、3，空旷甲板上不论收发端之间是否能够互见，均能获得良好的无线信号传输效果，因此节点按本身在空旷环境下的覆盖范围分布即可满足甲板上的网络覆盖需求。

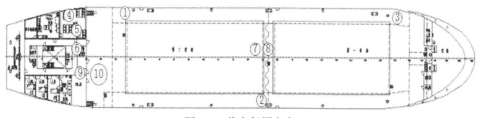

图 2-8　节点部署方案

2. 船舶内部

船舶内部不同场景下的节点部署具体实施情况如下。

(1) 对于节点 4 与 5，由于在同一舱室内无线信号具有很好的传输效果，节点可按照货舱甲板情况进行部署。

(2) 对于节点 5 与 6、节点 7 与 8，普通舱门对无线信号的传输有小幅度阻隔作用，但对传输准确率的影响不大，将门两侧的节点尽量布置的靠近门缝，可在一定程度上提高节点间的通信质量。

(3) 对于节点 9 与 10，水密舱门对无线信号的传输有很强烈的阻隔作用，实验通过增大发射功率来提高通信质量。这种方法会增加能量消耗，因此应将水密门节点安放在易更换电池的位置或者运用船载固有系统对其供电。

3. 层与层之间

由于不同层的甲板间只有楼梯附近可以实现有效的通信，因此分别在 2 层的楼梯处布置传感器节点。

2.2　船舶环境无线信号传输特性

2.2.1　无线信号传播特性

无线信号的基本传播方式包括反射、衍射、散射等。在实际的无线通信环境中，几乎每一次的无线通信过程都是这几种传播方式的组合。

1. 反射

无线信号的反射一般发生在地面、墙壁、建筑物表面，当无线电波遇到的物体的尺寸远大于其自身的波长时，通常会发生反射。无线信号的多径效应主要是无线信号的反射造成的。无线电波在不同的物质交界处，也会发生发射现象。

2. 衍射

当接收节点与发射节点之间存在尖锐的物体遮挡时，无线电波会在障碍物处发生衍射。此时，障碍物表面会产生二次波，即使接收节点与发射节点之间不存在视距路径，该二次波也能绕过障碍物，完成信号间的通信。因此，障碍物的尺寸大小，以及无线电波自身的波长、相位等是决定衍射现象是否发生的关键因素。一般情况下，当无线电波的波长与障碍物尺寸为同一数量级时，会发生衍射现象。

3. 散射

当无线电波在传播的过程中遇到粗糙的表面时，反射能量由于散射而分散到各个方向，这种现象称为散射。散射为接收节点提供额外的能量，在实际传播环境中，散射现象对无线信号传播的影响远小于反射现象和衍射现象。

4. 无线信号传输影响因素

一般情况下，在无线电波传播的路径上存在多普勒效应。多普勒效应是指当接收节点与发射节点之间存在相对运动时，接收节点接收到的信号频率不等于发射节点的信号频率。由于收发节点之间存在相对运动，产生多普勒频移，因此使无线信号传播信道产生频率选择性衰落。这种现象会改变信道的传输特性，使无线信号传输失真。总的来说，由于无线信号传播环境非常复杂，影响无线信号传播的主要因素可以分为小尺度衰落和大尺度衰落。

(1) 小尺度衰落。小尺度衰落是指无线信号在短距离传播过程中，出现振幅的快速变化。由于无线信号传播环境的复杂性，到达接收节点的无线电波大多数都是通过不同的路径相干叠加成的，因此当接收节点或发射节点的位置发生小幅度变化时，会导致接收信号的幅度和相位发生剧烈变化。多径的条数、强度、传播时间等共同决定小尺度衰落的剧烈程度。

小尺度衰落通常是多径效应引起的，因此小尺度衰落也被称为多径衰落。小尺度衰落由于无线信号的时延性和时变性特性，又可以分为频率选择性选择衰落、平坦衰落、快衰落和慢衰落(图 2-9)。

(2) 大尺度衰落。大尺度衰落是指在接收节点与发射节点之间的距离远大于无线电波自身波长时，产生信号强度变化。如图 2-9 所示，大尺度衰落又可以分为距离衰落和阴影衰落。阴影衰落服从对数正态分布，相关研究表明无线信号传播频率对其影响较小，因此阴影衰落对频率的依赖关系并不明显。距离衰落是指无线信号在不同的距离上会产生不同的信号衰落变化，理论和实验结果均表明，距离的衰落变化符合对数距离衰减模型。

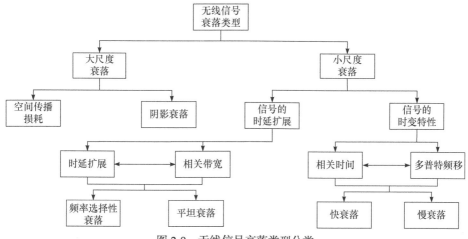

图 2-9　无线信号衰落类型分类

大尺度衰落在无线信号传播过程中体现出一定的规律性，更容易使用各种模型来描述大尺度衰落规律。它是无线信号传播模型的重要组成部分，也是传播模型研究的重点。

2.2.2　经典无线信号衰减模型

常见的无线信号衰减模型包括对数路径损耗模型和 Friis 模型。

1. 对数路径损耗模型

无线信号与距离之间的关系符合经典的对数距离路径损耗模型，对数距离路径损耗模型为

$$P_L(d) = P_L(d_0) - 10n\lg\left(\frac{d}{d_0}\right) + X_\sigma \tag{2-1}$$

其中，$P_L(d)$ 为发射节点与接收节点距离为 d 时的路径损耗；$P_L(d_0)$ 为收发设备距离为 d_0 时的参考路径损耗，一般取 $d_0 = 1\text{m}$；n 为路径损耗指数，依赖周围的环境和建筑类型；X_σ 是偏差为 σ 的正态随机变量。

为了方便研究，将对数距离路径损耗模型中的路径损耗转换为 RSSI，其公式可转换为

$$\text{RSSI}(d) = \text{RSSI}(d_0) - 10n\lg\left(\frac{d}{d_0}\right) + X_\sigma \tag{2-2}$$

为了进一步表明，RSSI 与距离之间的关系，取 $d_0 = 1\text{m}$，又可将式(2-2)转换为

$$d = 10^{\frac{\text{RSSI} - \text{RSSI}(d) + X_\sigma}{10n}} \tag{2-3}$$

其中，RSSI 为 $d_0 = 1$m 时的参考信号强度值，可通过实验获取；n 和 X_σ 为模型中的经验常数。

RSSI(d) 的值越大，则距离 d 越小，因此在一般的室内环境下，节点间的信号强度越大，节点间的距离越小，信号强度越小，节点间的距离越大。

2. Friis 模型

利用 Friis 模型，可对无线通信路径中的直线路径信号与反射路径信号的 RSSI 分别进行建模，降低无线信号受到复杂船舱环境的影响。直线路径模型为

$$P_r = | p | = \frac{P_t G_t G_r \lambda^2}{(4\pi d)^2} \tag{2-4}$$

其中，P_r 为接收信号功率；G_r 为天线增益；P_t 为发射信号功率；G_r 和 P_t 都是固定的；λ 为信号波长；d 为传播距离。

反射路径信号的 RSSI 建模为

$$P_r = | p | = \gamma \frac{P_t G_t G_r \lambda^2}{(4\pi d)^2} \tag{2-5}$$

其中，γ 为信号反射的吸收率，不同材料表面吸收率不同；每条非直线路径的传播距离 d 也是未知的，是环境中经由反射后接收到的路径 RSSI。

RSSI 为所有路径的功率矢量和，模型为

$$| p | = | \sum_{i=1}^{n} p_i | \tag{2-6}$$

由 Friis 模型可知，在船舶环境下，无线信号从锚节点发出，虽然墙壁、摆设、遮挡等情况会让无线信号产生多径衍射等现象，但是随着反射路径 d 延长，信号反射的吸收率较高，无线信号的 RSSI 会随着无线信号直线路径长度的增大而逐渐减小。

2.2.3 船舶舱室无线信号传播特性

通过实验验证这种相关性，在游轮客房区的走廊采集数据，该走廊为客房区连接大厅的唯一通道，具有笔直、狭长的特点，长为 30m、宽为 1.5m，选择走廊的一端和中间水密门处各布置 1 个锚节点，并根据环境选择每 2.5m 设定一个采样点。在每个采样点分别采集 1min 的 RSSI 信号，共采集 12 个采样点后，记录并保存。

图 2-10 中 RSSI 为走廊从前到后各个位置接收到的 2 个锚节点的平均信号强度值。可以看出，RSSI 的读取范围为 0～-99。其中，数值越大，越接近 0，表示接收到的信号越强，而数值越小，越接近-99，表示接收信号的强度越弱。根据

实验结果，当目的越靠近锚节点时，RSSI 越大。由于无线信号本身的时变性，固定位置的 RSSI 也会发生变化。可以看出，当接收节点向参考节点靠近时，RSSI 呈逐渐增加的趋势；当接收节点远离锚节点时，RSSI 呈逐渐减小的主要趋势。

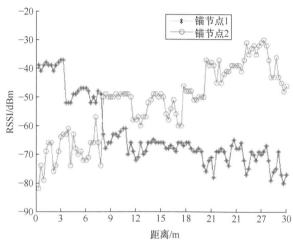

图 2-10　RSSI 随距离变化趋势

为了测试 2.4GHz 无线信号在船舶典型场景中的通信特点，分别对空旷甲板、船舶内部贯穿空间、舱壁分割的舱室空间、舱门分割空间、水密门分割空间、甲板分割空间进行点对点通信实验。具体实验内容如下。

(1) 在船舶主甲板上布设一个接收节点，分别在距离接收节点 3m、6m、9m、12m、15m、18m 的位置发射数据包。每组实验分别测量 10 次数据，通过实验观测得到最终结果。

(2) 在船舶舱室内部同层且贯穿的甲板空间，在甲板上布设一个接收节点，分别在距离接收节点 3m、6m、9m、12m 的位置发射数据包。每组实验分别测量 10 次数据，通过实验观测得到最终结果。

(3) 选取普通舱门为分割物，在舱门外附近设置一个接收节点，在舱室内部设置信号发射节点，并在关闭舱门的情况下发射数据包。每组实验分别测量 10 次数据，通过实验观测得到最终结果。

(4) 选取水密舱门为分割物，在舱门外附近设置一个接收节点，在舱室内部设置信号发射节点，并在关闭舱门的情况下发射数据包。每组实验分别测量 10 次数据，通过实验观测得到最终结果。

(5) 选取舱壁为分割物，在无普通门的舱室(如发动机室)布置一个节点，在舱室内部设置信号发射节点，并在关闭舱门的情况下发射数据包。每组实验分别测量 10 次数据，通过实验观测得到最终结果。

(6) 不同甲板间的通信，在相邻的 2 层甲板中分别设置一个接收节点和一个发射节点，选取不同的位置进行通信实验。

实验主要通过 RSSI 和接收丢包率衡量无线通信链路的质量。无线信道平均接收信号功率随距离对数衰减。任意发射端和接收端之间距离 r 的平均路径损耗可表示为

$$PL(r) \propto \left(\frac{r}{r_0}\right)^n \tag{2-7}$$

其中，n 为路径损耗指数，表明路径损耗随距离增长的速率，n 与频率、传播环境及天线高度有关；r_0 为近地参考距离。

因此，可通过测量不同距离间点对点通信中的信号强度和丢包率评估传输质量。

实验 1 测试结果如图 2-11(a)所示。在主甲板上信号的衰减值，以及无线信号传输的丢包率随着距离的增加而逐渐增大，但在所有组别的实验条件下，传输效果都非常好，信号衰减均小于 82dBm，数据包传输的丢包率都低于 8‰。

实验 2 的测试结果如图 2-11(b)所示。数据表明，在舱室空间内部，2 节点之间的通信效果相比空旷的甲板有所降低。这主要体现在传输的丢包率上，但其传输的准确率仍然可以达到 98% 以上，同时在舱室内部，传输质量虽然相对有所下降，但其下降的幅度相比空旷甲板区域缓慢。

实验 3～实验 6 均在有物体阻隔的条件下测试，结果如图 2-11(c)所示。结果表明，信号传输质量有所下降，根据阻挡物的不同会有所差别，普通舱门对无线信号的传输几乎没有影响，被舱壁阻隔无舱门连通的情况下，无线信号的传输基本无法进行。水密舱门对信号的阻隔作用非常强烈，其路径损耗为 88dB/m，传输的丢包率超过 7%。单层甲板阻隔在楼梯附近的信号虽然路径损耗较大(与水密舱门相当)，但是丢包率只有 2.3% 左右。在相邻甲板的通信测试中，当收发端远离楼道时，节点间几乎不能形成有效的通信。鉴于水密舱门对无线信号传输的影响较大，可通过加大发射功率的方法提高通信质量。实验结果如图 2-11(d)所示，提高发射功率能够有效地突破水密舱门对无线信号的阻隔，提高通信质量。

通过上述实验结果可以得到以下结论。

(1) 无舱壁阻隔同层甲板空间或同一舱室内部，点对点通信均能获得比较好的无线信号传输效果。

(2) 收发节点分别位于不同舱室，节点间被舱壁阻隔且无舱门连通。收发节点之间几乎不能通信。

(3) 收发节点位于不同舱室，但中间设有普通舱门，节点间可以进行通信。

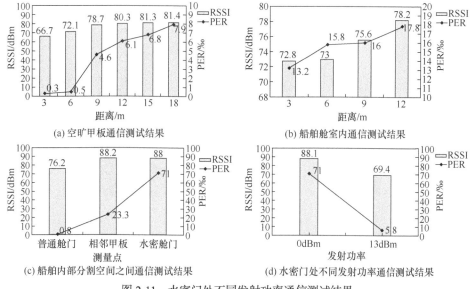

(a) 空旷甲板通信测试结果　　　　　　(b) 船舶舱室内通信测试结果

(c) 船舶内部分割空间之间通信测试结果　(d) 水密舱门处不同发射功率通信测试结果

图 2-11　水密门处不同发射功率通信测试结果

(4) 相邻舱室之间有一扇水密舱门阻隔，只有当节点均距离舱门较近时才可能形成有效的通信。同时，为了提高无线通信质量，可以适当提高信号的发射功率。

(5) 收发节点分别位于相邻层的甲板，仅可通过楼道或者舱口等空间连通的地方实现通信。

上节采用理论分析和实验验证的方法证明信号强度与距离之间存在的关系，但通常情况下，在多个锚节点的信号范围内，各个采样点间的信号强度是否具有独特的识别性，不同锚节点的信号强度是否可以作为位置的判断依据，是本节要具体验证的内容。实验在长江贰号游轮进行，该区域为客船内常见的中央大厅，大厅长 20m、宽 20m，两侧有柜台、沙发，中央有旋转楼梯，结构较复杂。在实验场地中的三个方向墙面分别安装一个硬件设计相同的节点，并根据环境选择每 2.5m 设定一个采样点，以 1Hz 的频率对各个节点的信号强度进行 200 次采样。

虽然上节利用 Friis 模型构建信号强度，但是墙壁、柜台、楼梯等遮挡导致的信号多径衍射下，无线信号的 RSSI 并不能直接按照传输距离来计算。同时，无线信号在室内因多径效应使 RSS 上下变动，所以我们通过解析 RSSI 数据，求得 50 个采样点位置上接收到的每个锚节点的 RSSI 均值，并分别根据强度绘制灰度图，颜色越深代表信号强度越低。该区域锚节点信号强度分布图如图 2-12 所示。

由此可见，由于船舶复杂的环境影响下，无线信号的实际 RSSI 与通过模型构建的理想环境差异较大，用去信号传输模型对其预测和拟合误差较大。3 个节点彼此信号强度采样值的变化范围各自有较大差别，表明在不同的位置上，受环境影响的信号强度的干扰不相同。对于各处位置的信号独特性，将 3 个锚节点的

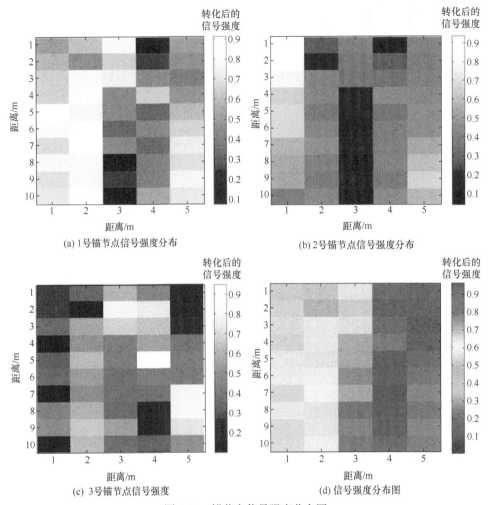

图 2-12　锚节点信号强度分布图

RSSI 转化为 RGB 值，信号强度分布如图 2-12(d)所示。

　　从实验的结果可知，只要保证锚节点在室内安装，其位置、数量、设备不再发生变动，那么根据信号强度与空间位置的关系，各个采样点间的信号强度特征具有可区分性及稳定性。通过建立 RSSI 特征库，利用统计方法可将环境中进行采集信号的样本数据归纳，实现信号强度与位置指纹定位。

2.3　船舶环境因素对无线定位信号的影响

　　在位置指纹定位中，由于船舶环境受到人为或自身运动的影响，无线信号的 RSS 发生变化，受到的影响包括室内物品设施的变化，即船内桌椅移动、门开或关。行人的遮挡，船员和旅客的船内活动会随机遮挡无线信号。同时，船舶本身的航行也会导致无线信号的 RSSI 变化强烈，在线阶段测量得到特征值与离线建立的指纹库中特征存在偏差，造成定位的错误率上升，精度下降。

2.3.1　船舶航行状态对 RSSI 信号的影响

由于船载环境下，船舶具有运行和停泊两种状态，因此本章针对这两种状态分别进行测量并分析 RSSI 与距离之间的关系。如图 2-13 所示，在船舶停泊状态下，全局范围 1～50m 内，随着接收节点与发射节点之间的距离逐渐增大，RSSI 整体呈现下降趋势，而在局部范围 1～5m、5～15m 内，随着接收节点与发射节点之间的距离逐渐增大，信号强度明显变小。当距离增大到 20m 之后，RSSI 的波动幅度较大，与距离之间的单调性关系明显减弱。对于船舶航行状态下的 RSSI 与距离之间的变化关系，其基本变化规律、趋势与船舶停泊状态相似，但在船舶航行状态下，当距离增大到 20m 之后，RSSI 的波动幅度明显比船舶停泊状态下大。在一般陆地环境下，其 RSSI 与距离的关系也呈下降趋势，当距离变大之后，RSSI 波动也较为剧烈。

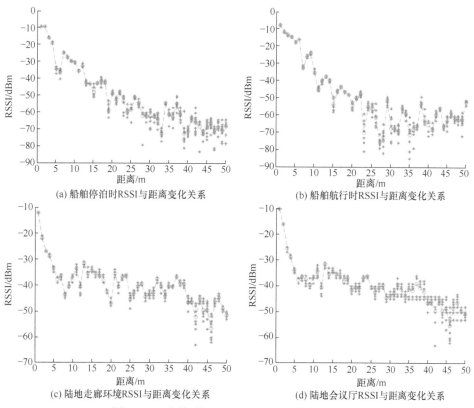

(a) 船舶停泊时RSSI与距离变化关系　　　　(b) 船舶航行时RSSI与距离变化关系

(c) 陆地走廊环境RSSI与距离变化关系　　　　(d) 陆地会议厅RSSI与距离变化关系

图 2-13　不同场景下 RSSI 与距离之间的映射关系

　　在船载环境下，当接收节点与发射节点之间的距离在 20m 内时，RSSI 与距离之间的关系基本符合传统路径损耗模型，即传播距离越远，信号强度越弱；传播距离越近，信号强度越强。当无线信号传播距离大于 20m 时，无线信号强度与距离之间的关系不再符合传统的路径损耗模型。

　　在航行时段，由于船体航向、航速、位置会不断变化，无线信号的通信质量不稳定，直接使 RSSI 产生波动。本章分别对陆地建筑、船舶停泊和船舶航行 3 种状态下，无线信号的 RSSI 进行采样及对比分析，分别在实验场地内的固定距离对锚节点的信号强度进行采样。RSSI 状态如图 2-14 所示。由此可知，无线信号强度的波动随着采集环境的改变，波动性更强。

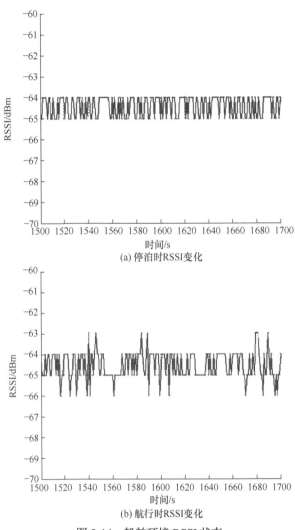

图 2-14　船舶环境 RSSI 状态

船舶停泊和航行时的指纹特征分布如图 2-15 所示。船舶停泊时和航行时，RSSI 的概率分布均值是相同的，即−65dBm，但方差不同，停泊时的方差为 0.2436，航行时的方差为 0.4590。

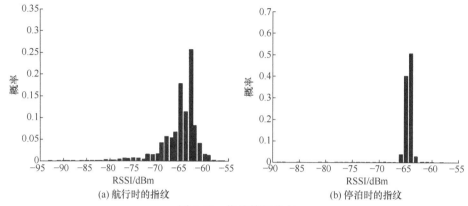

(a) 航行时的指纹　　　　　　　　　(b) 停泊时的指纹

图 2-15　指纹特征分布

2.3.2　船舶内部结构对 RSSI 信号的影响

船舶在航行的过程中并不是一个平稳的过程，船舶的运动状态、地理位置、舱室环境等因素，都会对无线信号强度 RSSI 造成一定的干扰，因此在船舶航行和停泊两种状态下，针对不同的实验场景，在一定的时间内对无线信号强度 RSSI 进行连续的测量，观察船载环境下 RSSI 的波动性。

将实验场景设置在空间范围较为狭窄的船舶客房走廊上和空间较为开阔的船舶多功能厅上，以及一般陆地室内环境，将发射节点与接收节点之间的距离设置为 12m，接收节点分别在船舶航行和船舶停泊两种状态下，连续测量发射节点发送的无线信号强度 RSSI 为 10min。实验结果如图 2-16 所示。船舶航行时，RSSI 的波动幅度比船舶停泊时的波动幅度更加明显。在一般的陆地环境，RSSI 的波动幅度只有 1~2dbm。由此可知，船舶的运行状态确实会影响 RSSI 传播的稳定性，船舶运行时 RSSI 波动得最强烈，其次是船舶停泊时，一般陆地环境 RSSI 基本上较为稳定。进一步分析实验数据可知，空间较为狭窄的船舶客房走廊上的 RSSI 都比空间较为开阔的船舶多动能厅的 RSSI 波动剧烈。因为无线信号在空间狭窄的传播环境下，更容易发生信号反射现象，所以多径效应更加强烈。因此，在同等环境下，空间较为狭窄的传播环境中的无信号波动更剧烈。

2.3.3　人员因素对定位信号稳定性影响

船舶室内有较大的行人流通量，特别是在人员必须经过的区域，如甲板楼梯，通行的人会较多。人体对信号具有吸收作用，同时也会对无线信号产生遮挡，引起信号反射、衍射等多径效应。对于这种行人较多的场景，位置指纹法需对此进行特别关注。本节通过实验分析人对无线信号的影响，场景为固定 5m 的通信距离处，锚节点和接收节点间无人、有 1 人和有 2 人活动的信号变化趋势(图 2-17)。

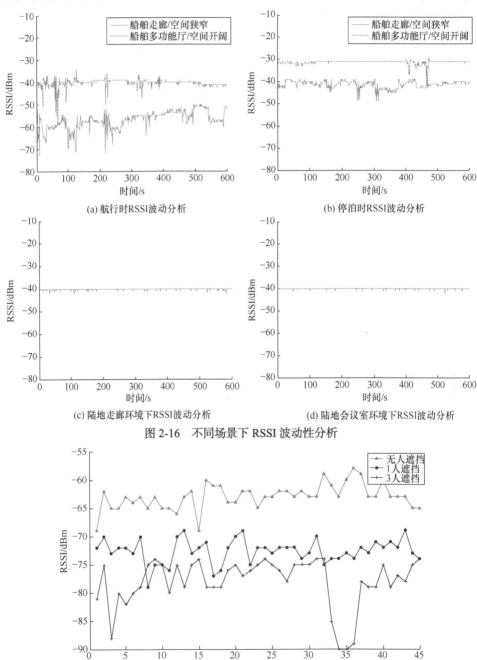

(a) 航行时RSSI波动分析

(b) 停泊时RSSI波动分析

(c) 陆地走廊环境下RSSI波动分析

(d) 陆地会议室环境下RSSI波动分析

图 2-16　不同场景下 RSSI 波动性分析

图 2-17　行人遮挡

由此可知，由于行人的影响，RSSI 有较大的波动，行人越多，其波动的状况越明显。其概率分布特性如图 2-18 所示。

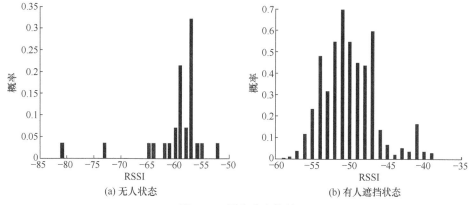

(a) 无人状态　　　　　　　　　　　　(b) 有人遮挡状态

图 2-18　概率分布特性

根据数据分析，无人状态时，均值为-64.4129dBm，方差为 1.232，振幅在 2dBm 范围内；有人遮挡状态下，均值为-64.5473dBm，方差为 21.046，在 4dBm 范围内变化，振幅较大，波动明显剧烈。当有人员遮挡的时候，无线信号 RSSI 的变化幅度较大，且 RSSI 波动随机；每个标定点的接收到锚节点的信号波动范围较大，各采样点的指纹产生重叠，导致指纹库匹配精度下降。目前，虽然已有较多关于环境对位置指纹的研究，但是相关行人遮挡的研究还较少，暂时还没有很好的解决方案。

2.3.4　船舶环境对无线室内定位的影响

1. 室内物品设施变化

船舶作为主要水上交通工具，货物、游人进出频繁，而在某些大型游轮中，还有较多服务人员，他们会随时对船内设施进行改动，因此室内常会发生设施物品变动的情况，而物品或人的变化不仅在节点通信的直线路径上会对 RSSI 产生影响，在离直线路径较远处也有多径衰落的影响，导致任何环境变化都会对指纹库匹配产生偏差，影响定位精度。因此，如何选择合适的方法解决环境变化问题，实时更新指纹库或提高指纹库的环境适应性是重要的研究方向。

2. 行人遮挡

公共场合有较大的行人流量，但行人的随机移动会遮挡定位信号，使无线信号的 RSSI 出现较大的波动。同时，行人移动的速度和方向各不相同，因此对无线信号的干扰也更加无规律可循。在线定位阶段，若需要定位的频率较高，则采集的 RSSI 信号的时间缩短，使指纹定位可靠性降低。如何克服行人对无线信号的遮挡影响，是位置指纹定位技术研究不可忽视的研究方向。

3. 船舶航行

船舶与一般室内环境有较大区别，除了结构复杂，以及钢结构特点外，船舶本身的航行也是不可忽视的因素。在航行过程中，船舶的航向、航速、海拔、运动特点都不相同，这会导致 RSSI 波动较剧烈，且有突变和漂移的情况发生。

4. 锚节点数量与定位精度关系

不同节点由于硬件上元器件的不同和焊接工艺的差异，其发射信号在不同距离处的衰减程度有较大差异，即使是相同厂商生产的设备也有异质性。本章首先测试各个节点的设备差异性。实验场景选择在 2.2.1 节的走廊中进行，分别在 5m 距离内，按照距离安装两个传感网节点，采样从场地的最左侧开始，移动路线标定 12 个采样点，分别在每个采样点停留，并以 1Hz 的频率对接收的信号强度进行测量和记录，记录持续时间为 1.5min。如图 2-19 所示，不同设备虽然在不同位置处的信号强度存在差异，但 RSSI 仍呈随距离增大而变小的变化情况。

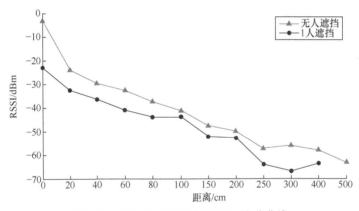

图 2-19 不同距离的平均 RSSI 的变化曲线

该区域为 3 个锚节点覆盖下的矩形区域，以各个锚节点的 RSSI 为坐标轴，建立区域内的 RSSI 信号特征。不同数量采样点 RSSI 特征分析如图 2-20 所示。其中，图 2-20(a)为锚节点 1 和锚节点 2，图 2-20(b)为全部锚节点的 RSSI 特征。可以看出，采样点的位置可由 RSSI 的特征相互区分，最终实现基于位置指纹的定位。由于信号波动较大，采样点可区分距离较小，不同采样点的 RSSI 会产生重叠，定位精度下降。可以看出，增加锚节点的个数，即增加特征值的维度，可增大各个采样点的特征间隔，提高分隔的准确率和定位精度。

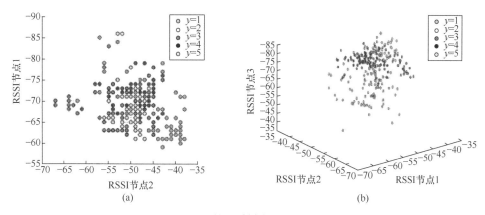

图 2-20　不同数量采样点 RSSI 特征分析

当采样点保持不变，锚节点与定位精度如图 2-21 所示。在采样点间隔相同的情况下，增加锚节点的数量，即增多无线网热点的覆盖后，定位精度会明显上升，误差逐渐减小。当锚节点的数量在 3 个以内时，增加锚节点数会急剧提高定位精度。当锚节点数达到 5 个以上后，锚节点的数量对定位精度的影响逐渐减小。因此，在定位系统的安装阶段，锚节点应遵循重要位置能接收到 4、5 个锚节点的信号原则进行布设，以保证定位精度。

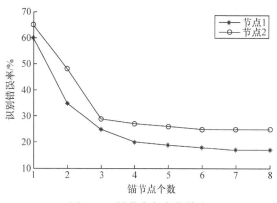

图 2-21　锚节点与定位精度

2.4　小　　结

本章首先介绍通用无线自组织网络和船载自组织网络的特点与网络模型。然后，介绍船舶环境无线信号传输特性。最后，通过船舶测试结果分析，介绍船舶环境因素对无线定位信号的影响，包括船舶环境下 RSSI 的概率分布特性、船舶航行状态对 RSSI 信号的影响、船舶内部结构对 RSSI 信号的影响、人员因素对无线定位信号的影响，以及船舶环境对无线室内定位的影响。

参 考 文 献

[1] 刘云浩. 物联网导论. 北京: 科学出版社, 2010.

[2] 戴明, 钟南. 我国内河"船联网"通信及网络融合技术分析与思考. 交通建设与管理, 2012, (7): 12-15.

[3] 董耀华, 孙伟, 董丽华, 等. 我国内河"船联网"建设研究. 水运工程, 2012, 8: 25-29.

[4] Kidston D, Kunz T. Challenges and opportunities in managing maritime networks. IEEE Communications Magazine, 2008, 46(10): 162-168.

[5] 刘克中, 严新平, 张金奋. 海事监控传感网络中的节点管理方法研究. 公路交通科技, 2009, 26(S1): 73-86.

[6] Yang X, K, Cui Y, et al. Modeling and simulation for maritime surveillance sensor networks// IEEE 2010 International Symposium on Communications and Information Technologies, Tokyo, 2010: 215-219.

[7] Carapezza E, BucK L A. Intelligent maritime security system with sensor networks for coastal environmental and homeland security applications// Optics/Photonics in Security and Defence International Society for Optics and Photonics, London, 2007: 67360F.

第 3 章 基于 ZigBee 的船载传感器网络 节点定位方法

本章主要介绍三种基于 ZigBee 的船载传感器网络节点定位方法，包括基于区域分割的低代价节点定位、基于位置指纹的高精度节点定位，以及基于需求响应的多粒度定位。针对船舶环境，介绍传感器网络节点部署策略及优化方法。

3.1 基于区域分割的低代价节点定位方法

在船舶环境下，传统的室内定位方法，如测距定位方法，由于对数距离路径损耗模型可靠性不高，RSSI 通过模型转换得到的距离精度较低，传统的测距定位方法在船载环境下的定位精度得不到保障。又因为传统免测距定位方法，如 Centroid[1]、DV-HOP[2]、APIT[3] 等定位算法，直接将 RSSI 作为定位算法的输入，但船载环境无线信号波动范围较陆地环境更为剧烈，因此传统免测距定位方法的定位稳定性不高。我们提出基于区域分割的节点定位方法，并构建信号容错机制，使信号干扰较大时，还能保证一定的定位精度。

3.1.1 区域分割模型建立

为了便于区域分割模型的叙述，首先定义以下参数。

(1) P_i：导标节点。导标节点在定位系统中表示自身位置信息已知的节点，其中下标 i 表示导标节点编号。

(2) Q_j：未知节点。未知节点在定位系统中表示自身信息未知，需要求解位置信息的节点，下标 j 表示未知节点的编号。

(3) D_{ij}：导标节点 P_i 与未知节点 Q_j 之间的距离。

(4) d_{ij}：导标节点 P_i 与导标节点 P_j 之间的距离。

(5) $RSSI_{ij}$：导标节点 P_i 与未知节点 Q_j 之间的信号强度值。

(6) L_{ij}：导标节点 P_i 与导标节点 P_j 的中垂线，其中 $i \neq j$。

(7) EPR_i：导标节点 P_i 的有效精度范围，即节点之间距离和信号强度的关系与对数距离路径损耗模型符合度较高的一段范围。本节 EPR 可取 10m(因为 10m 之内，对数距离路径损耗模型精度较高)。

(8) S_0：定位的原始区域，即所需定位的室内原始区域。

(9) S：未知节点的有效定位区域，即通过区域分割定位模型，最终匹配出未知节点的估计位置区域。

区域分割模型的核心思想是，通过未知节点接收各导标节点的信号强度值，并比较各信号强度 RSSI 的强弱，从而逐步缩小未知节点的定位区域。区域分割模型不需要通过对数距离路径损耗模型将接收的 RSSI 转换成具体的距离值，而是直接比较 RSSI 的强弱，映射距离的远近。因此，为了保证区域分割模型的定位精度和定位可靠性，本节讨论以下 3 种区域分割模型。

(1) 未知节点 Q_j 与所有导标节点 P_i 之间的传输距离在 EPR 范围内时，区域分割模型示意图如图 3-1 所示。此时，Q_1 与 P_1、P_2、P_3 的传输距离都在 EPR 范围内。如图 3-1(a)所示，未知节点 Q_1 接收 P_1、P_2 的信号强度，比较其信号强度的强弱发现，$\text{RSSI}_{11} > \text{RSSI}_{21}$。由信号强度与距离的映射关系可知 $D_{11} < D_{21}$，可判断未知节点 Q_1 一定在中垂线 L_{12} 的左下半边区域。如图 3-1(b)所示，在四边形 S_0 中再增加一个导标节点 P_3，同样可以测得 $\text{RSSI}_{11} > \text{RSSI}_{31} > \text{RSSI}_{21}$。由信号强度与距离的映射关系可知 $D_{11} < D_{31} < D_{21}$，判断未知节点 Q_1 一定在有效区域 S 中，即图 3-1(b)中的阴影部分。对比图 3-1(a)和图 3-1(b)可知，通过增加导标节点，可以将原始区域 S_0 分割成更多的子区域，从而使有效定位区域逐渐收敛逼近未知节点的真实位置。由于该模型的分割方式都是直线分割，因此本节将这一模型称为直线分割模型。又因为船舶舱室空间一般都较为狭窄，而通信节点的 EPR 可达 10m，因此船舶环境下的区域分割模型大多数为直线分割模型。

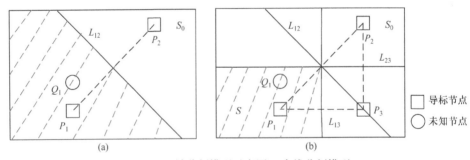

图 3-1　区域分割模型示意图-1(直线分割模型)

(2) 未知节点 Q_j 与部分导标节点 P_i 之间的传输距离在 EPR 范围外时，区域分割模型如图 3-2 所示。此时，Q_1 与 P_2、P_3 的传输距离在 EPR 范围之外，Q_1 与 P_1 之间的传输距离在 EPR 范围之内。Q_1 与 P_1 的信号强度要明显大于 Q_1 与 P_2、P_3 的信号强度，即 $\text{RSSI}_{11} > \text{RSSI}_{21}$、$\text{RSSI}_{11} > \text{RSSI}_{31}$，因此通过直线分割的方式可以逐步缩小未知节点 Q_1 的有效定位范围。又因为 Q_1 与 P_2、P_3 之间的传输距离在 EPR

范围之外，由于 RSSI 信号波动剧烈，如果直接比较信号强度的大小，错误率较高，因此本节以 P_2、P_3 为圆心，EPR 为半径，作为划分区域的边界。如图 3-2 所示，Q_1 一定不在 P_2、P_3 的有效精度范围 EPR 之内，因此通过 L_{12}、L_{13}、P_2、P_3 的 EPR 边界可知，Q_1 一定在图 3-2 的阴影区域内。由于该模型的分割方式既有直线分割方式又有圆弧分割方式，因此本节将该区域分割模型称为直线-圆弧分割模型。

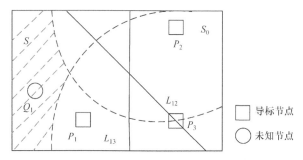

图 3-2　区域分割模型示意图-2(直线-圆弧分割模型)

(3) 未知节点 Q_j 与所有导标节点 P_i 之间的传输距离都在 EPR 范围之外时，区域分割模型示意图如图 3-3 所示。此时，Q_1 与 P_1、P_2、P_3 的传输距离都在 EPR 范围之外，因此 $RSSI_{11}$、$RSSI_{21}$、$RSSI_{31}$ 信号极其不稳定。如果采用直线分割方式，直接比较信号强度，错误率较高，因此本节以 P_1、P_2、P_3 为圆心，EPR 为半径，作为划分区域的边界。如图 3-3 所示，Q_1 一定在 P_1、P_2、P_3 的有效精度范围 EPR 之外，即阴影部分。由于该模型的分割方式为圆弧分割，因此本节将该区域分割模型称为圆弧分割模型。

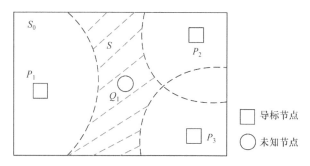

图 3-3　区域分割模型示意图-3(圆弧分割模型)

3.1.2　区域分割容错机制

区域分割模型面向船载特殊环境，针对无线信号波动剧烈，以及传统对数距离路径损耗模型精度较低等问题，综合考虑无线信号强度 RSSI 强弱关系，以及节点的有效精度范围EPR，提出 3 种区域分割模型。由于船舶舱室空间一般都较为狭窄，因此船舶环境下的区域分割模型大多数为直线分割模型。本节在对直线分割模型做进一步研究和实验后发现，由于船舶环境下无线信号波动较为剧烈，导致在某些特殊区域中使用直线分割模型，直接比较信号强度的强弱时，容易产生区域误判现象。

如图 3-4 所示，假设在任意一个平面 S 内，有 2 个导标节点 P_1、P_2，而 P_1、P_2 的中垂线 L_{12} 将平面 S 分为两块区域，记左边区域为 S_1 和右边区域为 S_2，当未知节点 Q_1 收到的信号强度强弱关系满足 $|\text{RSSI}_{11} - \text{RSSI}_{21}| \leqslant \Delta R_{12}$，其中 ΔR_{12} 是一个常数，可以通过实验获取具体的数值，船载环境下 ΔR_{12} 的值一般可取 5dBm 左右。此时，RSSI_{11} 与 RSSI_{21} 的大小很接近(图 3-4)，从理论上分析 Q_1 接收到信号强度强弱关系应该为 $\text{RSSI}_{11} > \text{RSSI}_{21}$，但因为船载环境下无线信号强度 RSSI 本身并不稳定，具波动剧烈，所以 $\text{RSSI}_{11} < \text{RSSI}_{21}$ 时，利用区域分割直线分割模型求解未知节点 Q_1 的估计位置时，会将 Q_1 本身所处的 S_1 区域的 true 点误判为 S_2 区域的 false 点。这种区域误判现象的存在会降低区域分割模型的定位精度和定位可靠性，因此在直线分割模型中,解决无线信号波动带来的定位精度及可靠性下降等问题，具有重要的意义和必要性。

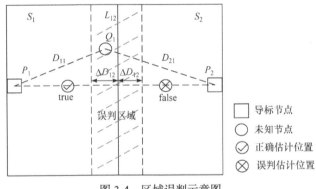

图 3-4　区域误判示意图

由于直线分割模型中,无线信号的强弱关系也可以表示为节点间距离的远近，因此发生区域误判现象的约束条件也可以表示为 $|D_{11} - D_{21}| \leqslant \Delta D_{12}$，其中 ΔD_{12} 是一个常数，可通过实验获取具体的数值。图中阴影部分为未知节点发生区域误判概率较高的区域，定义为误判区域。误判区域的范围与导标节点间的距离有关，对导标节点 P_1 和 P_2 在不同的通信距离下测量误判区域范围的大小。如表 3-1 所示，误判区域范围的约为导标节点间距离的 10%~15%。

表 3-1　导标节点间的距离与误判区域范围的关系

导标节点间的距离/cm	误判区域范围/cm
300	17
400	24
500	30
600	38
700	45

情景 1，假设有 1 个未知节点 Q_1 落在了 P_1 与 P_3 之间的误判区域，不在 P_2 和 P_4 之间的误判区域，且 $\mathrm{RSSI}_{21} > \mathrm{RSSI}_{41}$，如何解决区域误判问题？

情景 2，假设有 1 个未知节点 Q_1 落在了 P_1 与 P_3 之间的误判区域，也落在了 P_2 和 P_4 之间的误判区域，如何解决区域误判问题？

情景 3，假设有 1 个未知节点 Q_1 落在 P_1 与 P_3 之间的误判区域，不在 P_2 和 P_4 之间的误判区域，且 $\mathrm{RSSI}_{21} < \mathrm{RSSI}_{41}$，如何解决区域误判问题？

先考虑情景 1 的容错方案。如图 3-5 所示，由于 Q_1 落在 P_1 与 P_3 之间的误判区域，满足区域误判约束条件 $|D_{11} - D_{31}| < \Delta D_{13}$ (实线之间的区域)，Q_1 不在 P_2 和 P_4 之间的误判区域，即 $|D_{21} - D_{41}| > \Delta D_{24}$ (不在虚线之间的区域)，并且 $\mathrm{RSSI}_{21} > \mathrm{RSSI}_{41}$，则一定可以判断 Q_1 在区域 S_5 中，即深色阴影部分。

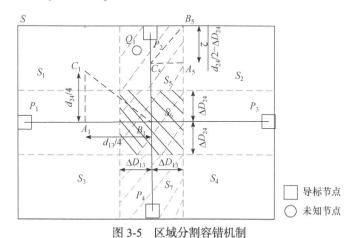

图 3-5　区域分割容错机制

区域分割容错机制具有如下优势。

(1) 假设存在某种方法 X 使区域误判问题得到完全的校正，即 Q_1 本身所处的 S_1 区域不会误判为 S_2 区域。由图 3-5 可知

$$d_{13}/2 > 2\Delta D_{13} \tag{3-1}$$

$$d_{24}/2 > d_{24}/2 - \Delta D_{24}$$

因为 $S_1 = (d_{13}/2) \times (d_{24}/2)$， $S_5 = 2 \times \Delta D_{13} \times (d_{24}/2 - \Delta D_{24})$，所以 $S_1 > S_5$。

(2) 假设利用上述容错方法在 S_5 区域内的最大定位误差为 MaxError$_5$，利用方法 X 在 S_1 区域内所求的最大定位误差为 MaxError$_1$，设 S_1 区域的质心为 C_1，在 S_1 区域内，离 C_1 最远的点为 B_1，设 S_5 区域的质心为 C_5，在 S_5 区域内，离 C_5 最远的点为 B_5，则有

$$C_5 B_5 = \text{MaxError}_5 = \sqrt{(d_{24}/4)^2 + (d_{13}/4)^2} \tag{3-2}$$

$$C_1 B_1 = \text{MaxError}_1 = \sqrt{\Delta D_{13}^2 + (d_{24}/2 - \Delta D_{24})^2} \tag{3-3}$$

显然， MaxError$_1$ > MaxError$_5$。

同理，情景 2 和情景 3 的容错机制与情景 1 的容错机制相似。当发生情景 2 时，Q_1 一定会落在 S_6 区域。当发生情景 3 时，Q_1 一定会落在 S_7 区域。

综上所述，在发生区域误判的情况下，使用上述容错方案可以使未知节点的有效定位区域收敛到一个更小的范围，从而使区域分割计算出的估计位置更加逼近未知节点的真实位置。因此，当发生区域误判时，使用该方法计算出的平均定位误差一定小于方法 X 计算出的平均定位误差。在发生区域误判的情况下，使用上述的容错机制不仅不会影响区域分割模型的定位性能，还会提高区域分割模型的定位精度和可靠性。

3.1.3 区域分割定位方法

区域分割定位方法面向船载特殊环境，针对船舶环境下无线信号不稳定、船舶舱室空间狭窄引起的多径效应等问题，综合考虑无线信号强度强弱关系，以及节点的有效精度范围 EPR。本节提出区域分割模型，以及区域分割模型的容错机制，从而提高船载环境下的定位精度和可靠性。区域分割定位方法的核心思想是，充分利用无线信号强度与距离的映射关系，以及节点的有效精度范围，从而逐步缩小未知节点的有效定位区域[4,5]。区域分割定位方法的主要优势是，利用较少的导标节点和复杂度较低的定位算法，对舱室内的人员或货物进行快速定位，可以获得较为满意的定位精度和定位可靠性。

如图 3-6 所示，根据导标节点之间的误判区域，以及有效精度范围 EPR，平面 S 被分割为若干个部分。假设未知节点 Q_1 测得各导标节点的信号强度满足 $|\text{RSSI}_{11} - \text{RSSI}_{31}| \leqslant \Delta R_{13}$，并且 $\text{RSSI}_{21} > \text{RSSI}_{41}$，同时 RSSI_{21} 映射的距离区间在有效精度范围 EPR$_2$ 之内，则可以判断 Q_1 一定在 S_1 区域，有效定位区域 S_1 的质心即可作为未知节点 Q_1 的估计位置。假设未知节点 Q_2 测得各导标节点的信号强度满足 $\text{RSSI}_{22} > \text{RSSI}_{24}$，并且 $\text{RSSI}_{12} > \text{RSSI}_{32}$，同时 RSSI_{12} 映射的距离区间在有效精

度范围 EPR_1 之内且在 EPR_2 之外，则可以判断 Q_2 一定在 S_2 区域，有效定位区域 S_2 的质心即可作为未知节点 Q_2 的估计位置。假设未知节点 Q_3 测得的各导标节点的信号强度满足 $|RSSI_{13} - RSSI_{33}| \leqslant \Delta R_{13}$，并且 $|RSSI_{23} - RSSI_{43}| \leqslant \Delta R_{24}$，同时 Q_3 与各导标之间的信号强度都在有效精度范围 EPR_1、EPR_2、EPR_3、EPR_4 之外，则可以判断 Q_3 一定在 S_3 区域，可以有效定位区域 S_3 的质心，即可作为未知节点 Q_3 的估计位置。同理，其他区域如何通过信号强度强弱，以及有效精度范围 EPR 确定未知节点的有效定位区域与以上描述的 3 种情况类似。

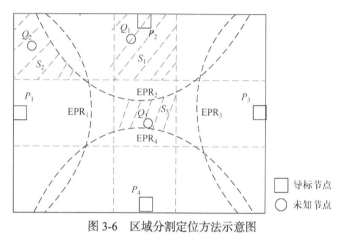

图 3-6 区域分割定位方法示意图

区域分割定位算法流程图如 3-7 所示，主要分为 4 个阶段。

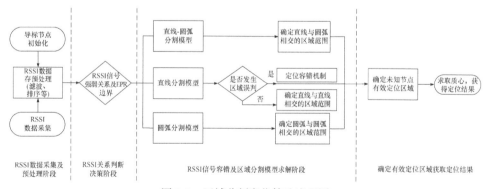

图 3-7 区域分割定位算法流程图

根据区域分割定位算法流程图，本节给出区域分割定位算法的伪代码。该算法主要描述 n 个导标节点的情况下，如何通过未知节点接收导标节点的信号强度来分割区域，使有效定位区域逐渐收敛逼近未知节点的真实位置。区域分割定位算法的输入参数为导标节点个数 n、导标节点坐标 (X,Y)、导标节点的有效精度范围 EPR，未知节点接收导标节点信号强度向量 RSSI(n)、发生区域误判的临界条件 ΔR，输出参数为未知节点的估计位置坐标(x, y)。

区域分割定位算法如下。

算法 3-1　区域分割定位算法

输入: 锚节点的实际坐标(X_i, Y_i)；锚节点数 n；未知节点的接收信号强度
　　　RSSI(n)；面积误判 ΔR 的 RSS 常数；有效精度范围 EPR

输出: 未知节点估计坐标(x, y)

1 针对每个锚节点

2 for i=1:n
3 使 RSSI(n)成为有序向量

4 end for
5 选择 RSSI(n)的第四个最大成分//提高定位效率

6 if RSSI(m) < EPR then
7 //满足线区域分割模型

8 if |RSSI(m)–RSSI(m)|< ΔR then
9 执行定位容错机制

10 else
11 执行线区域分割模型

12 end if
13 else if RSSI(m) < EPR && RSSI(m)> EPR then
14 执行线-弧区域分割模型

15 else if RSSI(n)> EPR then
16 执行弧区域分割模型

17 end if
18 计算有效位置区域质心
19 输出未知节点估计坐标(x, y)

20 end

为了提高区域分割定位算法的效率，首先将未知节点收到的信号强度向量 RSSI(n)变为有序向量，并选择有序向量中信号强度较大的 4 个场强信号作为直接输入参数(因为信号强度越强表示节点间的距离越近，从对数距离损耗模型角度来看，无线信号稳定性越高，通常情况下选择较大的 4 个场强信号基本上能满足一般室内定位要求)。这样一方面可以避免 n 个节点需要依次循环比较带来的系统开

销，另一方面也可以避免信号强度较弱时，无线信号的不稳定，导致定位算法可靠性下降。因此，优化后的区域分割定位算法在效率和可靠性上都有一定程度的提高。不难分析出，区域分割定位算法的时间复杂度为 $O(n)$。

3.1.4　定位性能分析

为了验证区域分割定位算法的可行性和优越性，本节选取船舶中空间较为开阔的电影院作为本次实验的主要场景。该电影院全长 1590cm、宽 970cm。该影院内布置 9 个导标节点、48 个未知节点。区域分割定位算法主要通过未知节点实时接收各导标节点的信号强度作为已知条件，可以获取未知节点位置信息。为了说明在船舶特殊环境下，区域分割定位方法具有较高的定位精度和可靠性，首先将没有定位容错机制的区域分割定位算法与有容错机制的区域分割定位算法作对比，说明容错机制对区域分割模型的重要性，然后将有容错机制的区域分割定位方法(method of area division，MAD)与加权质心定位(weighted central localization，WCL)算法、相对跨度指数加权定位(relative exponentially weighted localization，REWL)算法[6]，在相同的实验环境、硬件平台、节点密度分布的条件下，以平均定位误差、定位方差作为评价指标，进行多组实验的对比(船舶航行和船舶停泊两种状态)。实验结果表明，无论是船舶航行状态，还是船舶停泊状态，区域分割定位方法较 WCL 算法与 REWL 算法都具有较高的定位精度和可靠性[8]。

1. 区域分割容错机制有效性验证

船舶的航行过程并不是一个平稳的过程，本节充分考虑船舶舱室信号的不稳定特征，构建定位容错机制，即使在信号波动较大的情况下，也具有一定的检错和纠错能力。为了进一步说明定位容错机制对区域分割模型的重要性，本节利用有容错机制的定位算法和无容错机制的定位算法对 1000 个未知节点进行仿真实验，并假设发生区域误判的节点概率为 0.2、0.4、0.6、0.8 时，依次比较两种算法的平均定位误差。如图 3-8 所示，当发生区域误判的节点概率逐渐增加时，无容错机制的区域分割定位算法计算出的平均定位误差急剧增加(平均定位误差变化范围 45～100cm)，有容错机制的区域分割定位算法计算出的平均定位误差较为平缓(平均定位误差变化范围 45～65cm)，因此有容错机制的区域分割定位算法相比无容错机制定位算法精度提高 30%左右。在船舶环境下，针对船舶舱室信号不稳定问题，构建定位容错机制是必要的，否则区域分割定位方法的定位精度将大幅下降。

2. 定位精度对比

为了说明定位算法的定位精度，本节以实测的所有未知节点的平均定位误差

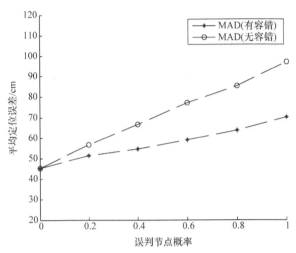

图 3-8 区域分割容错机制有效性验证

为评价指标，反映定位算法的整体定位精度。因为船舶在运行的过程中具有航行和停泊两种基本状态，所以在船舶航行与船舶停泊状态下实测多组数据，将区域分割定位方法 MAD 与 WCL 算法和 REWL 算法，以平均定位误差作为评价指标进行对比，其中 WCL 算法在一般质心定位算法的基础上，将导标节点与未知节点之间的估计距离设置为权值，通过权重的大小来改进质心定位算法的定位精度。区别于 WCL 算法，REWL 算法不需要计算未知节点与导标节点之间的距离，在指数移动概念模型[7]的基础上，将未知节点与导标节点之间 RSSI 的最大值与平均值的差值作为权值，可以消除信号传播模型在计算过程中引起的误差，最终达到提高定位精度的目的。

首先，在船舶停泊状态下，在电影院内布置 6 个导标节点，并在船舶舱室内布置 48 个未知节点，利用 MAD、WCL 算法和 REWL 算法依次求取各个未知节点的定位误差，并求其平均定位误差，然后逐个增加导标节点的个数(导标节点个数从 6 个到 9 个)。重复上述实验，观察并分析平均定位误差的变化情况。如图 3-9(a)所示，随着导标节点的逐渐增加，3 种算法的平均定位误差都逐渐减小，MAD 平均定位误差约为 120～180cm，WCL 平均定位误差约为 160～185cm，REWL 平均定位误差约为 165～180cm。MAD 在导标节点增加到 8 个之后，其定位精度明显要比 WCL、REWL 算法高。从整体分析，在船舶停泊状态下，3 种定位算法的定位精度差别并不大。

在讨论船舶停泊状态下定位精度的对比之后，本节在船舶航行状态下，又进行了一次实测数据实验，同样在电影院内布置 6 个导标节点，并在船舶舱室内布置 48 个未知节点，利用 MAD、WCL 算法和 REWL 算法依次求取未知节点的平均定位误差，然后逐个增加导标节点的个数到 9 个导标节点。实验结果如图 3-9(b)

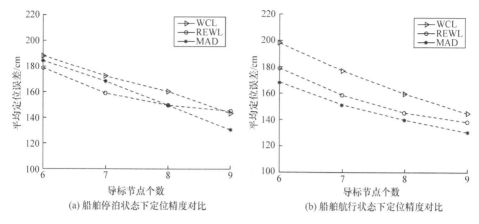

(a) 船舶停泊状态下定位精度对比　　　　　(b) 船舶航行状态下定位精度对比

图 3-9　船舶航行状态下定位精度对比

所示,MAD 平均定位误差约为 140～170cm,WCL 平均定位误差约为 160～200cm,REWL 平均定位误差约为 150～180cm。可以发现，在船舶航行状态下，MAD 要比 WCL 算法和 REWL 算法的定位精度高。分析其原因是，在船舶航行的过程中，船舶本身并不是一个平稳的状态，船舶加速、减速、风浪等因素会造成信号强度 RSSI 剧烈波动。由于在一般陆地环境下，无线信号强度 RSSI 通常较为稳定，因此对于传统的室内定位方法，在船舶航行，信号强度 RSSI 波动剧烈、信号干扰较大的情况下，定位精度会出现大幅下降，MAD 充分考虑船舶无线信号波动性特征，构建定位容错机制，可以进一步提高定位精度。

3. 定位可靠性对比

为了说明定位算法的定位可靠性,本节以未知节点的定位标准差为评价指标，即求取未知节点的定位误差偏离平均定位误差的程度，从而反映定位算法的定位可靠性。类似于定位精度的对比过程，本节在船舶航行与船舶停泊状态下实测多组数据，将 MAD、WCL 算法和 REWL 算法以定位标准差为评价指标进行对比，从而说明定位算法的定位可靠性。

首先，考虑船舶停泊状态下，MAD、WCL 算法和 REWL 算法的定位可靠性。如图 3-10(a)所示，MAD 定位标准差约为 75～100cm，WCL 标准差约为 85～105cm，REWL 标准差约为 85～110cm。可以看出，在船舶停泊状态下，3 种定位算法的定位可靠性相差不大，MAD 略优于 WCL 算法和 REWL 算法。

如图 3-10(b)所示，MAD 定位标准差约为 70～100cm，WCL 标准差约为 85～105cm，REWL 标准差约为 85～110cm。可以看出，在船舶航行状态下，MAD 明显优于 WCL 算法和 REWL 算法。

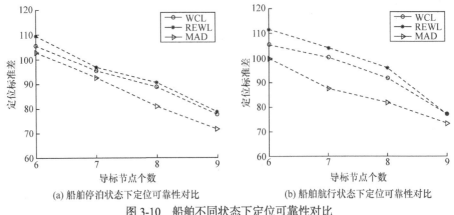

(a) 船舶停泊状态下定位可靠性对比　　　　　　　(b) 船舶航行状态下定位可靠性对比

图 3-10　船舶不同状态下定位可靠性对比

3.2　基于位置指纹的高精度节点定位方法

由于船舶环境的特殊性,本节提出一种适用于船舶环境下定位的时-空位置指纹特征提取方法。该指纹特征可以克服船舶本身环境带来的指纹库偏移、波动等问题。其后设计基于支持向量机(support vector machine, SVM)[8]的位置指纹定位方法,实现船舶室内目标的定位过程,最后进行实船环境的实验验证,证实本节方法在船舶室内定位中有较大的优越性。

3.2.1　空间位置指纹特征提取

位置指纹法需要在离线采样阶段建立位置指纹特征库,而特征提取作为建立指纹库的基础,直接影响定位精度和计算量。在船舶环境下的定位中,为克服复杂的船舶环境的影响,降低设备异质产生的误差,可以更好地刻画信号强度在时空上的分布形态。本节提出基于时-空指纹特征的提取方法,深入分析对比有效的机器学习算法,结合实际,设计相应的指纹定位方法。

相对于一般的陆地建筑环境,船舶环境下的无线信号传播具有时变性,需要更稳健的指纹特征。空间指纹特征(space fingerprint feature, SFF)就是利用空间上多个锚节点信号降低 RSSI 的波动,克服物体移动和船舶自身航行等因素的影响。

位置指纹是利用来自不同锚节点的 RSSI 向量,为每个位置指纹赋予相应的位置标定。在利用位置指纹进行定位的过程中,首先需要在定位区域安装固定的锚节点,并保证每处位置都至少能接收到 3 个以上的锚节点信号,然后根据需求选择采样位置,在每个采样点离线地对接收到的 RSSI 信号进行采集与记录,并建立指纹库。假设在该区域内安装 N 个锚节点,设定 K 个采样点,并在每个采样点各采集 M 组指纹数据。离线阶段,对各个位置的采样点完成位置指纹的采集后,

指纹库可用 F 表示。它由采样点编号、该点感测到锚节点编号和该锚节点的 RSSI 组成。第 k 个采样点的指纹库可用如下矩阵表示，即

$$F(k) = \begin{bmatrix} \mathrm{mac}_1^1 & \mathrm{rssi}_1^1 & \mathrm{mac}_2^1 & \mathrm{rssi}_2^1 & \cdots & \mathrm{mac}_N^1 & \mathrm{rssi}_N^1 \\ \mathrm{mac}_1^2 & \mathrm{rssi}_1^2 & \mathrm{mac}_2^2 & \mathrm{rssi}_2^2 & \cdots & \mathrm{mac}_N^2 & \mathrm{rssi}_N^2 \\ \vdots & \vdots & \vdots & \vdots & & \vdots & \vdots \\ \mathrm{mac}_1^M & \mathrm{rssi}_1^M & \mathrm{mac}_2^M & \mathrm{rssi}_2^M & \cdots & \mathrm{mac}_N^M & \mathrm{rssi}_N^M \end{bmatrix} \tag{3-4}$$

其中，mac_i^M 和 rssi_i^1 为该采样点处，第 M 次采集到第 i 锚节点的 MAC 地址及其 RSSI，共采集 M 组数据。

值得注意的是，在同一组接收指纹中，可能有锚节点信号偶然断开，无法接收到该信号，但为保证矩阵中每行元素的个数相同，未接收到信号的锚节点对应的 RSSI 自动补–99(表示信号强度最小)。

在需要实时定位时，假设定位目标会实时检测其位置处的指纹信号。指纹由当时目标接收到的锚节点和相应的 RSSI 组成，可用如下矩阵表示，即

$$f(i) = \begin{bmatrix} \mathrm{mac}_1 & \mathrm{rssi}_1 & \mathrm{mac}_2 & \mathrm{rssi}_2 & \cdots & \mathrm{mac}_N & \mathrm{rssi}_N \end{bmatrix} \tag{3-5}$$

其中，mac_N 为离线采集指纹库相同的锚节点 MAC 地址；rssi_N 为该锚节点的实时 RSSI。

假定该位置可接收到锚节点 1 和锚节点 2 的信号，读取 rssi_1 和 rssi_2 距各个锚节点的距离 d_1 和 d_2。使用 Friis 模型可表示 RSSI 的模型，即

$$\mathrm{RSSI}(d) = P_r(d) = 10\log\left(\gamma \frac{P_t G_t G_r \lambda^2}{(4\pi d)^2}\right) + X_\sigma \tag{3-6}$$

其中，$P_r(d)$ 是距离为 d 的接收信号功率；X_σ 为模型中不确定的随机变量。

观察式(3-6)可知，模型中有两个因素会影响正确的 RSSI 测量值，即随机变量 X_σ 和通信路径长度 d。RSSI_1 和 RSSI_2 可表示为

$$\mathrm{RSSI}_1 = 10\log\left(\gamma \frac{P_{t1} G_{t1} G_r \lambda_1^2}{(4\pi d_1)^2}\right) + X_{\sigma 1} \tag{3-7}$$

$$\mathrm{RSSI}_2 = 10\log\left(\gamma \frac{P_{t2} G_{t2} G_r \lambda_2^2}{(4\pi d_2)^2}\right) + X_{\sigma 2} \tag{3-8}$$

假定我们的锚节点统一标准，具有相同的发射功率、天线增益和波长，即 $P_{t1} = P_{t2}$、$G_{t1} = G_{t2}$、$\lambda_1 = \lambda_2$，则式(3-7)减去式(3-8)可得

$$\mathrm{RSSI}_1 - \mathrm{RSSI}_2 = 20\log\left(\frac{d_2}{d_1}\right) + (X_{\sigma 1} - X_{\sigma 2}) \tag{3-9}$$

式(3-9)即差分 RSSI $\mathrm{rssi}_{12} = \mathrm{rssi}_1 - \mathrm{rssi}_2$，仍具有与传播距离对数相关的特性，同时结合多个锚节点信息，可以降低环境变化对其影响。如上所述，一个采样点能接收到 N 个锚节点的信号，即在测量过程中可获得 N 个 RSSI $\{\mathrm{rssi}_1, \mathrm{rssi}_2, \cdots, \mathrm{rssi}_N\}$，通过两两相差则可获得 C_N^2 个空间特征值 $\{\mathrm{rssi}_{12}, \cdots, \mathrm{rssi}_{ij}, \cdots, \mathrm{rssi}_{N-1,N}\}$，其中 rssi_{ij} 为

$$\mathrm{rssi}_{ij} = \mathrm{rssi}_i - \mathrm{rssi}_j, \quad j \in (1, N), i < j \tag{3-10}$$

为了同时利用原始 RSSI 信号和提取后的空间特征信号，我们将两者结合可以获得融合的空间特征值 x^i，即

$$\mathrm{Spatial} - \mathrm{RSSI} = x^i$$
$$= \begin{bmatrix} \mathrm{rssi}_1 & \mathrm{rssi}_2 & \cdots & \mathrm{rssi}_N & \mathrm{rssi}_{12} & \cdots & \mathrm{rssi}_{ij} & \cdots & \mathrm{rssi}_{N-1,N} \end{bmatrix} \tag{3-11}$$

其中，x^i 为定位目标第 i 次探测周边锚节点及其 RSSI 的记录信息。

空间特征值带有空间属性，每个采样点的特征值 x^i 都和特定的位置直接关联，因此设定 y^i 为位置标签，即 x^i 的属性值，y^i 的取值空间为 $\{y_1, y_2, \cdots, y_K\}$，其中 K 为该空间的采样点总数，则特征值 X 为

$$X = \begin{bmatrix} x^1 \\ x^2 \\ \vdots \\ x^M \end{bmatrix} = \begin{bmatrix} \mathrm{rssi}_1^1 & \mathrm{rssi}_2^1 & \cdots & \mathrm{rssi}_N^1 & \mathrm{rssi}_{12}^1 & \cdots & \mathrm{rssi}_{ij}^1 & \cdots & \mathrm{rssi}_{N-1,N}^1 \\ \mathrm{rssi}_1^2 & \mathrm{rssi}_2^2 & \cdots & \mathrm{rssi}_N^2 & \mathrm{rssi}_{12}^2 & \cdots & \mathrm{rssi}_{ij}^2 & \cdots & \mathrm{rssi}_{N-1,N}^2 \\ \vdots & \vdots & & \vdots & \vdots & & \vdots & & \vdots \\ \mathrm{rssi}_1^M & \mathrm{rssi}_2^M & \cdots & \mathrm{rssi}_N^M & \mathrm{rssi}_{12}^M & \cdots & \mathrm{rssi}_{ij}^M & \cdots & \mathrm{rssi}_{N-1,N}^M \end{bmatrix} \tag{3-12}$$

其标签 y 为

$$y = \begin{bmatrix} y^1 \\ y^2 \\ \vdots \\ y^M \end{bmatrix} \tag{3-13}$$

全部指纹采样库可表示为 (X, y)，因此可将定位问题转化为模式分类问题。

以上介绍了空间特征的提取过程，并分析了为何空间 RSSI 较一般 RSSI 的指纹更为稳定，但提取和融合后的特征值会显著地增加特征的维度，即原 n 维特征值扩展为 $n(n+1)/2$ 维特征值。特征过多不但训练复杂，而且不必要的特征会带来不可预知的影响。本节通过降维，降低定位时的计算量的同时，也获得降维后与空间位置关系最密切的特征，即与 y 值最相关的 X 的特征。采用线性判别分析 (linear discriminant analysis, LDA) 对空间指纹特性进行维度归约及特征提取，可以获得适用于船舶环境下的定位指纹特征[9]。

LDA 是一种使用分类问题的维度归约方法。其基本原理是通过分析高维空间

中不同类的数据集，通过寻找使同一类数据尽可能相似，不同类数据差异尽可能大的一组基。通过线性变换，投影到低维子空间中，在降低维度，减少计算量的同时，使低维空间中的特征更有利于分类。当存在 K 个类的指纹库样本时，我们希望找到这样的矩阵 W，使带标签 y 的指纹数据 (X_i, y_i) 投影到 W 时，来自 K 个类的指纹样本尽可能的按类别分开。投影函数为

$$z = w^{\mathrm{T}} x \tag{3-14}$$

z 即 x 到 w 上的投影，若 z 为 k 维，x 为 d 维，式(3-14)也是 d 维到 k 维的维度归约，W 为 $d \times k$ 矩阵，则第 i 类的类内散布矩阵为 S_i，总的类内散布为 S_W，即

$$S_i = \sum_t r_i^t (x^t - m_i)(x^t - m_i)^{\mathrm{T}} \tag{3-15}$$

$$S_W = \sum_{i=1}^{K} S_i \tag{3-16}$$

其中，m_i 为第 i 类样本投影前的均值，即样本的中心点；当 x^t 属于第 i 类时，$r_i^t = 1$，否则 $r_i^t = 0$。

均值的散布根据其在总均值周围的散布情况计算，即

$$m = \frac{1}{K} \sum_{i=1}^{K} m_i \tag{3-17}$$

类间散布矩阵为

$$S_B = \sum_{i=1}^{K} N_i (m_i - m)(m_i - m)^{\mathrm{T}} \tag{3-18}$$

其中，$N_i = \sum_t r_i^t$。

经过投影后，类间散布矩阵为 $W^{\mathrm{T}} S_B W$，类内散布矩阵为 $W^{\mathrm{T}} S_W W$，它们都为 $k \times k$ 的矩阵。我们算法的目标是，投影到新的 k 维空间后，各个类别的类内点的距离越近越好，即希望同一类的点尽可能地接近均值。同时，类别间的点越远越好，即各类的均值距离越大越好，则我们可以构建如下代价函数 $J(W)$，使类间散布最大、类内散布最小，即

$$J(W) = \frac{\left| W^{\mathrm{T}} S_B W \right|}{\left| W^{\mathrm{T}} S_W W \right|} \tag{3-19}$$

最大化 $J(W)$ 即 LDA 的主要过程，$S_W^{-1} S_B$ 的最大特征向量即解 W，通过将空间指纹 (X_i, y_i) 投影到 W 上的前 k 个维度即可获得 SFF(space fingerprint feature，空间指纹特征)值。然而，为了使用 LDA，S_W 应该是可逆的，但空间信号特征库 (X_i, y_i) 中的 X 是通过线性变换构成的，即 X 具有奇异性。由式(3-19)可知，S_W 为不可逆矩

阵，因此使用主成分分析(principal component analysis，PCA)消除其奇异性。

PCA 是一种线性变换，是从数据集中提取主要信息维度的统计方法[10]。在实际应用中，PCA 主要用来对数据集的属性去相关性和降维。本节去除空间信号指纹库 (RSSI, label) 的奇异性，将数据从原来的原始空间转换到新的子空间中，运用PCA 对特征库进行处理。在 PCA 的处理过程中，通过寻找一组新的正交基，建立新坐标系，并将数据集转换到新的坐标系中。这组基通常利用数据本身的特征选择。基的选择是数据集分布的方差最大方向，使数据在新的基上的投影尽可能分开，同时各基之间互相正交。通常的做法是，对原始数据求协方差矩阵，再利用特征值分析 $Av = \lambda v$，求其特征向量。根据实对称矩阵的性质，其特征向量组即正交矩阵(目标的一组基)。PCA 的优点是可以去掉数据的奇异性，并识别其中最突出的特征。由于 RSSI 本身的数据尺度一致，不需对其进行归一化处理，因此本节处理过程如下。

(1) 去除平均值。设指纹库 (RSSI, label) 的 RSSI 为 $m \times n$ 的矩阵，即

$$\mu_i = \frac{1}{m}\sum_{i=1}^{m} x^{(i)} \tag{3-20}$$

$$\text{RSSI}_{\text{norm}} = \text{RSSI} - \mu \tag{3-21}$$

(2) 计算协方差矩阵，即

$$\Sigma = \text{RSSI}_{\text{norm}}{}^{\text{T}} \text{RSSI}_{\text{norm}} \tag{3-22}$$

(3) 利用奇异值分解计算协方差矩阵的特征值 λ_i 和特征向量 q_i，即

$$\text{svd}(\Sigma) = \begin{bmatrix} * & * & \cdots & * \\ q_1 & q_2 & \cdots & q_m \\ * & * & \cdots & * \end{bmatrix} \begin{bmatrix} \lambda_1 & & & \\ & \lambda_2 & & \\ & & \ddots & \\ & & & \lambda_m \end{bmatrix} \begin{bmatrix} * & q_1^{\text{T}} & * \\ * & q_2^{\text{T}} & * \\ \vdots & \vdots & \vdots \\ * & q_m^{\text{T}} & * \end{bmatrix} \tag{3-23}$$

(4) 按照特征值从大到小排序，选择相应的最上 k 个特征向量，即

$$U = \begin{bmatrix} * & * & \cdots & * \\ q_1 & q_2 & \cdots & q_k \\ * & * & \cdots & * \end{bmatrix} \tag{3-24}$$

(5) 将数据转换到上述特征向量构建的新空间中，即

$$Z = \text{RSSI}_{\text{norm}} U \tag{3-25}$$

经过 2.2.1 节和 2.2.2 节的特征变化，即可由空间信号强度提取 SFF。SFF 的提取经过两次投影，第一次对 n 维空间信号特征库 (X_i, y_i) 进行 PCA，通过计算获得最大的 k 维特征向量，将 (X_i, y_i) 投影到该 k 维特征向量上，获得 k 维的中间空间信号特征库 (X_i', y_i')，同时消除奇异性。第二次对转换后的 (X_i', y_i') 进行 LDA，得到新的特征向量，选择前 s 维进行投影，最终获得空间指纹 (X_i'', y_i'')，即 s 维特

征值。SFF 过程如图 3-11 所示。

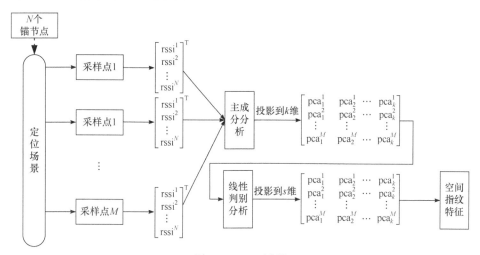

图 3-11　SFF 过程

如何选择 PCA 的投影维数 k 和 LDA 的投影维数 s 是本节要解决的问题。实验在完成计算数据集的特征值和特征向量后，通过排序特征值会发现数据集中大多数的方差都集中在少数特征向量的方向中，其他大部分的特征值接近 0，即在该特征向量方向上，所有的数据集几乎都没有差别，通过对采集空间特征值矩阵的协方差矩阵进行奇异值分解后，将特征值的对角矩阵赋给 Sigma，即

$$\text{Sigma} = 10^4 \times \begin{bmatrix} 7.4380 & 0 & 0 & 0 & 0 & 0 & 0 & 0 \\ 0 & 2.2033 & 0 & 0 & 0 & 0 & 0 & 0 \\ 0 & 0 & 0.3660 & 0 & 0 & 0 & 0 & 0 \\ 0 & 0 & 0 & 0.1265 & 0 & 0 & 0 & 0 \\ 0 & 0 & 0 & 0 & 0.0888 & 0 & 0 & 0 \\ 0 & 0 & 0 & 0 & 0 & 0.0555 & 0 & 0 \\ 0 & 0 & 0 & 0 & 0 & 0 & 0.0437 & 0 \\ 0 & 0 & 0 & 0 & 0 & 0 & 0 & 0.0319 \\ 0 & 0 & 0 & 0 & 0 & 0 & 0 & 0 \\ 0 & 0 & 0 & 0 & 0 & 0 & 0 & 0 \\ 0 & 0 & 0 & 0 & 0 & 0 & 0 & 0 \\ 0 & 0 & 0 & 0 & 0 & 0 & 0 & 0 \\ 0 & 0 & 0 & 0 & 0 & 0 & 0 & 0 \\ 0 & 0 & 0 & 0 & 0 & 0 & 0 & 0 \\ 0 & 0 & 0 & 0 & 0 & 0 & 0 & 0 \end{bmatrix}$$

$$\begin{bmatrix}
0 & 0 & 0 & 0 & 0 & 0 & 0 \\
0 & 0 & 0 & 0 & 0 & 0 & 0 \\
0 & 0 & 0 & 0 & 0 & 0 & 0 \\
0 & 0 & 0 & 0 & 0 & 0 & 0 \\
0 & 0 & 0 & 0 & 0 & 0 & 0 \\
0 & 0 & 0 & 0 & 0 & 0 & 0 \\
0 & 0 & 0 & 0 & 0 & 0 & 0 \\
0 & 0 & 0 & 0 & 0 & 0 & 0 \\
0.0143 & 0 & 0 & 0 & 0 & 0 & 0 \\
0 & 0.0103 & 0 & 0 & 0 & 0 & 0 \\
0 & 0 & 0.0000 & 0 & 0 & 0 & 0 \\
0 & 0 & 0 & 0.0000 & 0 & 0 & 0 \\
0 & 0 & 0 & 0 & 0.0000 & 0 & 0 \\
0 & 0 & 0 & 0 & 0 & 0.0000 & 0 \\
0 & 0 & 0 & 0 & 0 & 0 & 0.0000
\end{bmatrix}$$

可以看到，原空间特征值为 15 维，第 11 维后的特征值接近 0，即这部分特征值对应的特征向量方向上，数据集的所有数据并无太大差别。在以分类为目标的数据处理中，这些特征向量对定位结果并无影响。因此，我们选择 PCA 的投影维数 $k=10$，即可去掉这些特征向量，减少这组基的维数，在保持信息损耗较少的情况下消除奇异性，同时减少数据维度，降低计算量。在对特征值的分析之后可发现，前 2 个特征值之和占总特征值之和的 90%以上，即该空间的主要信息都集中在以上两个特征向量的方向中。我们通过计算数据的总方差，可分析各个特征向量对分类目标的作用。前 5 个特征向量对应的方差百分比如表 3-2 所示。

表 3-2　方差百分比

特征值排序	所占百分比/%	累计百分比/%
1	71.67	71.67
2	21.23	92.90
3	3.53	96.43
4	1.22	97.65
5	0.86	98.51

可以看出，前 5 个特征向量的累计投影方差为 98.51%，通常为实现数据的准确分类，我们选择累计超过 95%信息量的特征向量即可完成数据的主要分类。因此，选择第二次投影维度为 3，则数据维度由原本的 15 维归约至 3 维，实现约 5∶1 的

数据压缩,同时舍弃含有噪声的信息量,将同类数据尽可能靠近,提高指纹识别的准确率。

3.2.2　时间位置指纹特征提取

根据 2.3 节可知,船舶在开始航行后,无线信号的 RSSI 会因此产生随机波动。这种波动与船舶的航向、航速、海拔等有关。在船舶航行时,固定位置的 RSSI 会受到环境影响而产生偏移,与已记录的指纹特征库不兼容,导致定位的结果产生误差。本节提出一种基于时序分析的特征提取方法,以适应船舶航行带来的环境变化,提升船舶室内定位的精度。由于定位目标的移动是时间连续的,目标当前时刻的位置与上一时刻的位置具有相关性,因此采用连续时间的状态信息描述定位目标接收到的 RSSI 的变化。定义时间指纹序列(fingerprint time series, FTS)为定位目标在移动过程中的指纹特征按时间变化组成的特征序列。选择 FTS 的采样周期为 T_S,长度为 n,则该序列包含 n 个时序的指纹特征 $\{f_i\}, i = 1, 2, \cdots, n$。FTS 的组成如图 3-12 所示。

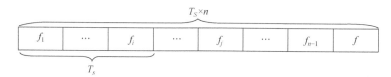

图 3-12　FTS 的组成

基于 FTS 的时间指纹特征提取方法利用滑动窗口获得目标运动的指纹特征序列。同时,窗口移动的速度与 FTS 的采样周期 T_S 相同,即每隔 T_S 时间,滑动窗口前进 1 格。本系统的 RSSI 采样时间 T 为 1s,因此 $T_S \geqslant T$。假设 $T_S = mT$,则 T_S 周期内采集到的指纹特征为 m 组。时间特征提取的过程就是对 T_S 时间段内的 m 组指纹特征进行数据融合,获得一个表示该窗口内位置指纹的时间特征,最终将提取后的 n 个特征表示 $T_S \times n$ 时间的指纹特征。由于各个指纹的特征是经过空间特征提取后的结果,因此数据融合方法可直接使用滑动平均处理。对于 FTS $\{x(t_0), x(t_1), x(t_2), \cdots, x(t_{N-1}), \cdots, x(t_n)\}$,时间特征为

$$\hat{x}(t_n) = \frac{1}{T_c} \sum_{i=n-N+1}^{n} x(t_i)(t_{i+1} - t_i) \tag{3-26}$$

时间特征提取过程如图 3-13 所示。由此,m 越大则更长时间内的位置指纹被融合为一个特征。当目标移动速度较快时,RSSI 的利用率变低,时效性变差。若 m 过小,则对船舶航行产生的信号波动没有较好的适应性,提取的特征不够稳定。虽然时效性强,但是容易受到环境干扰,导致定位错误。因此,m 的取值应与定

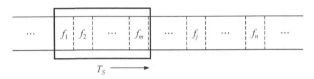

图 3-13　时间特征提取过程

位对象的不同而适应性取值。一般对人为目标而言，正常人的步行速度为 1m/s，RSSI 的采样周期为 1s，而由于位置指纹的一般定位精度在 3m 以上，因此以 3s 为特征提取周期时，目标的移动距离约为 3m，正好处于指纹定位的可区分精度，即 m=3。由于 RSSI 受船体影响波动性较严重，船舶在航行过程中，波动幅度更大，每个采样点的锚节点信号波动范围较大，使各采样点的指纹产生重叠，降低各类别的可分性，使位置指纹的定位精度降低。利用时间指纹特征提取，我们可获得稳定性较高的一组指纹特征，对采集的指纹数据进行时间特征提取。时间指纹特征提取如图 3-14 所示。

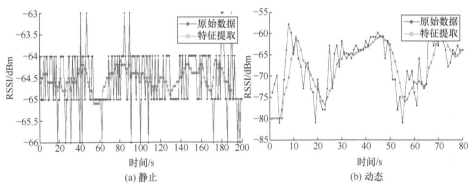

图 3-14　时间指纹特征提取

图 3-14 中，原始数据为船舶航行时，静止目标接收一个锚节点的 RSSI，记录时长为 200s。可见，其主要在 –66～–63dBm 波动，且变化频繁无规律。特征提取为经过时序提取后的时间指纹特征，其时序周期与原始数据相同。其变化的范围缩小为 –65～–64dBm。由结果可知，对原始的 RSSI 进行时间指纹特征提取，可将 RSSI 波动的幅值从 3dBm 降低至 1dBm 以内，提高指纹库的区分度，增加定位精度。接下来，对运动状态目标接收到的指纹特征进行提取，在该目标运动过程中，其接收到的 RSSI 不断变化，且除了本身位置变化，信号中也夹杂了船舶环境下的波动干扰，对其进行时间特征提取。原始数据为目标原始信号，其范围为 –81～–58dBm。由于船舶的航行对无线信号产生的多径效应，其变化抖动较明显。特征提取后的时间指纹特征变化较平缓，且能反映其位置指纹的变化特性，降低误判的风险，增强指纹定位的可靠性和稳定性。选择 2.2.1

节中的实验数据，在一段走廊中存在 2 个锚节点，选择 8 个采样点进行采集。
以 2 个锚节点的 RSSI 为坐标轴，原始指纹和时间特征提取后的指纹如图 3-15 所
示。由此可以判断，其存在部分类别的样本点边界不清晰，且样本范围有重合的
问题。利用时间特征提取后的特征进行可视化处理，特征提取后的指纹分布由于
消除了部分环境干扰的影响，指纹的分布更加集中，各采样点的可分性提高。

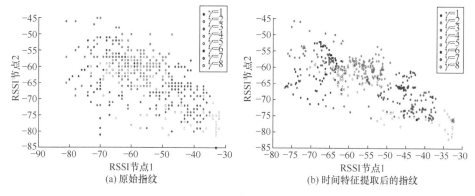

图 3-15 原始指纹和时间特征提取后的指纹

3.2.3 时-空间指纹特征提取

为验证 SFF 提取方法的有效性，本节以船舶内中央大厅采集到的 RSSI 进行
SFF 提取。在大厅布设 4 个锚节点后，采集 50 个采样点的 RSSI 数据，同时将 50
个采样点编号 1～50，4 个锚节点编号 1～4。

测试的主要目的是，验证时-空指纹特征提取的有效性，对指纹数据进行时-
空特征提取，再进行可视化，直观地通过指纹的分布情况，判断时-空间指纹提取
的可行性。时-空指纹特征提取过程如图 3-16 所示。

在采集原始 RSSI 信号的过程中，每条 RSSI 数据都标记采样点编号 label，
作为其关联的空间位置。所有采样点的 RSSI 数据采集完成后，将数据重排格
式。由于实验安设 4 个锚节点，因此将样本数据设定为 5 维空间，每行为一次
采样的完整 RSSI 数据串。数据第 1 列为其位置编号，第 2～5 列为接收到的
第 1～4 号锚节点的 RSSI，未检测的锚节点的值补-99。本次实验使用 50 个标
定点的 4 维 RSSI，建立全局的 RSSI 数据库。重排后的指纹数据格式如表 3-3
所示。

由于原始数据的特征为 4 维，无法对 4 维空间作图，为方便可视化观察原始
的 RSSI 指纹特征，每次选择 2 个锚节点作为特征绘制散点图，将 2 个锚节点的
RSSI 作为 x 轴和 y 轴，不同 label 的数据点选择不同颜色，绘制第 1 锚节点和第 2

锚节点的 RSSI 如图 3-17(a)所示，第 3 锚节点和第 4 锚节点的 RSSI 如图 3-17(b)所示。

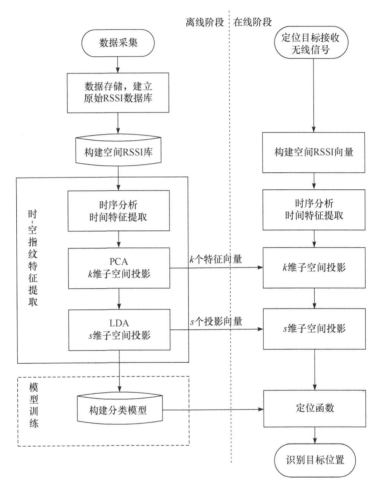

图 3-16　时-空指纹特征提取过程

表 3-3　指纹数据格式

label	node1	node2	node3	node4
1	1：−67	2：−55	3：−75	4：−99
⋮	⋮	⋮	⋮	⋮
50	1：−99	2：−66	3：−45	4：−23

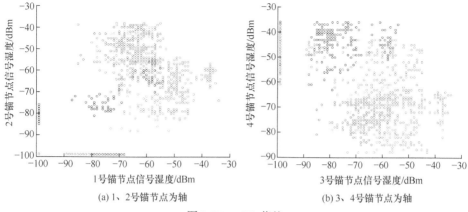

(a) 1、2 号锚节点为轴　　　　　　　　(b) 3、4 号锚节点为轴

图 3-17　RSSI 指纹

可以看出，在原始位置的 RSSI 分布中，不同颜色的采样点范围重叠程度较高，虽然同种颜色的点会聚类在一起，但细分时各颜色范围难以区分，若直接对其进行分类建模，则错误率会上升。为对比提取方法，首先使用 PCA 对数据集进行处理。通过 PCA 的计算，指纹特征库从 5 维降为 2 维，发现在经过提取主成分后的指纹在二维空间各颜色点的区分度较好。其分类效果将高于原始 RSSI 指纹，但仍存在部分指纹重合度较高的问题。然后，使用 PCA 消除奇异性，选择 2 维向量进行投影。处理结果如图 3-18 所示。LDA 处理后的各类样本点间距离分的较远，而同类样本点距离较近，可见其效果高于只是用 PCA 处理后的指纹特征。

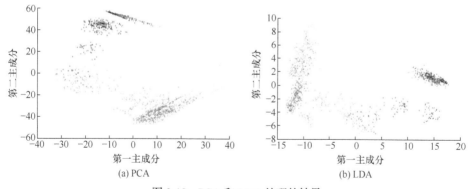

(a) PCA　　　　　　　　　　　　　(b) LDA

图 3-18　PCA 和 LDA 处理的结果

实验表明，SFF 可获得更好的空间分辨率，锚节点接收信号进行差分处理后得到的信号强度随距离的变化曲线更接近自由空间中的路径损耗模型，可提高定位的精度。PCA 的目标是让所有点间投影后的方差最大，因此是一种无监督的算法。LDA 是使每类的投影距离最大，类内部的方差最小，因此是一种监督算法。

在使用 LDA 时，利用 PCA 消除其奇异性，会产生更易于分类的数据子空间，提高分类正确率，同时降低在线定位时的计算量，优于原始的 RSSI 数据特征。

3.2.4　基于支持向量机的位置指纹定位算法

通过提前采集各个位置的无线信号 RSSI 建立指纹库，再利用定位过程中接收到的信号与指纹库进行查找、对比、识别，实现室内环境的目标定位，是目前国内外定位研究中最常见的方法。由于船舶室内环境具有结构复杂等特点，不同识别算法的选取对定位效果影响较大，使用高效准确的识别算法是研究的关键。为解决船舶环境下采集的指纹与数据库的搜索、对比和识别问题，寻找一种高效、稳定、适用性强的定位算法，本节研究多种统计学习方法，通过原理及实验的对比，选择 SVM 作为主要定位算法，并与人工神经网络(artificial neural network, ANN)算法对比。综上所述，位置指纹法实质上是一种分类方法。本章采用 SVM 对提前采集的指纹库进行训练，获取指纹库模型，再与定位过程中采集的指纹信号进行对比，通过对各个锚节点 RSSI 信号特征的提取，获得识别的定位位置信息。位置指纹定位过程如图 3-19 所示。

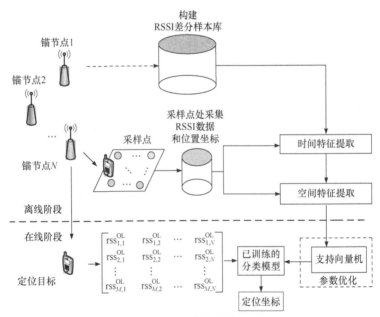

图 3-19　位置指纹定位过程

SVM 是在样本空间上找到距离各类样本点间隔最大的线性分类器。SVM 定义间隔概念，通过使之最大化，将问题转化为凸二次规划问题。当样本线性可分时，通过间隔最大化在样本空间中训练一个分类器，产生最优线性判别函数。当样本数据线性不可分时，通过核函数将原始特征映射到高维度空间中，使各类样本点在高维空间中变为线性可分。核函数使其推广性大大增强，对模型也有很好的分类效果。本章研究建立各处位置指纹的模型，考虑一个二分类问题，给定的一组位置指纹训练集为

$$T = \left\{ (x^1, y^1), (x^2, y^2), \cdots, (x^M, y^M) \right\}$$ (3-27)

其中，Ω_1 类的样本特征为 $\{x^i\}$；属性值 $y^i = 1$ 代表某特定采样点；Ω_2 类的样本特征为 $\{x^j\}$；属性值 $y^j = -1$ 代表除第一类点外的所有采样点。

假设这些样本是线性可分的，即存在超平面将这些训练样本正确地分为两类，一类是正类，一类是负类。超平面对应于方程 $wx + b = 0$，由法向量 w 和截距 b 决定，则分类判别式为

$$h_{w,b}(x) = g(w^T x + b)$$ (3-28)

当 $z \geqslant 0$ 时，$g(z) = 1$，当 $z < 0$ 时，$g(z) = -1$，即当采集指纹特征为 x 时，输入函数 h 即可得分类结果，而分类的预测结果为 1 或 -1。显然，可以分类的超平面有无穷多个。在线性分类中，一个样本到超平面的距离可以表示分类的确信度，即在超平面 $w^T x + b = 0$ 确定的情况下，$\left| w^T x + b \right|$ 表示该点到超平面的距离，$w^T x + b$ 的符号与标记 y 符号一致表示分类是否正确。综上所述，SVM 的算法过程如下[11]。

输入：线性可分的数据集 $T = \left\{ (x^1, y^1), (x^2, y^2), \cdots, (x^M, y^M) \right\}$，其中 $x^i \in \mathbb{R}^n$，$y_i \in \{+1, -1\}$，$i = 1, 2, \cdots, M$。

输出：最大间隔分类的超平面和分类判别式。

(1) 构造并求解约束最优化问题，即

$$\max_{w,b} \frac{1}{2} \| w \|^2$$ (3-29)

$$\text{s.t.} \quad y_i(wx_i + b) - 1 \geqslant 0, \quad i = 1, 2, \cdots, M$$

求得最优解 w^* 和 b^*。

(2) 得到超平面，即

$$w^* x + b^* = 0$$ (3-30)

对于位置指纹的数据集来说，其分类问题是非线性的。这时需要利用核函数解决非线性的分类问题。通常，解决非线性分类的问题可分为两步，即利用变换将原空间的数据映射到更高维度的新空间中。在新空间运用线性分类学习方法学习分类模型，核函数就是这样的技巧。常用的核函数包括以下几种。

(1) 多项式核函数，即

$$K(x,z) = (xz+1)^p \tag{3-31}$$

其对应的 SVM 是一个 p 次多项式分类器。该情形下的分类判别函数为

$$h_{w,b}(x) = g\left[\sum_{i=1}^{M} w_i^* y_i (x_i x + 1)^p + b^*\right] \tag{3-32}$$

(2) 高斯核函数，即

$$K(x,z) = \exp\left(-\frac{\|x-z\|^2}{2\sigma^2}\right) \tag{3-33}$$

对应的 SVM 为高斯径向基函数分类器。该情形下的分类判别函数为

$$h_{w,b}(x) = g\left[\sum w_i^* y_i \exp\left(-\frac{(x-z)^2}{2\sigma^2}\right) + b^*\right] \tag{3-34}$$

本节使用径向基函数，即高斯核函数进行处理。因为它能非线性地将样本点映射到更高维度的空间中，解决指纹特征与其位置为非线性关系的问题，同时高斯核函数的参数较多项式核函数的参数少，并且在参数选择合适时，高斯核函数的正确率优于多项式核函数。

3.2.5 位置指纹的 SVM 模型训练

使用 SVM 对位置指纹进行建模包括核函数选择、交叉验证、参数寻优和模型训练，可以获得最优的位置指纹 SVM 模型。本节选择 RBF 核。首先，利用 SVM 对船舶室内环境的无线信号位置指纹进行训练，需要两组互不相交的数据集，一组用于 SVM 模型的训练，称为训练集；另一组用于模型的测试，称为测试集。训练集通过对各类样本进行训练，可获得位置指纹的 SVM 模型及其对每个样本点的识别正确率。该正确率称为训练误差，而测试集用于对训练集学习的模型进行测试，结果称为测试误差。通常训练误差用于判断训练模型的复杂度是否过低，若模型复杂度过低则会导致模型对训练集的识别正确率较低，即发生欠拟合。测试误差反映模型的复杂度，若模型过于复杂，则训练误差较小，测试误差较低，即发生过拟合。模型对未知位置指纹的识别能力即泛化能力。选择泛化能力较强的模型，可以避免过拟合的情况发生。本节使用交叉验证的方法对训练的模型进行测试。

首先，根据船舱内 30000 组采集指纹数据，将采集到的指纹数据随机分为 2 类，70%的数据为训练集，30%的数据作为测试集。

设 Ω_{train} 为训练样本集，用于训练 SVM 在各个采样点的位置指纹间的最优分类界面，包括 4 个方向朝向、站立和坐下 6 种状态，共 100 个采样点，21000 组数据样本。

设 Ω_{test} 为测试样本集，用于对 SVM 的位置识别效果进行测试，由与训练样本集不同的各个位置的指纹数据组成，包括 4 个方向朝向、站立和坐下 6 种状态，共 100 个采样点，9000 组数据样本。

然后，进行参数寻优。RBF 核有 2 个参数，即核函数参数 γ 和惩罚参数 c。对不同位置指纹的问题，SVM 分类效果最好的参数是未知的，因此模型在使用前必须进行参数选择，取得参数 (c, σ) 使 SVM 对未知指纹数据的识别正确率最高，以获取最好的识别效果。本节使用网格搜索结合交叉验证对参数进行寻优。网格搜索即搜索所有可行的 (c, γ) 组合，分别交叉验证各种参数下 SVM 模型的测试误差，最终选择一组测试误差最低的参数作为最佳参数。本节选择指数性地增长 c 和 γ 的值，选择大网格搜索，c 的取值为 2^{-5}，2^{-3}，$\cdots$，2^{15}，γ 的取值为 2^{-15}，2^{-13}，$\cdots$，2^{5}，对大网格的参数 c 和 γ 值进行搜索后，找出最优的参数选值，再利用小网格搜索寻找更精细的最优参数，即细分 c 和 γ 值的选值，如 c 取值为 2^{1}，$2^{1.25}$，$\cdots$，2^{5}，γ 取值为 2^{-7}，$2^{-6.75}$，$\cdots$，2^{-3}。把训练集作为原始数据集，利用交叉验证方法可以得到网格搜索下各 c 和 γ 训练模型，再使用训练集验证分类准确率，最终取使训练集验证分类准确率最高的那组 c 和 g 作为最佳的参数，即选择较小惩罚参数的组合为更佳的 SVM 参数。

根据 2.1.1 节实验，船舶甲板上安装 10 个锚节点，选择其中 50 个采样点的实验数据训练 SVM。通过特征提取，我们利用网格搜索进行参数寻优，最后确定最优的 $c = 2^{11}$、$\gamma = 2^{-13}$。其交叉验证的准确率为 84.4%。

完成最优的参数 (c, γ) 选择后，再用全部数据重新对其训练 SVM 模型。模型训练结果如表 3-4 所示。利用以上模型的训练结果，即可根据 SVM 的分类判别式对在线采集的 RSSI 进行分类识别，估计其所在的位置，实现船舶室内定位。

表 3-4　SVM 模型训练结果

	SVM 类型	C-SVC(多分类模型)
SVM 参数	核函数类型	RBF 核(高斯核函数)
	RBF 核参数 γ	1.22×10^{-4}
	惩罚参数 C	2048
数据参数	标签类数/种	50
	标签	1,2,$\cdots$,50

续表

	支持向量数量/个		726
	每类样本的支持向量个数/个		50
训练结果	支持向量坐标		726×10 矩阵
	SVM 系数 w		728×49 矩阵
	分类判别式的常数项 b/个		1225

3.2.6　位置指纹的 SVM 定位测试分析

上面介绍了位置指纹的 SVM 模型训练过程,利用已有的模型,我们可以使用简单的决策函数对在线指纹继续快速识别和定位,而不需要对指纹库所有指纹逐个对比搜索,相比 K-近邻算法可以大大减少识别计算量,提高指纹定位的实时性和高效性。本节总结位置指纹的定位过程,流程如图 3-20 所示。指纹定位的流程如下。

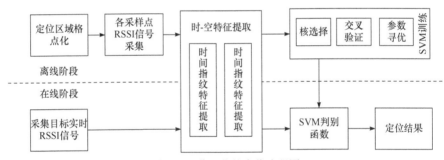

图 3-20　位置指纹定位流程图

(1) 采集 RSSI。将定位区域格点化,离线在各点采集数组的 RSSI(200 组左右)。

(2) 指纹提取。用指纹特征提取方法对 RSSI 进行处理,获得指纹特征。

(3) 分析指纹。通过降维方法对指纹特征可视化,有助于选择适当的采样间隔和 SVM 参数。

(4) 训练模型。SVM 的大部分训练时间是进行两个参数的寻优,并训练获得模型。

(5) 指纹定位。在线采集指纹,根据模型计算用户的位置。

下面对船舶室内位置指纹采集实验进行验证,环境为长江贰号的第二层甲板,包括客房走廊(60m × 1.5m)、中央大厅(20m × 20m)和公共餐厅(40m × 20m)。实验将 10 个 ZigBee 传感节点布设为锚节点,1 个 ZigBee 汇聚节点移动接收数据,设定采样频率为 1Hz。根据实验区域大小,以 1m 为间隔标定 80 个标定点,每个标定点处 ZigBee 汇聚节点采集 1.5min 数据(每处 90 组信号),串口连接 PC。Matlab

程序将接收的各锚节点 RSSI 写入 Excel 表格存储。实验平面如图 3-21 所示。

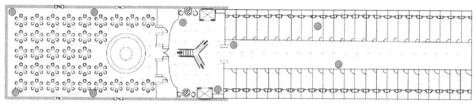

图 3-21　实验平面图

　　图中灰色的点表示布置在船舶内的 ZigBee 锚节点，×表示离线阶段建立指纹库时标定的采样点。对采集的所有 RSSI 构建 RSSI 数据库，共 7200 条数据。同时，每条数据有 10 维特征值。因此，可构建 7200×10 的位置 RSSI 数据库。由空间信号强度构建方法，将 10 维数据变化为 55 维空间 RSSI。通过对其进行 SVD 分解，获得其特征值后，选择 PCA 投影维数 $k=35$ 维，LDA 投影维数 $s=2$ 维，可以获得 2 维时-空指纹特征库。然后，利用网格搜索寻找参数，同时记录交叉验证中获得的指纹定位正确率。参数寻优的结果是惩罚参数 $c=8$、核参数 $\gamma = 1.2207 \times 10^{-4}$。客房走廊区域定位结果对比如表 3-5 所示。中央大厅区域定位结果对比如表 3-6 所示。公共餐厅区域定位结果对比如表 3-7 所示。

表 3-5　客房走廊区域定位结果对比

指纹	1m	2m	3m	4m	5m
原始指纹/%	40.405	55.819	65.056	72.727	86.388
时-空指纹/%	63.921	77.627	88.760	96.075	96.166

表 3-6　中央大厅区域定位结果对比

指纹	1m	2m	3m	4m	5m
原始指纹/%	35.421	45.510	61.006	70.696	88.780
时-空指纹/%	46.583	62.040	71.069	78.022	90.731

表 3-7　公共餐厅区域定位结果对比

指纹	1m	2m	3m	4m	5m
原始指纹/%	39.301	55.525	61.236	70.586	88.670
时-空指纹/%	62.342	77.120	77.065	94.014	94.854

　　可以看出，在通道较窄，路径为直线的客房走廊处，其定位精度相对较高，

而公共餐厅面积较大，场地较为宽阔，其指纹识别正确率稍低于走廊通道。中央大厅为正方形，摆放设施较多，且中间有旋转楼梯遮挡影响，环境较复杂，因此识别正确率最低。整层甲板区域定位结果对比如表 3-8 所示。

表 3-8　整层甲板区域定位结果对比

指纹	1m	2m	3m	4m	5m
原始指纹/%	36.623	47.693	54.223	64.522	84.405
时-空指纹/%	56.495	72.429	82.744	88.926	93.611

不经过特征提取的 RSSI 作为指纹进行定位时，会由于船舶环境等因素受到严重干扰，影响定位准确率。在 1m 的间隔精度下，识别的正确率只有 36.623%，精度放大至 3m 时识别的正确率仍只有 54.223%，直到 5m 的精度时正确率提高到 84.405%。换句话说，在船舶内部的普通位置，指纹的定位精度最高只能达到 5m，误差较大，不适用于结构复杂的船舶环境。经过时-空特征提取后的位置指纹在 1m 的精度情况可以达到 56.495% 的识别正确率，高于普通指纹 3m 精度时的准确率。当精度达到 3m 以上时，其识别正确率高于 80%，5m 的识别正确率可达到 93.611%。识别正确率重新计算后的定位误差如表 3-9 所示。

表 3-9　识别正确率重新计算后的定位误差

指纹特征	定位误差/m
原始	5.5679
5m 窗口 4-时空指纹	2.5714
3m 窗口 4-时空指纹	2.7407

重新将参数与所有指纹数据输入 SVM 训练，可以获得最终 SVM 模型，建立位置指纹判别函数。实验人员身上佩戴 ZigBee 接收节点从起点出发，沿着预定路线行走，计算机接收节点采集的 RSSI 信号经过时-空指纹特征提取后输入判别函数，输出定位结果。在实际测试中，定位系统的主要定位正确率较高，定位误差基本保持在 2m 内，实验证实该定位技术能够满足船舶舱室位置感知应用的需求[12]。

3.3　基于需求响应的多粒度节点定位方法

本节从理论层面分析船舶环境下的实际定位需求，更深层次地总结定位系统与智能应用、智能服务的结合方式，综合考虑无线信号传输的不稳定性问题，提出一种与实际应用需求相适应的多粒度室内定位方法，利用较少的导标节点和复杂度较低的定位算法，对舱室内的人员或货物进行按定位精度级需求的可选择性定位，并在不同定位精度级获得较为满意的定位可靠性。

3.3.1　船舶环境下定位系统及需求分析

船舶环境主要场景包括船员舱室、餐厅、大厅、客房、应援、多功能厅、观景台等。船体构建材料主要为钢材。其结构形式由船舶类型决定，相同类型船舶的组成结构基本相同，包括主船体、层间甲板，以及每层甲板的多个舱室。由实船调研与理论验证可知，人员分布集中的典型船舶场景有客房、长廊、大厅、影院。实船场景典型特征如表 3-10 所示。

表 3-10　实船场景典型特征

场景	典型特征
客房	空间狭窄、陈设复杂、钢铁构成、数量最多、人员分布固定
长廊	空间狭长、钢铁构成、人员流动大
大厅	空间宽阔、钢铁构成、人员杂多、流动量大
影院	空间适度、钢铁构成、人员分布适中、流动量适中

针对定位系统的不同应用，以及特殊的安装目的等，不同船舶场景下定位需求的侧重点不一致，导致可以利用多种分析方式选择性提取定位数据中的位置信息。通过船舶定位系统理论分析，以及实船调研总结，船舶环境中的定位系统应用大致包括危险区域监控、疏散、救援、船员集合、危险行为监测、帮扶服务、顾客看管、服务交付。

(1) 危险区域监控。危险区域监控是船舶环境定位系统最常见的应用之一。例如，对存放危险品区域的二氧化碳浓度检测、温度检测，以及二氧化碳浓度是为预防火灾发生，人员监测是防止人员进入。

(2) 疏散。人员实时位置信息在人员疏散过程中意义重大，协助疏散人员能根据人员位置信息更好地制定疏散路线，帮助人们更快、更安全地撤离危险区。

(3) 救援。一旦船上发生危险事故，特别是人员众多的大型客船很难保证每一个人都出现在甲板上，极易出现人员失踪的情况。可靠的定位系统能更快地获取失踪人员位置信息，从而提供救援。

(4) 船员集合。利用定位系统获取船员位置信息，可以提升船员管理能力。

(5) 危险行为监测。对于危险行为监控，例如监控对象进入禁止区域，该应用与危险区域监控有相似之处，可以是定位需求方面存在差异。

(6) 帮扶服务。获取需要帮助对象的位置信息，可更及时、更好地提供帮助或服务。

(7) 顾客看管。按定位对象的意愿提供的实时定位服务，如儿童看管等。

(8) 服务交付。该项应用在大型游轮和渡船中较为常见，一方面是方便服务人员给游客提供服务，另一方面是方便游客获取游轮提供的位置信息，使旅行更便捷。

船舶环境人员定位系统的应用范围非常广泛，诸如火灾等危险情形下的人员应急疏散、船员的高效实时管理、定位身处危险区的人员并展开营救、获取游客位置信息从而提高服务质量等。然而，定位系统应用实例中的定位需求并不完全相同，主要是在定位精度、定位可靠性、定位开销等方面存在差异。室内定位系统中定位精度指检测被监测目标在空间位置精确度的能力。例如，某定位系统功能为检测房间的入口或者出口处的目标，那么该定位系统的定位精度为房间级。有的定位系统利用三角测量机制检测目标，定位精度可达到米级。因此，不同定位系统的定位精度不同，针对不同应用场景的定位系统设计应充分考虑其定位精度需求。

在某些应用中，尤其是作用对象包含游客的定位系统，游客隐私保护十分重要，因此需要在定位系统中设置较低的定位精度，如房间级来保证游客隐私。但是，针对同一定位系统的不同应用，例如对于游客中的儿童监控，作为一个非强制性提供的，甚至需要收费提供的服务，实时追踪对象是按游客意愿进行的，隐私就不那么重要。因此，定位系统设计中的定位精度需求应满足各种应用功能。根据船舶场景下的各种应用，不同应用的定位精度需求如表 3-11 所示。

表 3-11　不同应用的定位精度需求

应用	危险区域监控	疏散	救援	船员集合
精度	房间级	米级	米级	房间级
应用	危险行为监控	帮扶服务	顾客看管	服务交付
精度	房间级	米级	米级	房间级

在设计船舶定位系统的过程中，另一个需要考虑的重要因素是定位可靠性。定位可靠性的重要性同样跟定位应用相关。在人员定位系统中，定位可靠性可从两个方面定义，一方面是对单个目标定位的可靠性，另一方面是对整个定位系统的可靠性。单目标定位可靠性是指对目标定位的准确性，例如被检测目标通过某个监控区域时定位系统能否可靠检测出来。单目标定位的可靠性与所使用的定位技术和系统应用不相关，因为任何定位技术都可能出现单目标定位结果不可靠的情形。系统可靠性指对整体而言，可以看作所有单目标定位可靠性的总和效果。系统的可靠性与选取定位技术，以及定位方法息息相关。根据船舶场景下的各种应用，不同应用的定位可靠性需求如表 3-12 所示。

由此可知，船舶环境下定位系统的各项应用对定位可靠性均有较高的要求，

表 3-12　不同应用的定位可靠性需求

应用	危险区域监控	疏散	救援	船员集合
可靠性	高	高	高	高
应用	危险行为监控	帮扶服务	顾客看管	服务交付
可靠性	高	高	中	中

即不论应用场景对定位精度的要求是高还是低，求得的定位结果都必须是可靠的。例如，对于要求定位到客房的应用功能，其定位房号结果必须准确。将某项定位技术运用于船舶环境中时，定位代价是必须考虑的。室内定位系统定位代价包括硬件成本、软件成本、安装成本、维护和操作成本等。系统应用不同，各成本的需求也不同。本节主要探讨定位系统应用与硬件，以及软件成本的相关性。

1) 硬件成本

为保障高可靠性和某种程度上良好的定位精度，避免模糊性，系统会对硬件组件施加苛刻的要求，由此增加系统单一元件的价格。另外，硬件组件的功耗指标也是硬件成本的一个方面。因此，有必要通过选择能耗较低的定位技术，进行良好的平衡单点检测优化(主要是定位设备)，使定位目标检测达到可靠性水平，从而控制定位系统的硬件成本。

2) 软件成本

船舶环境定位系统必须能够提供准确的定位信息，包括正确的时间、合理的位置、准确的对象等，才能达到系统应用需求，所以定位数据的可用性十分重要。数据可用性，以及数据聚合通常与数据的预滤波及其遵循的特定格式规则有关。这样服务器才能按不同应用类型将结果分类呈现给使用者。因此，针对定位数据处理，以及定位算法设计的软件开发过程必不可少。软件开发过程涉及计算复杂度的问题，即软件成本。计算复杂度越高，软件成本越高。在进行定位系统的开发过程中，有必要平衡系统应用的定位精度需求与软件成本，而不是通过提高软件开发成本达到远超定位系统应用需求的精度，也不能为了降低软件成本牺牲系统定位精度。不同应用中的定位代价如表 3-13 所示。

表 3-13　不同应用中的定位代价

应用	危险区域监控	疏散	救援	船员集合
开销	中	高	高	低
应用	危险行为监控	帮扶服务	顾客看管	服务交付
开销	高	高	中	中

结合工程经验，对上述不同应用中的普遍定位代价进行总结，针对疏散、救援等应用场景下的高定位代价，在保证定位系统满足所有应用需求的前提下，有必要合理控制成本。因此，下面首先对定位场景与相应需求的相关性做适当分析，为研究船舶定位系统定位精度、可靠性与定位代价之间的均衡性问题提供基础。

综合船舶环境定位系统在船舶定位场景，以及定位需求两个方面的分析，可以发现船舶环境中的不同应用在定位精度、定位可靠性，以及定位开销上的要求也不相同，是否按需实现其功能是评价船舶环境定位系统质量好坏的重要标准。因此，进行船舶环境定位系统研究，必须解决其定位需求与定位系统应用的适应性问题，即定位系统设计过程应从定位精度、可靠性、代价等方面全面考虑实际需求。

由实船场景分析可知，某些船舶定位场景的应用并不单一。例如，长江贰号游轮上的典型场景大厅，需要同时应用于船员集合、帮扶服务、顾客看管和服务交付。由不同应用的定位需求分析可知，上述应用对定位精度的需求并不一致，在针对大厅进行定位系统设计时需要同时满足不同精度的定位要求。因此，分析船舶环境的定位场景与其定位需求的相关性，首先需要研究典型船舶场景的应用特征，然后根据应用特征与定位需求的对应关系得到典型船舶定位场景与定位需求的对应关系(表 3-14)。

表 3-14 船舶定位场景与定位需求的对应关系

船舶场景	典型特征	定位精度需求	定位可靠性需求
客房	空间狭窄、陈设复杂、钢铁构成、数量最多、人员分布固定	低/高	高
长廊	空间狭长、钢铁构成、人员流动大	低/高	中
大厅	空间宽阔、钢铁构成、人员杂多、流动量大	高/低	高
影院	空间适度、钢铁构成、人员分布适中、流动量适中	高/低	高

3.3.2 粗粒度定位算法

无线传感网络中锚节点的位置分布与定位覆盖率、定位精度，以及定位代价息息相关，因此锚节点布置策略对定位方案实施具有重要意义。针对不同锚节点布置方案下的定位精度不同，本节主要从节点间距对节点通信质量的影响，以及定位精度的影响两个方面展开研究，提出一种满足多粒度定位方法的节点布置策略，从而对布置导标节点起到实践指导作用，确定锚节点间的连通关系。通常在普通室内环境下，无线信号与节点间距的关系符合经典路径衰减模型，即

$$P_L(d) = P_L(d_0) - 10n\lg\left(\frac{d}{d_0}\right) + X_\sigma \tag{3-35}$$

其中，$P_L(d)$ 为收发节点间距为 d 时的信号衰减值；$P_L(d_0)$ 为参考信号衰减值，通常取节点间距 d_0 为 1m 时的信号衰减值；n 为取值随定位场景变化的路径衰减指数；X_σ 是偏差为 σ 时的正态随机变量。

鉴于船载室内环境与普通室内环境的差异性，本节在长江贰号游轮内展开点对点通信实验，研究 RSSI 与节点间距的关系是否仍符合经典距离路径衰减模型。实验分别在船舶内部走廊，以及大厅中进行，选择同一对收发节点，均固定发射节点位置，并保证收发节点高度相同，从 1m 间隔开始并依次加 1，测量 RSS 值。每个位置记录信号强度 10 次，求 10 次的信号均值作为该点的 RSS 值。

如图 3-22 所示，船载环境中当收发节点间距在 20m 以内时，RSSI 与节点间距基本符合指数路径衰减模型，即 RSSI 随节点间距变小而增大，或随节点间距变大而减小；当收发节点间距超过 20m 时，RSSI 与间距的关系并不完全符合传统路径衰减模型。大厅空间受限，因此只采集 20m 以内的值。在 20m 以内，其变化趋势与走廊环境一致。

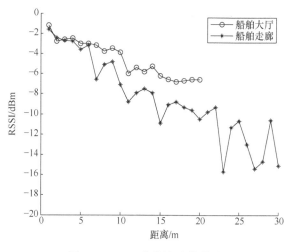

图 3-22　RSSI 与距离变化关系

在 2.2.1 节研究节点间距对节点通信质量影响的结论基础上，进一步研究节点数量对定位精度的影响。在船舶环境下，节点间距保持在 20m 以内时，通信质量不受影响，因此在船舶影院场景随机布置多个锚节点，并将节点间距控制在 20m 以内，保证待定位点的位置不变。锚节点数量与定位精度的关系如图 3-23 所示。

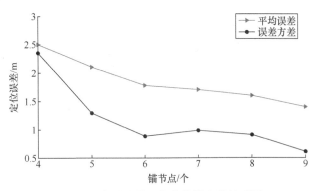

图 3-23　锚节点数量与定位精度的关系图

由图可知，在定位点取值相同的情况下，增加锚节点的数量，即增加位置坐标求取的约束条件之后，定位误差逐渐减小，相应的定位精度明显提高。由其均方差变小趋势可知，定位可靠性也逐渐增强。具体地，当可定位锚节点数量从 4 个增加到 6 个时，定位误差减小较为迅速，即定位精度提高明显；当可定位锚节点增多到 6 个以上后，定位误差的变化趋势逐渐平稳。因此，在船舶内部定位系统的设计阶段，锚节点的布置策略应该遵循重要位置能接收 3～6 个锚节点信号的原则进行布设，在保障定位精度不变的情况下减少定位硬件设备，从而实现定位效益的优化。根据船舶环境下的定位系统需求分析可知，存在某些应用场景不需要，甚至不能开展高精度定位。例如，危险品仓库监测时只需确定监测对象是否在区域内，而非区域内的精确位置。因此，本节针对定位低精度、高可靠性的需求，引入基于最近邻节点选取的区域判定算法，在满足定位精度需求的情况下保证定位的可靠性，尽可能地减小定位开销。本节研究粗粒度定位算法的前提条件是，锚节点按船舶结构特征和节点间通信特征布置，即锚节点连线覆盖的最大区域包含船舶室内定位区间；锚节点间距不得大于通信范围的两个条件。最近邻节点的选取，以及区域判定算法依然选择基于 RSSI 的大小判别机制。定位算法伪代码如下。

算法 3-2　低精度定位算法

输入: 锚节点的真实坐标(x_i, y_i);
　　　　用户标签的接收信号强度 S_i

输出: 用户标签所在区域的房间号

1　使 S_i 变为有序向量
2　选择最大 S_i 数以确定最近的锚节点 A
3　确定 A 的相邻锚节点 N_j

---

4 for j=1:n;

5 比较 N_j 的 RSS 值，使 N_j 成为有序向量

6 end for

7 用户标签位于由 (N_1, N_2, A) 组成的区域中

假设在某一定位区间布置 N 个锚节点(均在通信范围内)，取 X 个未知定位节点，则定位节点接收到的各锚节点信号强度值可用向量 $S_i (i \in [1, X])$ 表示。第 i 个定位节点接收的第 n 个锚节点的信号强度为

$$S_i = (S_{i1}, S_{i2}, \cdots, S_{in}) \tag{3-36}$$

粗粒度定位算法通过比较向量 S_i 中各元素的大小，根据 RSSI 越大节点间距越小的原则选出最近邻锚节点，再由已知的锚节点位置分布表得到最近邻锚节点的邻近节点分布情况。进一步，根据接收邻近节点 RSSI 的大小关系确定未知节点所在的区域。该区域即粗粒度算法下的定位结果。粗粒度定位算法的计算复杂度为 $O(n)$，且算法的节点接入设备较少，既可以满足对定位精度要求不高的应用需求，也可以合理地减小定位开销，实现定位效益的最优化。

与细粒度定位算法对定位精度和稳定性的要求较高不同，粗粒度定位算法需要较高的定位可靠性满足实际应用需求。下面对粗粒度定位算法的定位可靠性进行定位仿真分析。仿真随机取 100 个未知节点，利用粗粒度定位算法定位，定位结果用区域质心坐标表示。假设 100 个未知节点中准确定位到所在区域的定位节点有 a 个，则粗粒度定位算法定位准确率 η 为

$$\eta = \frac{a}{100} \times 100\% \tag{3-37}$$

准确率越高定位可靠性越高，否则定位可靠性越低。粗粒度定位算法仿真结果如图 3-24 所示。由图可知，所有 100 个未知节点均准确定位到所在区域，利用定位准确率公式求得的粗粒度定位算法定位仿真准确率达到 100%。仿真结果表明，粗粒度定位算法的计算复杂度较低，且在理论上可以保证较高的定位可靠性。对定位精度需求不高的应用场景而言，既可以减少定位开销，也可以保证定位要求。这使其在实际应用过程中更具优势。

3.3.3　细粒度定位算法

根据船舶环境下的定位系统需求分析，可知存在某些应用场景需要实现人员精细定位、目标跟踪及导航等功能，这对定位系统提出高精度的要求。因此，本节针对定位高精度的需求，引入基于最近邻节点选取的区域分割算法，在满足实

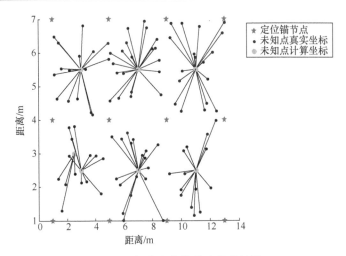

图 3-24　粗粒度定位算法仿真结果

际需求的情况下尝试减小定位开销，研究船舶室内的细粒度定位方法。

细粒度定位算法的定位过程大致分为 3 个阶段。第一阶段选取最近邻锚节点。第二阶段根据已知锚节点位置信息表，判定由最近邻锚节点及其邻近节点组成的未知节点所在的定位区域。第三阶段根据接收最近邻锚节点及其邻近节点的无线信号强度值进行区域分割算法计算，确定定位节点的位置坐标。

假设某一定位区间布置 N 个锚节点(均在通信范围内)，定位节点接收到的各锚节点信号强度值用向量 $S_i(i \in [1, N])$ 表示。根据细粒度定位算法基本原理，最近邻锚节点可由 S_i 决定，因此根据船舶环境的限制将产生 3 种不同的情形，即最近邻锚节点在角落、最近邻锚节点在边上、最近邻锚节点在中间。根据 2.2 节锚节点的位置，数量对定位效果的影响研究，以及船舶结构特点取 $N = 9$，并布置 9 个锚节点。

1. 最近邻锚节点在角落(A_1、A_3、A_5、A_7)

以 A_1 为例，未知节点必定存在锚节点 A_1、A_2、A_8 组成的三角形 S_{A1A2A8}。锚节点 A_1、A_2、A_8 之间的垂直平分线将三角形分为 4 个部分，标为区间①~④。最近邻锚节点为 A_1 时的区域分割如图 3-25 所示。进一步可知，未知节点在区间②或③。接着比较接收锚节点 A_2、A_8 的 RSSI 的大小关系，若 A_2 大于 A_8，表明未知节点到 A_2 的距离小于未知节点到 A_8 的距离，则未知节点必定在区间②。由于 A_1、A_2、A_8 锚节点位置已知，依靠已知锚节点位置可求得 B、C、D、E 点的坐标，因此利用质心算法便可确定区间②的质心坐标，具体过程如下。

利用船舶结构一般为矩形这一特征设定坐标轴，根据锚节点布置的特点，即

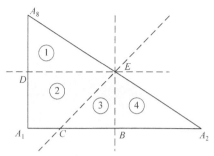

图 3-25　最近邻锚节点为 A_1 时的区域分割

边 A_1A_2、A_1A_8 分别平行于 X 轴、Y 轴，A_1、A_2、A_8 位置坐标可表示为 (x_1, y_1)、(x_2, y_2)、(x_8, y_8)，B、C、D、E 点的坐标可表示为 (x_B, y_B)、(x_C, y_C)、(x_D, y_D)、(x_E, y_E)，且 y_1 等于 y_2，x_1 等于 x_8。B、D、E 点的坐标可利用 A_1、A_2、A_8 位置坐标求得，即

$$x_B = \frac{x_1 + x_2}{2}, \quad y_B = \frac{y_1 + y_2}{2} \tag{3-38}$$

$$x_D = \frac{x_1 + x_8}{2}, \quad y_D = \frac{y_1 + y_8}{2} \tag{3-39}$$

$$x_E = \frac{x_2 + x_8}{2}, \quad y_E = \frac{y_2 + y_8}{2} \tag{3-40}$$

进一步求 C 点坐标，即

$$x_C = \frac{2y_1(y_2 - y_8) - (y_2^2 - y_8^2) - (x_2^2 - x_8^2)}{2(x_8 - x_2)}, \quad y_E = \frac{y_2 + y_8}{2} \tag{3-41}$$

区间①的质心坐标为

$$C_{1x} = \frac{x_D + x_E + x_8}{3}, \quad C_{1y} = \frac{y_D + y_E + y_8}{3} \tag{3-42}$$

区间②的质心坐标为

$$C_{2x} = \frac{x_1 + x_D + x_E + x_C}{4}, \quad C_{2y} = \frac{y_1 + y_D + y_E + y_C}{4} \tag{3-43}$$

区间③的质心坐标为

$$C_{3x} = \frac{x_C + x_B + x_E}{3}, \quad C_{3y} = \frac{y_C + y_B + y_E}{3} \tag{3-44}$$

区间④的质心坐标为

$$C_{4x} = \frac{x_2 + x_B + x_E}{3}, \quad C_{4y} = \frac{y_2 + y_B + y_E}{3} \tag{3-45}$$

2. 最近邻锚节点在边上(A_2、A_4、A_6、A_8)

以 A_2 为最近邻锚节点为例(图 3-26)，未知节点必定存在锚节点 A_1、A_3、A_9 组成的三角形 $S_{A_1A_3A_9}$ 中，首先比较接收锚节点 A_1、A_3 的 RSS 值，若 A_1 大于 A_3，表明未知节点距离 A_1 更近，则未知节点必定在 $S_{A_1A_2A_9}$，否则未知节点在 $S_{A_2A_3A_9}$ 中。接下来，求未知节点坐标，方法与上述最近邻锚节点在角落的步骤一样，求取所在区间的质心坐标，即未知坐标位置。

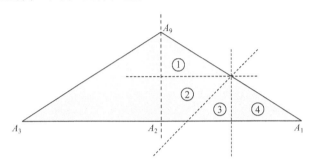

图 3-26　最近邻锚节点为 A_2 时的区域分割

3. 最近邻锚节点在中间(A_9)

首先，比较未知节点接收锚节点 A_2、A_4、A_6、A_8 的 RSS 值大小。根据 RSS 值越大，间距越小的原则确定未知节点所在的三角形区间，判断是在三角形 $S_{A_2A_8A_9}$、$S_{A_2A_4A_9}$、$S_{A_4A_6A_9}$，或者是三角形 $S_{A_6A_8A_9}$ 中。接下来求取未知节点坐标，方法与上述最近邻锚节点在角落的步骤一样，求取所在区间的质心坐标，即未知坐标位置。由细粒度定位算法的基本原理可知，相比于传统的基于测距定位算法，该方法无须根据 RSS 估计节点间距，可以减小 RSS 到间距换算过程带来的误差，提高定位精度。相比于经典免测距位置指纹定位算法，无须进行指纹采集和指纹匹配，可以大大减小人工成本，以及计算开销。下面对细粒度定位算法进行仿真分析。

如图 3-27 所示，在 12m×6m 的平面布置 12 个锚节点，按照 2.2.1 节定位原理进行细粒度定位算法程序设计，并在该定位区间随机生成 100 个待定位节点，利用细粒度定位算法计算待定位点的位置。定位误差统计图如图 3-28 所示。在图 3-27 中，较小实心点表示 100 个待定位点的实际位置，经过细粒度定位算法计算得到的 100 个待定位点的计算坐标用较大实心点表示。较大实心点，以及较小实心点的坐标连线即细粒度定位算法下的定位误差，用二者连线表示。

由图 3-28(a)可知，细粒度定位在对 100 个未知节点定位时的最大定位误差(max)只有 1.6m，最小定位误差(min)仅 0.15m，对 100 个未知节点的平均定位误差(mean)为 0.8m，表明细粒度定位算法精度较高。该方法用于船舶环境室内定位在理论上是可行的，且 0.13m 的定位误差均方差(var)也反映细粒度定位算法在定位过程中的可靠性较高。整体定位误差统计如图 3-28(b)所示，表明细粒度定位算法理论上可以实现较高精度、高可靠性的定位。

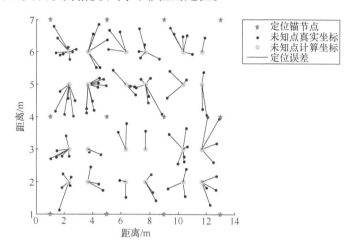

图 3-27 　细粒度定位算法定位效果仿真图

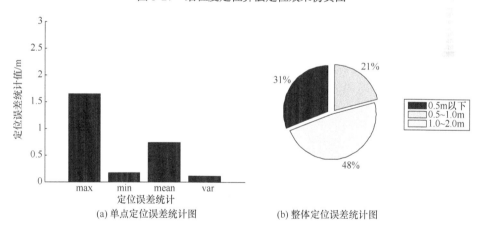

(a) 单点定位误差统计图　　　　(b) 整体定位误差统计图

图 3-28 　定位误差统计图

　　加权质心算法是经典非测距质心算法改进而来的，具备计算复杂度相对较低、定位结果可靠性相对较高等优点。为进一步证明细粒度定位算法是可行且具备优势的，同样在图 3-28 所示的定位环境下利用加权质心算法对 100 个未知节点定位。加权质心算法定位仿真图如图 3-29 所示。

　　由图 3-30(a)可知，细粒度定位在对 100 个未知节点定位时最大定位误差为 2m，最小定位误差仅 0.1m，100 个未知节点的平均定位误差是 0.95m，定位误差的均方差为 0.19m。由图 3-30(b)可知，所有定位误差均在 2m 以内，其中 49%的定位误差为 1～2m，31%的定位误差在 0.5～1m，20%的定位节点定位误差在 0.5m以内。

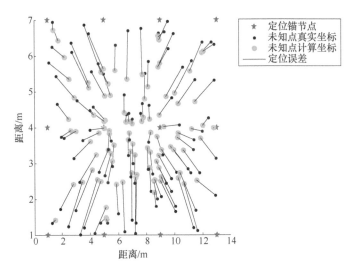

图 3-29　加权质心算法定位仿真图

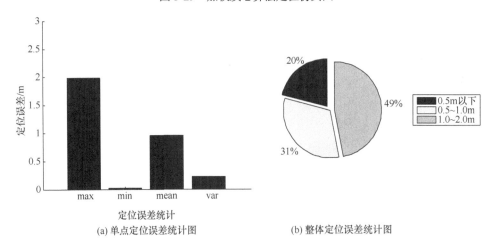

(a) 单点定位误差统计图　　　　　　　(b) 整体定位误差统计图

图 3-30　加权质心算法定位仿真图

　　为更直观地比较细粒度定位算法与加权质心定位算法的定位效果，对二者分别产生的定位误差统计结果进行对比(图 3-31)。由图可知，细粒度定位算法在最大定位误差、平均定位误差，以及定位误差均方差等定位性能评价指标上均优于加权定位算法。

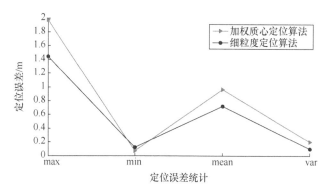

图 3-31 定位误差统计结果对比图

3.3.4 多粒度定位算法测试

由船舶室内定位的需求分析可知，船舶定位系统应该满足同一定位场景的不同应用需求，即满足同一定位场景下的高精度或者低精度应用需求，并利用改进算法提高定位可靠性、降低定位代价。因此，本节对船舶室内定位的实际应用需求展开研究，提出同时满足不同精度需求且具备高可靠性、低定位开销特点的多粒度定位方法。

多粒度定位方法即通过融合粗粒度定位算法与细粒度定位算法，实现不同应用对定位精度级的差异性需求。多粒度定位流程如图 3-32 所示。

不同于传统的定位算法(如加权质心定位)直接获取较准确的定位坐标，细粒度定位首先利用粗粒度定位算法定位到区域，然后通过区域分割算法进一步精确定位结果。定位过程具备层级性，可选择性获取不同阶段定位结果，以满足定位精度差异性需求。上述研究结果表明，粗粒度定位算法可以满足低精度、高可靠性，以及降低定位开销的应用需求；细粒度定位算法可以满足较高精度、高可靠性，以及低定位开销的应用需求，即多粒度定位方法在实际应用过程中更具优势。

针对多粒度定位方法在不同测试方案下的测试结果进行对比分析，说明其在实际船舶环境中的可行性及优越性。首先，计算多粒度定位方法中粗粒度定位算法下的定位准确率，研究多粒度定位方法在粗粒度定位过程中的可靠性。然后，分析细粒度定位算法的定位精度，以及定位可靠性，将细粒度定位算法的定位结果与经典加权质心定位算法的定位结果进行对比。定位精度性能用定位误差大小关系判别，定位误差方差表征定位可靠性。最后，利用动态目标追踪实验测试多粒度定位方法在移动目标定位过程中的定位性能。

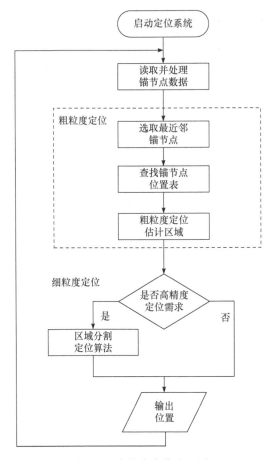

图 3-32　多粒度定位流程图

1. 粗粒度定位可靠性验证

　　针对传统定位方法忽略实际应用过程中对定位精度级的实际需求，未将位置信息与智能化应用与服务深度结合，本节充分考虑可选精度级对定位系统应用拓展的重要性，提出粗粒度定位算法。鉴于船舶环境在金属构成、空间狭小等方面的特殊性，利用滤波算法对定位数据进行处理，以确保定位稳定性，即使在船舶运动状态下仍能保证定位系统的定位质量。为进一步验证粗粒度算法的定位可靠性，本节在船舶环境下测试该算法对 61 个未知节点的定位性能。61 个未知节点中的 55 个利用粗粒度定位到区域的定位结果是准确的，准确率达到 90%，表明粗粒度定位算法在实船环境中确实能保证较高的可靠性。因此，在船舶环境下，按需选择粗粒度定位算法是科学合理的，既能满足定位精度级需求，也可以保证高的定位可靠性，相较于追求高精度的传统单一精度级定位方法，可以减少定位接入设备，以及计算开销。

2. 细粒度定位精度验证

本节充分考虑船舶舱室环境下的无线信号不稳定性，首先利用滤波算法对定位数据进行处理，确保即使在船舶运动状态下仍能保证定位系统的稳定性。为进一步验证细粒度定位可靠性，本节在实船测试过程中利用细粒度定位算法、经典加权质心算法计算 46 个未知节点的位置。实验结果表明，不论定位锚节点数量如何选取，细粒度定位算法的定位误差均小于经典加权质心定位算法。因此，细粒度定位算法在船舶环境下可以保证较高的定位精度，将其与粗粒度定位算法融合，既可以满足不同定位精度级的应用需求，还可以从整体上减少定位代价。

3. 细粒度定位可靠性验证

为了分析细粒度定位算法在船舶环境下的定位可靠性，首先将定位误差均方差作为可靠性评价指标，通过求取未知节点定位误差的均方差评价定位算法的定位可靠性。均方差越大，定位可靠性越低；均方差越小，定位可靠性越高。本节分别在船舶航行与船舶停泊状态下实测多组数据，将细粒度定位算法与加权质心定位算法以定位标准差作为评价指标进行对比，从而说明定位算法的可靠性。

实验结果表明，细粒度定位方法的定位标准差大约为 40～150cm，加权质心定位标准差大约为 53～238cm。在船舶停泊状态下，两种定位算法的定位可靠性相差不大，细粒度定位略优于加权质心定位算法。

本节还进一步考虑船舶航行状态下的定位可靠性。在船舶航行状态下，细粒度定位方法的定位标准差约为 60～160cm，加权质心定位标准差约为 85～260cm。对比上述实验结果可以看出，船舶在停泊状态下的细粒度定位算法可靠性更高，但航行状态下的细粒度定位可靠性明显优于加权质心定位算法。

4. 动态目标定位验证

为进一步证明多粒度定位方法在船载环境下的可行性，本节在船舶航行状态下的影院场景进行移动目标定位性能测试实验。动态目标定位结果如图 3-33 所示。图中虚线为实验预设好的已知路径，实线为多粒度定位方法对移动未知节点的定位过程连线。可以发现，二者在移动趋势上保持一致性，定位精度也在可接受范围，表明多粒度定位方法对船舶环境内的移动目标定位也是可行的。

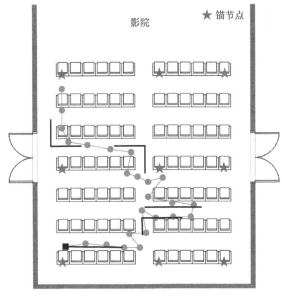

图 3-33　动态目标定位结果

3.4　船载环境节点部署策略及优化

　　本节对区域分割定位方法做进一步研究时发现，区域分割定位方法的定位精度与导标节点的摆放位置有紧密的联系，即在不同的导标节点布置方案下，使用区域分割定位方法得到的定位精度有所不同。因此，本章的主要内容是提出一种区域分割的节点布置策略，通过节点布置策略判断节点布置方案定位精度的优劣，从而对如何布置导标节点起到实践指导作用。

3.4.1　问题分析

　　为了简化问题的复杂程度，方便对问题的研究，本节首先考虑 3 个导标节点在不同的节点布置方案下，采用直线分割模型定位方法求解未知节点的定位误差，并比较不同节点布置方案的定位精度。在相同的定位区域范围内，不同的导标节点布置方案会将原始定位区域分割成若干个不同的子区域。这一现象导致在利用区域分割定位方法计算未知节点的平均定位误差时，会体现出不同的定位效果。

　　以图 3-34 为例，通过在原始定位区域内以均匀布置和随机布置若干未知节点两种方式，讨论区域分割定位方法在不同节点布置方案下的定位性能。在随机布置 100、200、300、400、500 个未知节点的情况下，因未知节点是随机布置的，本节从大量的实验仿真结果中随机抽取 4 组实验结果讨论其定位效果。如图 3-35 所示，图 3-35(a)的平均定位误差最大，即在图 3-34(a)的节点布置方案下，其定位效果最差；图 3-35(d)的平均定位误差总是最小，即在图 3-34(d)的节点布置方案下，其定位效果最好。在均匀布置若干个未知节点的情况下，图 3-34(a)的平均定位误差依然最大，而图 3-34(d)的平均定位误差依然最小。因此，本节在不同导标节点布置方案下，利用区域分割定位方法计算未知节点的平均定位误差具有差异性这一问题，提出区域分割节点布置策略，解决如何判断节点布置方案的定位精度优劣，从而对实际的节点布置方案起到一定的指导作用。

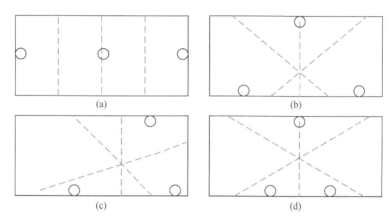

图 3-34　不同的节点布置方案分割图

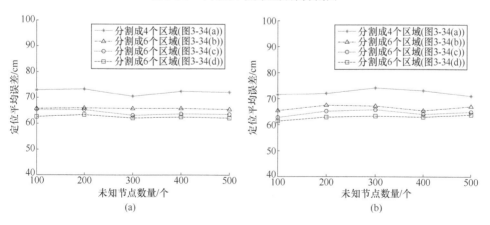

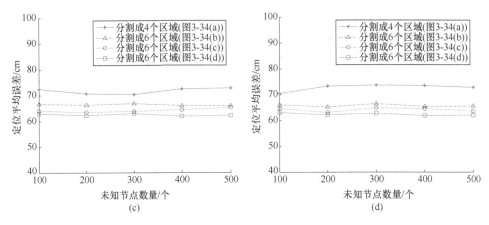

图 3-35　随机布置未知节点定位效果图

3.4.2　节点布置策略相关参数子区域个数

在研究区域分割节点布置策略时发现，区域分割定位方法定位精度的好坏与节点布置方案的子区域个数(subregion number，SN)、子区域均匀程度(subregion uniform level，SUL)、子区域收敛程度(subregion convergence level，SCL)这 3 个参数有关，因此本节详细叙述这 3 个参数与区域分割定位精度的关系，从而为提出区域分割节点布置策略打下理论基础。

1. 子区域个数

本节主要讨论子区域个数对定位效果的影响，在图 3-34(a)的节点布置方案下，子区域的个数为 4 个，令 $SN_a = 4$ 表示图 3-34(a)的子区域个数，同理可得图 3-34(b)、图 3-34(c)、图 3-34(d)的子区域个数分别为 $SN_b = SN_c = SN_d = 6$。如图 3-35 所示，无论是均分布置未知节点还是随机布置未知节点，在相同的定位区域范围内，因为图 3-34(a)的子区域个数最少(即 $SN_a < SN_b = SN_c = SN_d$)，利用区域分割定位方法求解未知节点的平均定位误差总是最大。导标节点的布置方案使分割后的子区域个数 SN 越小，则平均定位误差越大，定位效果越差；SN 越大，则平均定位误差越小，定位效果越好。

本节进一步探讨 n 个导标节点的情况下，如何确定子区域的个数，从而判断定位效果的优劣。首先，假设 n 个导标节点最多可以产生 $f(n)$ 条中垂线，则容易证明

$$f(n) = \frac{n \times (n-1)}{2} \tag{3-46}$$

其次，假设 N 条线段最多可以将一个平面分割成 $F(N)$ 个子区域，则

$$F(N) = \frac{N^2 + N + 2}{2} \tag{3-47}$$

令 $N = f(n)$，将式(3-46)代入式(3-47)可得式(3-48)，假设 n 个导标节点最多可以将一个平面分割成 SN_{max} 个子区域，则

$$\mathrm{SN}_{max} = \frac{n^4 - 2n^3 + 3n^2 - 2n + 8}{2} \tag{3-48}$$

然而，上述计算公式必须是在 N 条直线两两相交且无 3 条直线过同一点的情况下，计算最多子区域。在实际节点布置方案中，经常会出现两直线平行或 3 条直线相交于一点的情况，因此本节给出计算区域分割子区域的思路。

(1) 计算 n 个节点分割的子区域个数，可以先计算 $n-1$ 个节点分割的子区域个数，然后加上第 n 个节点与前 $n-1$ 个节点新增的子区域。

(2) 计算 $n-1$ 个节点分割的子区域个数，可以先计算 $n-2$ 个节点分割的子区域个数，然后加上第 $n-1$ 个节点与前 $n-2$ 个节点新增的子区域。

(3) 当 $n=2$ 时，子区域个数为 2(即 2 个导标节点，一条中垂线，分割成 2 个子区域，递推的边界)，则可以得到区域分割子区域计算公式，即

$$\begin{cases} \mathrm{SN}(n) = \mathrm{SN}(n-1) + \mathrm{subArea}(n,[n-1]), & n > 2 \\ \mathrm{SN}(n) = 2, & n = 2 \end{cases} \tag{3-49}$$

其中，$\mathrm{subArea}(n,[n-1])$ 为第 n 个节点与前 $n-1$ 个节点新增的子区域。

2. 子区域收敛程度

不同的节点布置方案会使分割的子区域差异性较大，因此下面讨论子区域收敛程度对定位效果的影响。首先，给出 SCL 的详细定义。如图 3-36 所示，任意布置的 3 个导标节点将原始定位区域分割成 6 个子区域，假设原始定位区域的面积为 S，分割后的各个子区域的面积分别为 $S_1 \sim S_6$，各子区域的质心分别为 $C_1 \sim C_6$，设子区域各顶点与其子区域质心之间距离的平均值为 MPC_i。由于子区域面积越大，未知节点落在该区域的概率也越大，因此为了更真实、科学地反映各个子区域的大小对区域分割定位效果的影响，本节将子区域面积与原始定位区域面积之比作为权重，从而反映子区域面积大小与未知节点落在该区域概率的关系。子区域收敛程度的计算公式为

$$\mathrm{SCL} = \sum_{i=1}^{\mathrm{SN}} \left(\frac{S_i}{S} \times \mathrm{MPC}_i \right) \tag{3-50}$$

其中，SCL 为子区域收敛程度；SN 为子区域个数；S_i 为第 i 个子区域的面积；S 为定位原始区域的面积；MPC_i 为第 i 个子区域的各顶点与其子区域质心之间距离

的平均值。

如图 3-36 所示，$MPC_4 = (P_1C_4 + P_2C_4 + P_3C_4 + P_1C_4)/4$

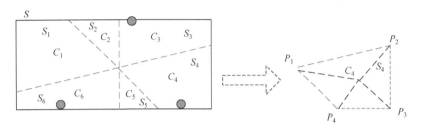

图 3-36　子区域收敛程度分析图

为了进一步探讨子区域的收敛程度，及其对区域分割定位效果的影响，在 500cm × 500cm 的定位区域，利用区域分割定位方法对多组不同的导标节点布置方案进行仿真计算，并分析子区域收敛程度和区域分割定位精度之间的关系。为了便于分析，本节随机选取 4 种方案进行分析。不同节点布置方案的平均定位误差如表 3-15 所示。

表 3-15　不同节点布置方案的平均定位误差

节点布置方案	导标节点 1 坐标	导标节点 2 坐标	导标节点 3 坐标	平均定位误差
1	(0,250)	(250,0)	(500,250)	91.0364
2	(0,450)	(250,0)	(500,50)	99.6225
3	(0,350)	(240,0)	(500,150)	86.6734
4	(0,350)	(235,0)	(500,100)	85.5764

进一步分析这 4 种节点布置方案的子区域收敛程度。如表 3-16 所示，节点布置方案 3 和 4 的子区域收敛程度较小，因此对应的平均定位误差也较小，但是节点布置方案 2 的子区域收敛程度比方案 1 的收敛程度小，而方案 2 对应的平均定位误差却比方案 1 的平均定位误差大。

表 3-16　子区域收敛程度具体数值

节点布置方案	子区域收敛程度
1	197.3737
2	185.4191
3	166.1119
4	163.7899

3. 子区域均匀程度

节点布置方案 2 的子区域收敛程度比方案 1 的收敛程度小，但方案 2 对应的平均定位误差比方案 1 的平均定位误差大，因此区域分割的定位精度除了与子区域的收敛程度有关，还与子区域的均匀程度有关。

首先给出 SUL 的详细定义，任意布置 3 个导标节点，将原始定位区域分割成 6 个子区域。假设原始定位区域的面积为 S，分割后的各个子区域的面积分别为 $S_1{\sim}S_6$，各子区域的质心分别为 $C_1{\sim}C_6$，子区域各顶点与其子区域质心之间距离的方差为 VPC_i，与子区域收敛程度类似。为了更真实、更科学地反映各个子区域的大小对区域分割定位效果的影响，本节将子区域面积与原始定位区域面积之比作为权重，可以得到 SUL 的计算公式，即

$$\text{SUL} = \sum_{i=1}^{\text{SN}}\left(\frac{S_i}{S} \times \text{VPC}_i\right) \tag{3-51}$$

其中，SN 为子区域个数；S_i 为第 i 个子区域的面积；S 为定位原始区域的面积；VPC_i 为第 i 个子区域的各顶点与子区域质心之间距离的方差。

为了说明 SUL 对区域分割定位精度的影响，依次求取上面 4 种节点布置方案的 SUL。SUL 具体数值如表 3-17 所示。

表 3-17　SUL 具体数值

节点布置方案	SUL
1	38.972
2	44.7382
3	28.6479
4	23.5482

可以看出，方案 2 的 SUL 的数值明显要大于方案 1 的 SUL，而方案 3 和方案 4 的 SUL 的数值较小，说明方案 3 和方案 4 分割的子区域越均匀，平均定位误差越小。

3.4.3　节点布置的优化策略

本节主要分析 SCL 参数和 SUL 参数，得到节点布置策略的优化目标函数和约束条件，并通过仿真实验验证节点布置策略的正确性。通过节点布置策略可以为节点布置问题提供实际指导方案。

3.2 节讨论的 4 组不同节点布置方案下，区域分割定位精度与 SCL 和 SUL 之间的关系，但是 4 组实验还不足以说明区域分割算法的定位精度与 SCL 和 SUL

之间的映射关系，因此本节对 1000 种不同的导标节点布置方案进行仿真，计算每种节点布置方案的平均定位误差、SCL 和 SUL。为了方便探讨区域分割算法的定位精度与 SCL 和 SUL 之间的映射关系，仿真得到 1000 个 SCL 和 SUL 参数，换算成百分比的形式，即

$$\text{SCLPercent} = 100\% - \frac{\text{SCL} - \text{Min}_{\text{SCL}}}{\text{Max}_{\text{SCL}} - \text{Min}_{\text{SCL}}} \tag{3-52}$$

其中，Max_{SCL} 和 Min_{SCL} 为 1000 组 SCL 数据中的最大值和最小值；SCLPercent 为换算之后的 SCL 百分比。

同理，SUL 百分比计算公式可表示为

$$\text{SULPercent} = 100\% - \frac{\text{SUL} - \text{Min}_{\text{SUL}}}{\text{Max}_{\text{SUL}} - \text{Min}_{\text{SUL}}} \tag{3-53}$$

其中，Max_{SUL} 和 Min_{SUL} 为 1000 组 SUL 数据中的最大值和最小值；SULPercent 为换算之后的 SUL 百分比。

将 1000 组数据计算出的 SCL 百分比和 SUL 百分比以每隔 0.1 作为一个区间，对相应区间的定位误差求平均值，得到的 SCL、SUL 百分比与定位精度的关系如图 3-37 所示。

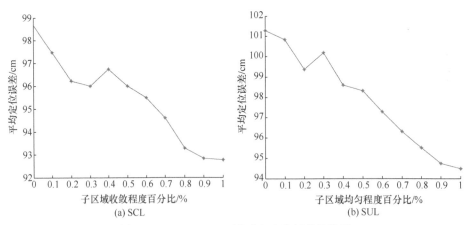

图 3-37　SCL、SUL 百分比与定位精度的关系

由实验结果可知，从整体变化趋势来看，SCL 百分比越大，平均定位误差越小，即子区域收敛程度越高，定位精度也越高。SUL 百分比越大，平均定位误差越小，即 SUL 越高，定位精度也越高。从局部变化趋势来看，当 SCL 百分比和 SUL 百分比为 0.2～0.5 时，SCL 和 SUL 并不与定位精度成单调性关系，因此 SCL 百分比、SUL 百分比与区域分割定位精度的关系还需要进一步研究。它们和定位精度存在一定的关系，但并不是绝对的单调性关系。SUL 百分比>0.5 时 SCL 百

分比与定位误差的关系如图 3-38 所示。在 SCL 和 SUL 的某些局部范围内，在 0.2～0.5 范围内，SCL 百分比系数和 SUL 百分比系数与区域分割定位精度成非单调性关系，当 SCL 百分比系数和 SUL 百分比系数都大于 0.5 时，与区域分割定位精度成明显的单调性关系，因此本节通过仿真实验分析得出节点布置的优化策略。

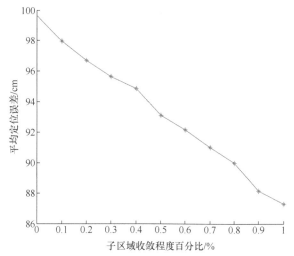

图 3-38　SUL 百分比>0.5 时 SCL 百分比与定位误差的关系

1) 优化策略的目标函数

为了使区域分割定位算法的定位精度高，本节希望导标节点的布置方案使式(3-53)中 SCL 百分比的值越大越好。通过分析式(3-53)可知，SCL 百分比的值越大，则可以转换为 SCL 的值越小。为了使 SCL 百分比与区域分割定位精度存在确定的单调性关系，优化的目标函数必须满足一定的约束条件才能满足单调性关系。

2) 优化策略的约束条件

由于子区域分割得越均匀定位精度越高，根据图 3-38 的实验结果可知，当 SUL 百分比满足 SUL 百分比 >σ(σ 为一个常数，可以通过实验获取其具体数值，从图 3-38 可知 σ=0.5)时，区域分割定位算法的定位精度可能达到最优值，但是当 SUL 百分比 <σ 时，一定可以确定区域分割定位精度不可能达到最优值。

3) 优化策略的实验验证

同样采取 1000 组不同的节点布置方案进行仿真实验，在计算 SCL 百分比与区域分割定位精度的关系时，先判断该节点布置方案的 SUL 百分比是否满足 SUL 百分比 >0.5。如果满足就计算子区域收敛程度百分比与平均定位误差；如果 SUL 百分比 <0.5，则直接排除该节点布置方案。通过节点优化策略对 1000 组不同的节点布置方案进行仿真的结果如图 3-38 所示。可以看出，当满足约束条件 SUL 百分比 >0.5 时，SCL 百分比与平均定位误差成单调递减关系，因此当 SUL 百分比

> 0.5 时，SCL 百分比越高，则平均定位误差越小，定位效果越好。

3.4.4　节点布置优化策略仿真实验

通过仿真实验验证区域分割节点布置策略的正确性。为了方便仿真实验的研究，选取较为简单的 3 个导标节点作为仿真案例进行分析，由于 n 个导标节点的布置策略问题可以看成多组 3 个导标节点布置方案组合而成，因此分析验证 3 个导标节点的节点布置策略也可以推广到 n 个导标节点的情况。实验方案的主要内容包括以下几个部分。

(1) 仿真数据的选取。为了使仿真的数据具有一定的真实性，根据在船舶环境下实测的数据，如 RSSI 与距离之间的关系、RSSI 波动幅度等，对导标节点接收的各未知节点 RSSI 数据进行仿真处理。这样在一定的程度上会使仿真数据的实验结果更加接近实测数据的实验结果。

(2) 评价指标。由于实验是对大量的仿真数据进行处理，而单一的以平均定位误差和定位方差评价指标都不足以说明不同导标节点布置方案定位精度的优劣，因此以定位误差的累计概率(error cumulative probability，ECP)作为实验评价指标。例如，对 1000 个未知节点的估计位置进行仿真处理，并计算误差在 1m、2m、3m 之内的误差累计概率。从误差累计概率的定义来看，同级误差范围内的累计误差概率越大，说明定位效果越好。

(3) 实验方法。在 500m×500m 的定位范围内，利用区域分割定位算法，对1000 个未知节点的估计位置进行仿真处理，然后改变导标节点的位置，重复上述实验，通过改变导标节点的位置，测试 100 组不同节点布置方案下的区域分割定位精度，并以 SCL 百分比和 SUL 百分比为参数，验证区域分割节点布置策略的正确性。

根据上述实验方案，利用区域分割定位算法，对 1000 个未知节点的估计位置进行仿真计算。为了验证区域分割节点布置策略的正确性，讨论当SUL 百分比 > 0.5 时，SCL 百分比等于 0.6、0.7、0.8 的累计误差概率分布情况，以及当 SUL 百分比 < 0.5 时，SCL 百分比等于 0.5、0.4 的累计误差概率分布情况。因为区域分割节点布置策略首先需要判断约束条件 SUL 百分比是否满足 SUL 百分比 > σ，如果满足则说明该节点布置方案可能达到最优布置方案，否则直接排除，进而比较 SCL 百分比的大小。SCL 百分比越大，则定位精度越高，定位效果越好。实验结果表明，SUL 百分比 > 0.5 情况下的累计误差概率分布，明显要大于 SUL 百分比 < 0.5 情况下的累计误差概率分布。这说明，当 SUL 系数越高时，区域分割定位精度也越高；当 SUL 百分比 < 0.5 时，累计误差概率分布较低，定位效果明显较差；当 SUL 百分比 > 0.5 时，定位效果明显较好，并且当 SCL 百分比 = 0.8 时，区域分割定位精度要明显好于 SCL 百分比 = 0.7 和 SCL 百分比 = 0.6 的情况。综上所述，我们从实验和理论两个方面证明了区域分割节点布置策略的正确性，为区域分割定位方法的节点布置方案提供理论和实践指导作用，进一步提高区域分割定位算法的定位精度。

3.5 小 结

本章提出基于区域分割的低代价定位、基于位置指纹的高精度节点定位，以及基于需求响应的多粒度定位，介绍传感器网络节点部署策略及优化方法。

(1) 本节提出区域分割节点定位方法，根据不同节点的信号强度，确定未知节点的估计位置。针对 RSSI 信号波动剧烈引起的区域误判问题，构建定位容错机制，可以有效增强定位模型的稳定性。通过实船实验验证提出方法的准确性和稳定性。

(2) 为降低船舶环境对位置指纹库的影响，提出一种时-空位置指纹的特征提取方法，通过空间差分构建稳定的空间信号数据库，之后使用 PCA 和 LDA 对数据库进行维度归约和样本聚类，在保留足够位置特征信息的前提下，滤去无关的噪声信号和冗余信息，降低算法的计算量，提高位置指纹的定位精度。同时，利用时序分析法，对指纹进行时间特征提取，增加指纹特征的稳定性。在对各类指纹特征可视化及算法检测后，验证时-空指纹特征的稳定和准确性，提出基于 SVM 的位置指纹定位方法。该定位方法的计算量较小且定位精度较高，能满足船舶内定位信息服务的精度需求。

(3) 针对船舶环境下不同定位场景在实现不同应用功能时对定位精度、定位可靠性需求的差异性，本节提出融合粗细粒度定位算法的多粒度定位方法。仿真结果表明，多粒度定位方法按需进行粗粒度或者细粒度定位，相比于传统室内定位方法在定位接入设备，以及计算复杂度方面可以降低定位代价，保证粗、细粒度算法分别在定位可靠性，以及定位精度上的优势。

(4) 探讨传感器网络区域分割节点布置策略。针对导标节点布置方案会对定位精度造成一定的影响，通过研究 SN、SUL、SCL 等参数，提出区域分割节点布置策略，从而对如何布置导标节点起到一定的实践指导作用，最后通过仿真实验验证节点布置策略的正确性。

参 考 文 献

[1] Wang J, Urriza P, Han Y, et al. Weighted centroid localization algorithm: theoretical analysis and distributed implementation. IEEE Transactions on Wireless Communications, 2011, 10(10): 3402-3413.

[2] Kumar S, Lobiyal D K. An advanced DV-Hop localization algorithm for wireless sensor

networks. Wireless Personal Communications, 2013, 71(2): 1364-1385.

[3] 吴栋, 纪志成, 张彪. 基于无线传感器网络的改进 APIT 定位算法. 系统仿真学报, 2015, 27(12): 2965.

[4] Yedavalli K, Krishnamachari B. Sequence-based localization in wireless sensor networks. IEEE Transactions on Mobile Computing, 2007, 7(1): 81-94.

[5] Zhang Q, Zhou Z, Xu W, et al. Fingerprint-free tracking with dynamic enhanced field division//2015 IEEE Conference on Computer Communications, Hong Kong, 2015: 2785- 2793.

[6] Paolo P, Palopoli L, Petri D. Accuracy of RSS-Based centroid localization algorithms in an indoor environment. IEEE Transactions on Instrumentation and Measurement, 2011, 60(10): 3451- 3460.

[7] Laurendeau C, Barbeau M. Relative Span Weighted Localization of Uncooperative Nodes in Wireless Networks. Heidelberg: Springer, 2009: 358-367.

[8] Liu K, Chen M, Cai E, et al. Indoor localization strategy based on fault-tolerant area division for shipboard surveillance. Automation in Construction, 2018, 95: 206-218.

[9] Noble W S. What is a support vector machine. Nature Biotechnology, 2006, 24(12): 1565-1567.

[10] Fang S H, Lin T N, Lin P C. Location fingerprinting in a decorrelated space. IEEE Transactions on Knowledge and Data Engineering, 2008, 20(5): 685-691.

[11] Zhou R, Lu X, Zhao P, et al. Device-free presence detection and localization with SVM and CSI fingerprinting. IEEE Sensors Journal, 2017, 17(23): 7990-7999.

[12] Chen M, Liu K, Ma J, et al. Spatio-temporal fingerprint localization for shipboard wireless sensor networks. IEEE Sensors Journal, 2018, 18(24): 10125-10133.

第 4 章　基于 Wi-Fi 的被动式船舶室内人员
定位方法

基于泛在无线网络 CSI 的船舶环境被动式室内定位能为舱室智能监测、人员(货物)实时定位和异常事件检测等智能化应用提供关键的物理地址标识。然而,由于船舶环境独特的动态干扰性、结构复杂性、场景多变性等特征,现有被动式定位技术的性能在船舶场景下会受到巨大的干扰。本章介绍基于 Wi-Fi 的被动式船舶室内人员定位方法,包括基于船速感知三维指纹库的被动式人员定位方法、基于有向菲涅耳特征的多目标定位方法,以及基于 Wi-Fi 信号 AoA 的定位方法。

4.1　基于船速感知三维指纹库的被动式人员定位方法

本节首次尝试利用 Wi-Fi 指纹技术建立一个适用于移动船舶环境的被动式定位系统。通过在实际航行船舶中进行大量的实验和测量,确定动态船舶环境对室内指纹地图的一个主要影响因素,即船舶航行速度。观测发现,船舶航行时的航速改变会显著改变室内定位指纹地图的模式。在此基础上,提出基于船速感知三维指纹库的定位系统 SWIM。进一步,由于识别与采集所有的与速度相关联的指纹代价太高,提出一种有效的指纹地图映射方法,使用信号重建分析将指纹从单一速度场景校准到多速度场景。SWIM 旨在学习环境速度变化预测指纹的变化,并重建原始指纹以适应船舶航行时的速度场景。大量实船实验结果表明,SWIM 将定位精度从 63.2%提高到 82.9%,同时将整体系统部署成本降低 87%。

4.1.1　基于 CSI 指纹的被动式定位问题建模

为了利用无线信号以被动方式定位目标,CSI 可以转化为指纹地图的标识位置。如图 4-1 所示,通过在室内部署一组 Wi-Fi AP 和 CSI 监测点(detection point,DP),空间中的人体会反射并吸收 Wi-Fi 信号,生成唯一的信号传播路径。CSI 的频率分集能够反映不同的多径反射并捕获独特的 Wi-Fi 特性[1]。在 CSI 特性的基础上,人们提出基于位置指纹的技术,预先构造 CSI 与定位目标位置之间的映射,这被称为无线指纹地图。无线指纹地图的构建部分称为离线阶段,匹配定位部分称为在线阶段。在离线阶段,定位目标停留在每个标记位置(在图 4-1 中标记为 1~16),期间 DP 将 CSI 记录在数据库中。在在线阶段,通过匹配 DP 采集的 CSI 与数据库接收到的当前 CSI 信息定位目标。

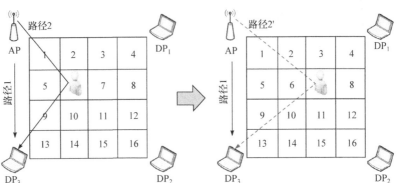

图 4-1　CSI 指纹区分目标位置的基本思想

　　基于 CSI 的被动式定位系统建立在 WLAN 基础架构上, 无须额外的部署和硬件成本。它由 3 个硬件部分组成, 即 Wi-Fi AP、CSI DP 和定位服务器。基于 CSI 的被动式指纹定位流程示意图如图 4-2 所示。在定位过程中, 首先在一组 AP 和 DP 之间建立无线通信链路, 保证它们在整个定位期间的平稳。AP 定期广播信标消息, 这些 AP 除了参与定位任务, 还可以兼顾 Wi-Fi 热点功能。DP 是通用的 Wi-Fi 网卡, 负责与 AP 和服务器进行交互。从 AP 接收到信标消息后, DP 记录物理层多个子载波的 CSI 测量值, 并将这些原始 CSI 数据上传到服务器。服务器通过执行以下主要过程对目标进行定位。

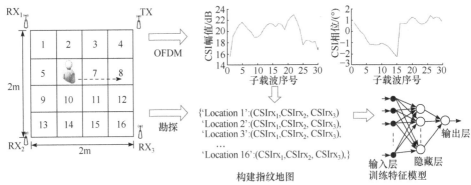

图 4-2　基于 CSI 的被动式指纹定位流程示意图

　　(1) 建立对应于目标所处不同位置的指纹数据库, 即构建被动式无线电指纹地图。

　　(2) 通过 CSI 幅值的变化, 捕获目标出现而引起的环境变化, 通过多条链路融合 CSI 数据与指纹地图进行比对, 实现目标确切位置的识别。

　　值得一提的是, 此无线电指纹地图是被动式, 因为它不需要定位目标佩戴设备参与位置的估计。

4.1.2　船舶环境下基于 CSI 指纹的被动式定位面临的挑战

本节使用先进的基于 CSI 指纹的被动式定位系统在航行船舶上进行实船实验，对系统的实验性能进行分析，介绍基于 CSI 指纹的被动式定位方法在船舶中存在的问题。

1. Pilot 系统在船舶环境中的实验部署

Pilot 是一种基于 CSI 的被动式定位方案[2]。该系统使用所有子载波的 CSI 相关性作为指纹来定位目标。它是通过商用 IEEE 802.11n 网卡实现的，在一般的室内场景中可以达到米级的定位精度。为了评估该系统在船舶环境中的定位性能，我们将 Pilot 系统部署在长江贰号的内河客船上，在 2 个不同的室内船舶场景中进行实验，即一个面积为 9.7m×13.2m 的大厅和一个面积为 1.5m×12.8m 的走廊。本章将定位区域划分为正方形网格，选择 108 个位置进行系统评估，2 个相邻位置之间的距离设置为 1m。实验场景如图 4-3 所示，分别在船舶停泊与航行时对系统进行测试。

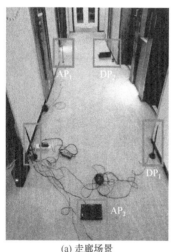

(a) 走廊场景　　　　　　　　　　(b) 网卡　　(c) 大厅场景

图 4-3　长江贰号内河客轮上的实验场景

2. Pilot 系统在船舶环境的实验性能分析

Pilot 系统在船舶环境的实验性能如图 4-4 所示。Pilot 在船停泊状态下的性能要比航行状态下的性能高。在船停泊状态下，Pilot 具有较高定位精度，且与文献[2]中的结果相似。如图 4-4(a)所示，Pilot 可以通过 4 个无线链路在大厅中实现 90% 以上(高达 93.2%)的准确性。如果采集的样本数量增加(从每个位置的 20 个样本到

100 个样本)，根据图 4-4(c)，准确度也增加近 10%(最高 9.4%)。在走廊场景中也具有相同的性能。如果链接和样本的数量增加，则定位精度会提高。

随着船舶开始航行，在具有最大数量的链接和样本的情况下，Pilot 的最大准确性急剧下降到 63.2%，且在 2 个场景下都如此。如图 4-4(a)所示，单个链路的定位精度降到 41.2%。即使增加 AP 并收集样本会使精度提高到 58.9%，但仍大大落后于锚泊状态。如图 4-4(d)所示，走廊中样本数量的增加对准确性的提升是有限的。2 个测试位置的实验结果一致，这表明航行状态中基于 CSI 的被动室内定位技术的定位精度明显降低。通过两种船舶状态下的实验，可以得出这样的结论，即由于和陆地一般环境的显著区别，以 Pilot 系统为代表的 CSI 被动式定位方法无法直接用于船舶等移动环境。

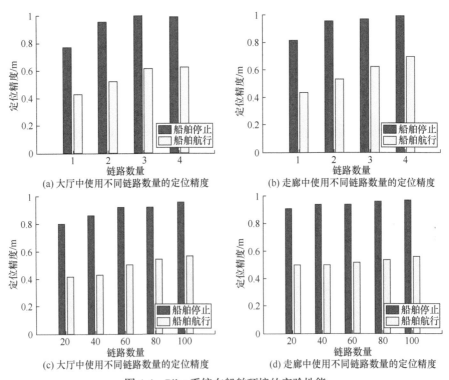

图 4-4　Pilot 系统在船舶环境的实验性能

3. 船舶环境 CSI 指纹库稳定性分析

基于 Pilot 定位系统的实验，分析船舶停泊状态和航行状态对室内定位的影响。如上所述，基于 CSI 的被动式定位技术主要依赖探索信号在空间中的传播、反射和吸收方面的细微差异判断环境中目标的位置。当定位环境在离线阶段和在线阶段保持一致时，这种技术可以保持非常高的精度。但是，该假设在动态的移动船舶环境中不成立。

　　船舶在航行中，船体会承受不可避免的变形，包括来自载荷、波浪和环境温度变化的外应力引起的静态角变形和动态(弹性)角变形。船体形变示意图如图 4-5 所示。造成船舶静态角变形(可能为 1°以上)的主要原因是船上的货物和燃料的重量与位置变化，以及在阳光下船舶不同部位的受热不均匀。同时，船体的航行、波浪的冲击等引起的动态角度变形可能高达 1°~1.5°[3]。近年来，研究人员研究开发了船舶的变形测量和校正技术，包括惯性测量单位匹配方法。实测结果表明，船舶的这种变形值等于甲板平面上的变形角度，纵向中心平面上会产生几十角分的弯曲，扭转角则产生数角分的弯曲。角度的振幅更为明显，其变化通常以 0.1Hz 和 0.3Hz 的典型频率发生[4]。由于船舶在航行中发生形变(主要是动态变形)，部分天线设备(雷达天线、Wi-Fi 天线、光学系统等) 的角位置可能与原始设备设置参数有很大的差异。因此，在航行过程中，船体会变形并改变 Wi-Fi 信号路径。船体形变影响室内 CSI 的原理示意图如图 4-6 所示。

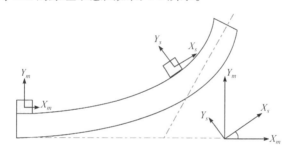

图 4-5　船体形变示意图

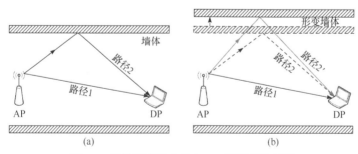

图 4-6　船体形变影响室内 CSI 的原理示意图

　　在现有的基于 Wi-Fi 的被动式定位解决方案中，所有位置的 CSI 指纹地图都是在离线阶段建立的。根据以上研究，在定位阶段，由于船体产生的形变，指纹地图已经发生变化。即使当目标处于与指纹地图的同一位置时，新检测到的 CSI 与已经存储在指纹数据库中的 CSI 也完全不同，导致现有基于指纹的被动式系统在船舶航行状态下的定位准确性显著下降。

4.1.3　船舶环境下 CSI 指纹影响假设与验证

本节通过观察测得的 CSI 和船舶传感器数据，详细研究船舶航行如何影响船舶形变和室内 CSI 指纹。基于观察提出关于 CSI 指纹和航行船舶环境因素之间关系的两个假设。然后，通过在实际客船上进行大量测量验证这些假设，为定位系统的设计提供基本思路。

1. 船舶航行 CSI 指纹干扰

首先，在室内船舶环境中部署 AP 和 DP 以产生 Wi-Fi 链路。DP 与 AP 相距 5m，平均每 10ms 发射一次数据包。然后，在船上部署带有 GPS、加速度计、陀螺仪和温度计的传感器设备，以测量和记录船舶的运动信息。为了研究 CSI 在不同环境因素下的行为，标定时间戳同时记录 CSI 和船舶传感器数据。CSI 与船舶传感器数据如图 4-7 所示。根据传感器数据，我们可以将过程分为停泊阶段、加速阶段和匀速阶段。可以看出，当船舶停泊时，室内 CSI 基本保持稳定。在此阶段，基于指纹的定位技术可以保持较高的精度。当船舶开始航行后，随着船速逐渐增加，可以清楚地观察到 CSI 发生巨大的变化。随着船速的增加和航向的改变，CSI 的变化十分明显。当船舶进入匀速航行阶段后，CSI 的变化减小并保持相对稳定的状态。

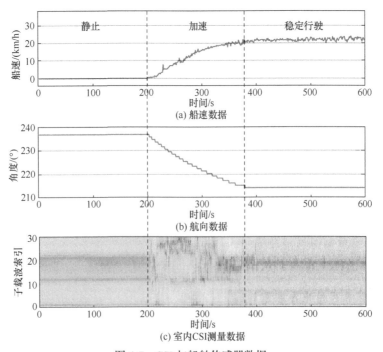

图 4-7　CSI 与船舶传感器数据

2. 船舶变形的主要影响因素分析

根据上一部分的观察，假设在影响船舶室内无线信道的所有航行因素中，船舶的航行速度是主要的影响因素。我们通过大量实船实验及分析，对假设进行验证。

考虑船舶航行状态的 5 个环境因素，其中船舶运动因素包括船舶速度、加速度、角速度和船舶所在位置的高度。室外因素包括温度。为了找到影响船舶变形和室内 CSI 的主要因素，我们采集并分析室内 Wi-Fi 信道状态。由于 CSI 测量包含多个子载波信息，因此首先采用一种无监督技术，即 PCA[5]，以捕获 CSI 的变化并减少数据维度。实验设备如 4.1.2 节所述，CSI 和船舶传感器数据同时在舱室和会议室中采集。在每种情况下，将 n 个 CSI 数据包收集到 H 中，这是 $n \times m$ 矩阵，其中 m 表示子载波的数量。同步记录相应的环境信息为船速 $V = [v_1, v_2, \cdots, v_n]^{\mathrm{T}}$、加速度 $A = [a_1, a_2, \cdots, a_n]^{\mathrm{T}}$、角速度 $\Omega = [\omega_1, \omega_2, \cdots, \omega_n]^{\mathrm{T}}$、船舶所在位置的海拔 $L = [l_1, l_2, \cdots, l_n]^{\mathrm{T}}$ 和室内温度 $T = [t_1, t_2, \cdots, t_n]^{\mathrm{T}}$。

在执行 PCA 之前，对 CSI 矩阵 H 进行标准化，以确保所有数据都以相同的比例进行处理，标准化矩阵用 X 表示。PCA 尝试通过选择最大方差方向和变换矩阵 A 找到最能代表数据集的投影，即

$$A_{\mathrm{opt}} = \arg\max_{A} \left| A^{\mathrm{T}} \Sigma A \right| \tag{4-1}$$

其中，Σ 为 X 所有向量的协方差矩阵；A 为 Σ 本征向量的子集，即

$$A = [e_1, e_2, \cdots, e_m] \tag{4-2}$$

其中，e_i 为从矩阵 Σ 的特征分解获得的第 i 个特征向量。

e_i 对应的特征值是 λ_i，它量化了第 i 分量提供的信息。根据特征值 λ_i 的顺序选择主成分 e_i。基于变换矩阵 A，可以通过下式获得投影，即

$$Y_d = A_{(d)}^{\mathrm{T}} X \tag{4-3}$$

其中，Y_d 为第 Y_d 个分量的投影；$A_{(d)}^{\mathrm{T}}$ 为变换矩阵 A 第 d 行的转置。

各航行因素对 PCA 主成分的贡献度如图 4-8 所示。X 在前两个主成分分量 e_1 和 e_2 上的投影 (Y_1, Y_2) 及其贡献值由矢量表示。矢量的方向和长度指示每个因素如何影响前两个主成分分量。如图 4-8(a)所示，速度和海拔对第一主成分分量具有正相关系数，即这些矢量直接指向图的右半部分。可以明显观察到，速度向量对 2 个主成分分量的贡献度最大，即对 CSI 的影响最高。同时，每个航行因素对 CSI 变化的前 4 个主成分分量的贡献值还在表 4-1 中列出。在计算过程中，这 4 个主成分分量的特征值分别为 $\lambda_1 = 7.03$、$\lambda_2 = 5.65$、$\lambda_3 = 1.63$、$\lambda_4 = 1.06$。根据 PCA

理论，这 4 个主成分分量已经包含 X 的大部分信息。可以看出，在第 1 个主成分分量中，速度的贡献值比其他 4 个因素高 10 倍。为了直观地显示速度对 CSI 子载波的影响，重复上述过程并在图 4-8(b)与图 4-8(c)中绘制子载波 f=5、10、15 的投影。可以看出，速度是影响船舶室内环境 CSI 指纹最重要的因素。

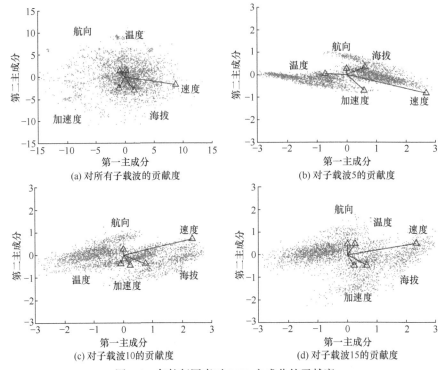

图 4-8　各航行因素对 PCA 主成分的贡献度

表 4-1　航行因素对前 4 个主成分分量的贡献值

主成分分量索引	贡献度				
	速度	海拔	加速度	转向	温度
e_1	0.2109	0.0116	−0.0163	−0.0103	0.0218
e_2	−0.2634	−0.0541	0.0032	−0.0069	−0.0135
e_3	−0.1804	−0.6033	−0.5960	−0.0141	0.4248
e_4	0.1445	0.1887	0.3051	−0.1559	0.8823

3. 船速与 CSI 指纹关联特征分析

在船舶进入匀速航行阶段后，CSI 值趋于稳定。基于此，我们提出另一个假设，即在相同的船速下，船体的形变保持稳定，船舶室内 CSI 可以具有一致的统计特征。

为了验证在给定的速度下，在相同的位置，不同的时间 CSI 的变化特征是否稳定，我们进行另一组实验。为此，我们在同一天记录不同速度的 CSI 分布，以确认速度对 CSI 指纹的影响。由于船上的桌子、椅子和一些窗户在船内都是固定的，因此实验不考虑日常环境变化(移动椅子、打开/关闭的窗户)。航行因素对前 3 个主成分分量的贡献值如表 4-2 所示。

表 4-2　航行因素对前 3 个主成分分量的贡献值

日期	时间	船速/(km/h)
2018/05/03(第一天)	9：00AM	15.6
2018/05/03(第一天)	1：31PM	21.2
2018/05/03(第一天)	2：05PM	5.3
2018/05/03(第一天)	4：34PM	9.2
2018/05/03(第一天)	10：40PM	25.1
2018/05/04(第二天)	9：40AM	15.4
2018/05/04(第二天)	1：21PM	15.5
2018/05/05(第三天)	10：25AM	15.2
2018/05/05(第三天)	6：17PM	15.6

我们在船舶中部署了速度传感器和 AP/DP，以在固定位置记录该船的速度数据和同一名志愿者的 CSI 指纹。实验的目标是，检查 CSI 指纹在固定速度下是否相同。在实验过程中，当白天和黑夜的速度始终保持在 15km/h 时，我们在 3 天的窗口中随机选择 5 个不同的时间来测试 CSI(数据集 1、5～9)。为了验证速度对 CSI 指纹的影响，在同一天(数据集 1～5)以不同的速度记录 CSI 指纹。

从所有 20000 个包中收集全部 CSI，图 4-9(a)首先显示一天内不同速度的 CSI 指纹分布，可以看出各分布之间存在巨大的差距。子载波 $f=5$ 时，数据的最小、最大、均值和离群值也以箱型图绘制(图 4-9(b))。相比之下，在实验 3 天的 5 次不同时间中，最大值和最小值是稳定的。子载波 $f=5$ 时，在 15km/h 速度下的 CSI 分布如图 4-10 所示。

结果表明，固定船速下的 CSI 表现出不同的平均值和方差，但是在每个子载波上它们表现出稳定的统计特性，即当航行速度固定时，所有子载波的 CSI 在不同时间点上相对稳定。这促使我们设计一种新颖的基于速度感知的基于 CSI 的被动式室内定位方法，以在船舶航行环境中实现高精度的目标定位。

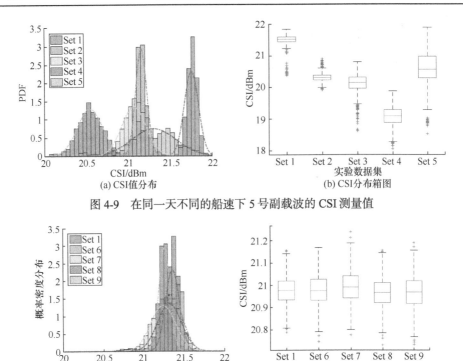

图 4-9　在同一天不同的船速下 5 号副载波的 CSI 测量值

图 4-10　在 3 天内的 5 个不同测试时间下，在 15km/h 的船速下 5 号子载波的 CSI 测量情况

4.1.4　船速感知三维指纹库的构建与定位方法

综上所述，在船舶速度稳定的状态下，已构建的指纹库是稳定的。因此，为了解决船舶速度的影响问题，一个直接的解决方法是收集每种速度下的指纹。显然，这需要大量的系统部署时间，实现在船舶所有速度下指纹采集的开销太高。解决此问题更好的方法是分析并提取不同速度下原始 CSI 指纹的变化模式，对原始 CSI 指纹进行重构以适应新的速度环境。我们提出 SWIM，这是一种速度感知三维指纹图的生成方法，用于估计每种速度下的指纹，涵盖船舶航行状态下所有 CSI 变化的影响。SWIM 的系统流程如图 4-11 所示。

1) 指纹底图构建

SWIM 系统的第一步是在船舶锚定时收集目标区域的指纹图，即指纹底图。我们将一般指纹 F_l 定义为 M 个子载波在所有 AP 链路上的 CSI 振幅矩阵。该矩阵由 N 个 Wi-Fi 包测量值与绑定的位置标签 l 组成。CSI 振幅向量 H_i 可以表示为

$$H_i = \left[\left| H(f_1)^{(i)} \right|, \left| H(f_2)^{(i)} \right|, \cdots, \left| H(f_M)^{(i)} \right| \right] \tag{4-4}$$

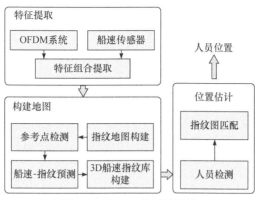

图 4-11　SWIM 的系统流程

指纹 F_l 可表示为

$$F_l = \left[H_1^{(l)}, H_2^{(l)}, \cdots, H_N^{(l)} \right]^{\mathrm{T}} \tag{4-5}$$

与以往的研究不同，本节的研究考虑速度的影响。SWIM 同时收集 CSI 指纹和速度数据以获得联合 CSI 速度指纹，即

$$F_l^k = \{ v_k; F_l \} \tag{4-6}$$

其中，v_k 为测量指纹 F_l 时的瞬时环境船速；联合指纹 F_l^k 为所有速度场景中的指纹图。

指纹底图(速度为 0 时)可表示为 $\{ F_1^0, F_2^0, \cdots, F_L^0 \}$，其中 L 是区域内的总位置数。在本章的研究中，移动船舶环境的指纹底图用来估计和构建环境中每种航速的指纹地图。

2) CSI 指纹形变函数优化

如 4.1.3 节所述，船舶因速度变化产生的变形会影响 CSI，并扭曲指纹底图上的指纹。为了预测每种速度下指纹的变化，我们选择一组参考位置来测量变化。在此环境下，选择 P 个基准位置。基准位置 p 是预先标记采集指纹的地点。在船舶以 2 个环境速度航行期间，收集位置 p 的指纹，并记录为

$$R_p = \left[F_p^0, F_p^1, F_p^2, \cdots, F_p^K \right] \tag{4-7}$$

其中，F_p^K 为位置 l_k 在速度 v_k 时的指纹。

在获得每个环境速度下所有参考位置的指纹后，船舶变形对指纹的影响可以表示为形变函数 $D_p^k(\cdot)$。它描述参考指纹 p 在速度 k 和速度 0 之间的关系，即

$$D_p^k = F_p^k - F_p^0 \tag{4-8}$$

其中，F_p^0 表示航速为 0 时位置 p 的指纹。

在一定的速度 v_k 下，船舶变形对指纹的影响可以表现为 2 个 CSI 速度关节特征之间的差异。速度造成的变形效果可以重写为

$$F_p^k = D_p^k\left(F_p^0\right) \tag{4-9}$$

其中，D_p^k 为描述指纹变化并将矩阵 F_p^0 转换为新矩阵 F_p^k 的变形函数。

通过连续采集速度信息和 CSI 指纹，可以得到校准位置 p 处各速度的变形函数，即

$$D_p = \left\{D_p^1(\cdot), D_p^2(\cdot), \cdots, D_p^K(\cdot)\right\} \tag{4-10}$$

为了确定 $D_p^k(\cdot)$ 的适当形式，即形变函数，我们需要了解由环境表面形变引起的振幅变化的性质。如图 4-6 所示，环境表面变形会导致一些新的多径出现，某些旧的多径消失。根据文献[6]，在每个副载波频率上，CSI 的幅度来自所有多径信号强度的组合。新的/消失的多径带来的叠加效果或可抵消对所有副载波的影响。因此，对于参考位置 p，我们可以将第 i 副载波在速度 k 下的变化函数建模为

$$\left|H^k(f_i)\right| = \sum_{j=1}^M w_{i,j}\left|H^0(f_j)\right| \tag{4-11}$$

其中，$H^k(f_i)$ 是速度为 v_k 时第 i 副载波的幅度；$H^0(f_j)$ 是速度为 0 时第 j 副载波的幅度；M 为副载波的总数；$w_{i,j}$ 为估计第 i 副载波的第 j 副载波的权重。

可以通过将底图指纹 F_p^0 乘以权重矩阵 $W = [w_1, w_2, \cdots, w_M]$ 获得 F_p^k，即

$$F_p^k = D_p^k\left(F_p^0, W\right) = WF_p^0 \tag{4-12}$$

在对校准函数进行建模后，定义 $D_p^k(\cdot)$ 的损失函数，利用参考指纹 F_p^0 和 F_p^k 在监督下优化每个 $w_{i,j}$ 的最佳权重。对于第 i 个指纹点，使用 Frobenius 范数定义损失函数，即

$$L_i = \left\|WF_p^0 - F_p^{k2}\right\|_F \tag{4-13}$$

综合各 L_i 的损失函数，可得到总损失函数。因此，使用 L_2 范数正则化惩罚来扩展损失函数，通过对所有权重 W 使用元素级二次惩罚来抑制大权重，即

$$L = \frac{1}{N}\sum_{i=1}^N L_i + \lambda \sum_s \sum_t W_{s,t}^2 \tag{4-14}$$

其中，λ 为正则化因子。

然后，用梯度下降法计算 W，即

$$(W_{\text{opt}}, b_{\text{opt}}) = \arg \max_{(W, b)} L \tag{4-15}$$

3) 船速感知三维指纹库的低代价构建方法

现在介绍 SWIM 的核心设计, 它可以使用校准功能有效地构建船速感知三维指纹图(图 4-12), 以覆盖所有潜在的速度场景, 而无须重复每个速度的现场测量。

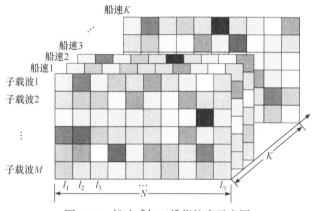

图 4-12　船速感知三维指纹库示意图

校准方法的基础是参考位置指纹 $D_p^k(\cdot)$ 的变化, 表示指纹变化的模式。它覆盖距参考位置 p 有效范围 d 内的区域。基于参考位置指纹的变化估计速度感知指纹的原理示意图如图 4-13 所示。换言之, 利用变形函数 $D_p^k(\cdot)$, 位置 L 的指纹变化函数 $S_l^k(\cdot)$, 距离参考位置 P 的距离 D 可以近似为 $D_p^k(\cdot)$, 即

$$D_p^k(\cdot) \cong S_l^k(\cdot) \tag{4-16}$$

基于 $S_l^k(\cdot)$ (即校准函数)和底图, 可以在给定速度下估计所有位置的指纹, 而无须从头更新指纹图, 即

$$F_l^k = S_l^k(F_l^0) \tag{4-17}$$

其中, F_l^0 表示航速为 0 时位置 p 的指纹; F_l^k 表示航速为 v_k 时的指纹。

速度为 0km/h 和 10km/h 的参考位置的指纹如图 4-13(a)所示。附近 3 个测试位置(2m、5m 和 7m 远处)的指纹如图 4-13(b)所示。

利用参考指纹对标定函数进行训练,并用测试位置指纹对标定函数进行测试。可以看出, 在 10km/h 的速度下, 估计的指纹与地面真实参考指纹吻合, 测试地点的指纹估计也符合。为了以有效的方式构造速度感知的三维指纹图, 既要考虑校准有效范围 d 的合适有效距离, 也要考虑速度尺寸 v_k $(k = 1, 2, \cdots, K)$ 的样本比例。为了估计最佳映射参数, 我们量化 2 个 CSI 指纹序列之间的距离。数理统计为我

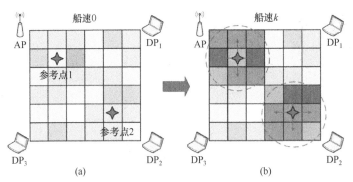

图 4-13　基于参考位置指纹的变化估计速度感知指纹的原理示意图

们提供了 Spearman 等级相关系数(一种度量等级的指标)获取指纹序列的相似性。给定 2 个 CSI 向量 $F_1 = \{u_i\}$ 和 $F_2 = \{v_i\}$，$1 \leqslant i \leqslant n$，该度量定义为元素的线性相关系数，即

$$\rho = 1 - \frac{6\sum\limits_{i=1}^{n}(u_i - v_i)^2}{n(n^2 - 1)} \tag{4-18}$$

使用 2 个相邻位置指纹的相似性验证 d 和 v_k。在测量中，当 $d < 5\mathrm{m}$ 时，估计的速度指纹和地面真实指纹的相似度高于 ε。类似地，当速度间隔超过 4km/h 时，相同位置的指纹相似度将降低到 ε，并与其相邻位置混淆。选择 $d = 5\mathrm{m}$ 部署参考位置，并将 K 设置为 6。速度尺度 v_t 设置为 $\{v_0 = 0, v_1 = 4\mathrm{km/h}, \cdots, v_K = 24\mathrm{km/h}\}$。结合基本指纹图和校准功能，可以构建速度感知的三维指纹图。

4) 被动式目标检测与位置估计模型

在先前的步骤中，SWIM 的离线阶段收集指纹底图，并基于校准功能估算速度感知的三维指纹地图。在在线阶段，系统连续收集 CSI 和环境速度信息，并实时计算对象的位置。现在介绍被动的定位模块，该模块包含 2 个部分。

(1) 目标检测。为了以被动式方式定位目标，第一个步骤是检测环境中是否有人。我们设计人体检测模块捕捉物体外观引起的环境变化。系统持续监测 CSI，并计算可以指示人类物体外观的方差，将 $H = \left[|H_1|, |H_2|, \cdots, |H_N|\right]$ 表示为 N 个 CSI 序列。它们对应的协方差矩阵为

$$\Sigma(H) = \left[\mathrm{cov}\left(|H_i|, |H_j|\right)\right]_{N \times N} \tag{4-19}$$

其中，$\mathrm{cov}\left(|H_i|, |H_j|\right)$ 为向量 H_i 和 H_j 之间的协方差。

如图 4-14 所示，在后一种情况中，方差明显更大。基于这一观察，提出一种通过比较 CSI 方差的谱范数(矩阵的最大奇异值)与阈值 σ 的人类检测方法，即

$$\begin{cases} P_0, & \|\Sigma(H)\|_2 \leqslant \sigma \\ P_1, & \|\Sigma(H)\|_2 > \sigma \end{cases} \tag{4-20}$$

其中，P_0 表示没有人在场；P_1 表示有人在场。

根据校准指纹测量值，预先校准并计算阈值 σ。一旦检测到对象事件，它就会触发指纹匹配过程。

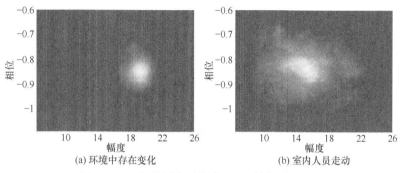

(a) 环境中存在变化　　　　　(b) 室内人员走动

图 4-14　目标检测中子载波 $f = 12$ 的方差对比图

(2) 位置估计。设计一种基于 SVM 分类的被动式指纹匹配方法，可以根据给定的测试数据特征预测新测试数据所属的类别。它也被用于基于指纹的被动式定位。

这里的 SVM 使用 RBF 内核将数据投影到更高维度的空间，其中 2 个样本 x 和 x' 的 RBF 内核定义为

$$K(x, x') = \exp\left(-\gamma |x - x'|^2\right) \tag{4-21}$$

其中，γ 为内核大小参数。

利用开放式软件工具 LIBSVM[7]对三维指纹图进行训练和预测。SWIM 识别出环境中有人存在后，读取当前航速数据，选择相应的 SVM 分类器估计新指纹的位置。三维指纹库定位算法如下。

算法 4-1　三维指纹库定位算法

输入：CSI 序列 $H = \{H_i\}$；船速 v_i

输出：布尔量 E 表示是否有人存在；目标位置 L

参数：目标检测阈值 σ；缓冲区长度 N；三维指纹地图 $3\text{DMap} = \{v_k; \text{map}_k\}$

1 if len(H) < N then

2 　 return 'Notenough CSI sequence length';

3 endif

4　Σ =Variance(H);

5 if $\Sigma < \sigma$ then

6　E = False;

7　L = None;

8 else

9　E = True;

10 CurrentMap = 3DMap(v_i);

11 L = SVMpredict(CurrentMap,H);

12 endif

13 return$E$,L;

4.2　基于有向菲涅耳特征的多目标人员定位方法

本章主要介绍一种无需设备的被动式人员定位方案,记为 DiFS。该方案不需要对硬件设施进行修改,使用船舶上已有的商用 Wi-Fi 基础设施即可进行定位,同时能够降低现场勘探指纹地图的人力成本。DiFS 的基本思想是,利用 CSI 对位于 Wi-Fi 菲涅耳区域中目标的敏感性提取菲涅耳信息,通过获取的信息与 Wi-Fi AP 的坐标联合确定目标位置。在船舶环境中,由于金属舱壁的影响,Wi-Fi 信号在传播过程中存在复杂的多径效应和趋肤效应,细粒度的 CSI 无法精确地反映菲涅耳区目标。当 Wi-Fi AP 部署不完善时,无方向的菲涅耳信息可能对目标位置的估计产生误导。通过在实际客船上进行实验,我们观察到时域功率延迟曲线(power delay profile, PDP)可以在富多径环境中准确反映菲涅耳带中的目标阴影。根据这个特点,我们提出基于 PDP 的菲涅耳目标检测方法。该方法进一步利用金属船上特定的趋肤效应,使用一组功率衰减模型推断有向菲涅耳特征。

4.2.1　基于菲涅耳特征的被动式定位问题建模

我们首先对 DiFS 的 3 个基本概念,即菲涅耳区域、Wi-Fi CSI 和菲涅耳特征进行介绍,然后通过示例对基本的定位模型进行说明。

1. 菲涅耳区模型

在室内环境中,无线信号在传播过程中通过多个路径从发射机传输到接收机,可分为 LoS 和非信号视线(non-line of sight, NLoS)。NLoS 路径包括反射、散射、衍射等传播路径。如图 4-15 所示,当一对发射器和接收器之间有人员出现时,人体的遮挡会显著改变信号的传播路径,导致接收器处的信号构成复杂化,即阴影效应[8]。

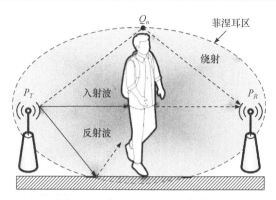

图 4-15　菲涅耳区及其功率衰减

如图 4-16 所示，信号传播区域由沿着发射机-接收机(Tx-Rx)链路的一系列同心椭圆形区域组成。这些椭圆形区域被称为菲涅耳区域[9]。菲涅耳区域的圆形横截面的半径定义为

$$|P_T Q_n| + |Q_n P_R| = |P_T P_R| + \frac{n\lambda}{2} \tag{4-22}$$

其中，Q_n 为第 n 个菲涅耳区的椭圆轨迹；λ 为无线信号的波长。

根据菲涅耳区理论，菲涅耳区域内的物体会使信号衍射，并反射部分信号波，导致接收机接收到的信号波强度发生相增或相消干涉。同时，根据无线通信原理，接收器的灵敏度从菲涅耳区域外到菲涅耳区域内部逐渐递增，即随着菲涅耳区半径的增大，接收器对信号的灵敏度逐渐降低。

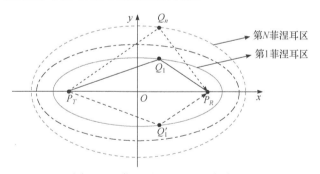

图 4-16　菲涅耳区的空间几何布局

2. 基于 CSI 的菲涅耳区目标判断

通过测量 Wi-Fi 信号的 CSI 即可测量发射器和接收器之间 Wi-Fi 链路的功率衰减。该功率衰减可用于检测菲涅耳区域。目标在菲涅耳区域内外时的 CSI 测量值如图 4-17 所示。图 4-17(a)说明，当目标位于室外空间的菲涅耳区域时，所有子载波的 CSI 幅度都会降低。图 4-17(b)说明，由于室内空间的多径效应，并非所

有的子载波都可以准确检测菲涅耳区的目标，但一部分子载波可以准确地反映目标位置的改变[10]。

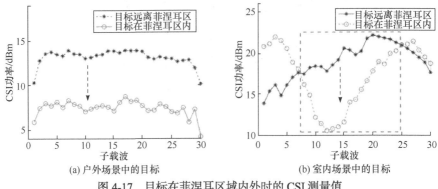

(a) 户外场景中的目标　　　　　　　　　(b) 室内场景中的目标

图 4-17　目标在菲涅耳区域内外时的 CSI 测量值

3. 基于 CSI 的菲涅耳区目标判断

这一节主要定义菲涅耳特征，并通过示例对基于菲涅耳特征的定位方法进行说明。假设二维定位空间(最常见的情况)存在 n 对发射器-接收器链路，根据菲涅耳理论，我们将链路建模为椭圆(在三维场景中为椭球体)，并将其定位区域划分为两个不同的子区域，即椭圆内和椭圆外。这些区域可以通过通信链路的 CSI 进行区分。类似地，我们为所有 n 个链路绘制菲涅耳区椭圆，并将定位空间划分为多个子区域。基于 3 个 Wi-Fi 链路的菲涅耳区域划分示意图如图 4-18 所示。对于由各组收发器引起的菲涅耳椭圆形成的每个子区域，当定位目标位于不同子区域时，所有通信链路质量均会发生变化。根据这个原理，菲涅耳特征 s = (I_link1, I_link2, I_link3)由具有链路索引顺序的 CSI 幅度指示序列组成，利用 CSI 幅值的序列特征和目标位置进行匹配，可快速实现目标位置的确定，而无须任何其他成本，包括构建指纹库等。

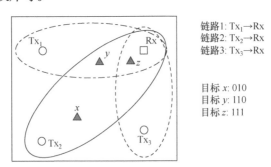

链路1: Tx₁→Rx
链路2: Tx₂→Rx
链路3: Tx₃→Rx

目标 x: 010
目标 y: 110
目标 z: 111

图 4-18　基于 3 个 Wi-Fi 链路的菲涅耳区域划分示意图

定义 4-1　菲涅耳子区域是在菲涅耳区域分割中拥有相同菲涅耳特征的点集。

例如，图 4-18 中位置 x、y、z 处的特征分别为 $s_x = 010$、$s_y = 110$、$s_z = 111$，其中 1 表示检测到链路的功率下降，0 表示检测到链路的功率上升。只要发送器和接收器的位置保持不变，特征就始终保持一致。我们将此菲涅耳链路指示的有序序列称为菲涅耳特征。

定理 4-1　设 L 为 Wi-Fi 链路的集合，则 M 个发送器和 N 个接收器感应的菲涅耳子区域分区数量最多为 $(MN)^2 - MN + 2$。

证明　假设有 M 个 Wi-Fi AP、N 个客户端和一个目标，它们随机位于二维的监视区域，AP 与客户端之间的无线链路数为 MN。基于菲涅耳区模型，可以建立 $L = MN$ 个椭圆限制目标的位置。对于每个额外的链路，这 L 个椭圆最多相交为 $\text{part}(L) = \text{part}(L-1) + 2 \times (L-1)$。因此，唯一菲涅耳特征的最大数量为 $(MN)^2 - MN + 2$。

通过使用 CSI 幅度衰减，以及相应的菲涅耳特征，可以通过无指纹和被动的方式对目标进行定位，但是在船舶环境中部署该系统时仍然存在一些挑战。

4.2.2　基于菲涅耳特征的被动式定位在船舶环境中面临的挑战

尽管菲涅耳区分区(Fresenl zone division, FZD)的定位方式可以避免大多数被动式定位方案中繁重的人力成本和高昂的设备成本问题，但在船舶环境下使用仍然存在挑战。本节介绍基于菲涅耳特征的被动式定位系统在船舶环境中进行 FZD 部署时遇到的三个实际问题。

1. 动态环境下的相位偏移

除了无线信号在船舶环境中具有复杂的多径效应外，由于船舶航行产生的动态环境，每个 Wi-Fi 收发器对之间也存在信号的相位偏移。与静态室内环境(如陆地建筑物)不同，船舶内部具有发动机等设施，会在各种航行条件下航行。研究人员发现，由于船内的载荷和波浪的外力作用，船体在航行时会不可避免地发生动态形变[10]。由于船体的这些形变，部署在船舶室内的设备天线，如雷达天线、Wi-Fi 天线等的位置会产生相应的变化，因此对于同一发送器-接收器对，这种动态形变会改变数据包之间的 ToF，进而给数据包中的相位估计带来附加噪声。我们将其称为 CSI 的动态相位误差(dynamic phase offset, DPO)。FZD 方法的原理旨在探索菲涅耳区中的信号传播、反射和衍射等路径的微小变化。在这种动态船舶环境中，DPO 在测量无线信道过程中会带来不可接受的相位误差，进而降低 FZD 方法的性能。

2. 菲涅耳特征的无向性

尽管 FZD 的定位代价较低且相对准确，但是由于 Wi-Fi AP 的部署通常在游轮属于基础设施，其位置无法改变，在某些部署场景下可能破坏菲涅耳特征的唯一性。如图 4-19 所示，在此二维定位区域中，目标 x 和 y 都在链路 1 和链路 2 的菲涅耳区域内外。不同的是，目标 x 靠近链路的接收器，目标 y 靠近发射器。目标 z 在 2 个链路菲涅耳区域的交互中间区域。在这种情况下，2 对收发器会因为部署位置问题生成误导性的菲涅耳特征，即 z 的菲涅耳特征为 11，而 x 和 y 的特征均为 01。在基于 FZD 的计算中，如果使用菲涅耳子区域的重心作为目标的定位估算结果，则这 3 个目标具有相同的定位结果。这些无向性的菲涅耳特征会明显降低 FZD 技术的定位精度。

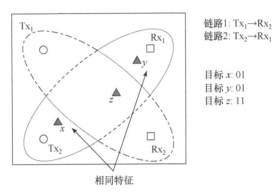

图 4-19　无向菲涅耳特征的示意图

定义 4-2　无向菲涅耳特征是指从 Wi-Fi 链路的中垂线进行划分时，无法区分子区域方向(靠近 Tx 端或者 Rx 端)的特征。

如图 4-20 所示，根据 Wi-Fi 传播的互易性定理，在空间对称的环境中，如果目标与接收器或发射器之间的距离相等，无论目标靠近哪个信号器，接收器接收的信号均保持一致。因此，当目标沿着从发射机到接收机的 LoS 路径移动时，CSI 测量是对称变化的。理论上说，在普通环境下，现有的方法无法确定菲涅耳区中的目标与接收器之间的距离关系。

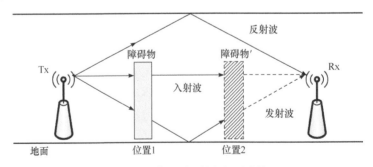

图 4-20　菲涅耳区的空间对称性

3. 船舶钢铁环境下的趋肤效应

如 4.2.1 节所述,使用 CSI 幅值信息可以在室外和一般室内环境中实现对高精度菲涅耳区中目标的检测。在更为复杂的船舶环境中,利用 CSI 检测菲涅耳区中目标的可行性还需要实验进行验证。

为了评估在船舶环境中的性能,我们在内河游轮长江神女贰号上进行实船实验。实验场景和实验设备如图 4-21 所示。

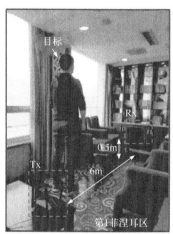

图 4-21　长江神女贰号内的实验场景和实验设备

首先,针对 3 个典型的邮轮内部场景进行实验,包括一间面积为 7m×4m 的会议室,一间面积为 15m×20m 的餐厅和一间面积为 7.5m×13.5m 的大厅。如图 4-21 所示,发射机和接收机的位置布设在相同高度处,且收发器之间的距离为 6m。在每个场景中,当目标位于菲涅耳区域的内部和外部时,分别采集 2 组 CSI 测量值并进行幅值的比较。在 3 种不同船舶室内场景下,目标位于菲涅耳区域的内部和外部时,所有子载波的 CSI 幅度变化情况如图 4-22 所示。可以看出,在每个船舶场景中,CSI 振幅变化的模式没有明显的规律。在走廊中,当目标位于菲涅耳区域时,部分子载波的功率(索引 16～29)降低,其他子载波功率增加。在餐厅和大厅中,CSI 对菲涅耳区目标的测量情况则完全相反。

分析以上实验数据,由于金属结构船舱的材质、介电特性和一般室内场景不同,无线信号在传播过程中会产生严重的多径效应,导致船内的 Wi-Fi CSI 测量值趋于不规则[11]。对于 2.4 GHz Wi-Fi 信号,当大多数无线电波被金属表面反射时,金属表面反射率较高,发射功率的反射率可能高达 40dB/m。金属表面的介电性能会导致反射波的大量堆积,并显著增加接收器末端的多径效应。此外,趋肤效应是影响无线电磁波传播的另一个因素。根据无线理论,当无线电波遇到导体(即金

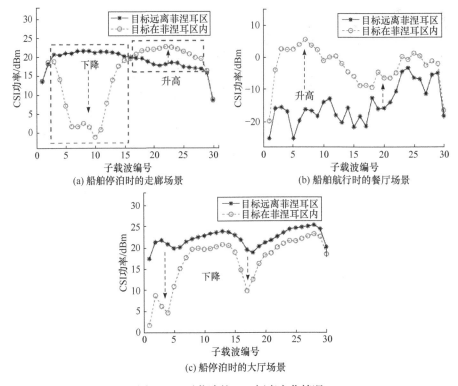

图 4-22 子载波的 CSI 幅度变化情况

属壁)时, 由于磁场变化引起相反的涡流, 电磁波分布在导体表面, 且磁场强度在趋近于导体表面时最大, 并随壁深的增加而减小[12]。换句话说, 无线电磁波可以流到墙壁的"皮肤", 并在环境中引起更多的反射无线电路径, 从而增加多径效应。该情况如图 4-23 所示。由于以上因素的影响, 基于 CSI 幅度的菲涅耳检测无法直接在这种金属环境中应用。

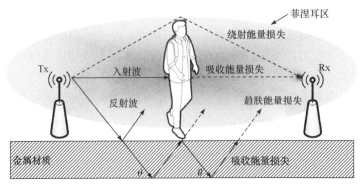

图 4-23 船舶环境中的无线信号传播及趋肤效应示意图

4.2.3　基于有向菲涅耳特征的多目标人员感知与定位方法

本节讨论上节提出的 3 种挑战的解决方案。

1. 动态相位清洗方法

由于船舶环境中复杂的多径效应，从频域描述 Wi-Fi 传播的 CSI 子载波幅度无法准确识别人员所处菲涅耳子区域，因此我们提出一种将 CSI 变换为时域实现船舶内精确菲涅耳区域检测的方法。从理论上讲，我们可以利用快速傅里叶逆变换(inverse fast Fourier transform，IFFT)将频域 CSI 无损转换为 PDP。PDP 将接收到的信号描述为到达信号功率的延迟分布。通过分析这种延迟分布，我们能清晰区分该信号在环境中的多径传播。为了获得精确的 PDP，需要获取精确的 CSI 相位测量值来估计信号的实际 ToA。

船舶航行导致的 DPO 使 CSI 相位信息被污染，且相位值落在 $(-\pi, \pi)$ 的小范围内。这种微小的相位误差使推导 PDP 时产生较大的误差。因此，我们提出一种在船舶环境中利用商用 Wi-Fi 网卡获得精确相位的方法。首先，在船舱中采集一个 CSI 实验数据集，展开的 CSI 相位如图 4-24(a)所示。可以看出，因 DPO 导致同一根天线中采集的相邻数据包之间 CSI 的相位偏移存在非常明显的变化，但是在不同天线采集到的 CSI 数据中，相邻的数据包之间所有子载波的相位偏移均为恒定的偏移量。在所有信道中，DPO 产生的偏移在不同频率下是线性的。因此，我们可以定义第 n 个子载波的 DPO 为 $\varphi_s = -2\pi f_\delta (n-1)\tau_s$，其中 $\tau_s = d_s / C$ 是动态船体变形 d_s 引起的信号发射时间偏移。基于以上观察结果，我们提出一种使用算法 4-2 描述的动态相位偏移清洗算法。

算法 4-2　动态相位偏移清洗算法

输入：一组 CSI 序列 $H = \{H_i\}$；展开后的 CSI 相位 θ_i

输出：清洗后的 CSI 相位 $\hat{\theta}_i$

1 计算展开后 CSI 相位的线性拟合，即

$$\hat{d}_{s,i} = \arg\min_{d_n} \sum_{m,n=1}^{M,N} \left[\theta_i(m,n) + \frac{2\pi f_\delta (n-1)d_s}{C} + \beta \right] \tag{4-23}$$

2 从原始 CSI 相位中减去线性拟合值去除 DPO，即

$$\hat{\theta}_i(m,n) = \theta_i(m,n) - \frac{2\pi f_\delta (n-1)\hat{d}_{s,i}}{C} \tag{4-24}$$

观测 1：使用该算法对实验采集的数据进行清洗，通过实验结果可以看出本节提出的动态相位清洗方法可以有效去除 DPO，并保留相对准确的 CSI 相位测

量值。

假设发射机发送 2 个连续数据包，$\theta_i(m,n)$ 表示第 m 个天线的第 n 个子载波上第 i 个数据包信道响应的展开相位，$\varphi_{m,n,i}$ 为相应的 DPO。通过使用相位清洗算法，可以去除第一个数据包 CSI 相位的线性拟合，获得修正的 CSI 相位 $\hat{\theta}_1(m,n)$。然后，通过 $\hat{\theta}_1(m,n)$ 对第 2 个数据包的 CSI 相位进行修正，即 $\hat{\theta}_2 = \theta_2(m,n) - 2\pi f_0(n-1)$。图 4-24(b)中显示了从实验中采集的 2 个数据包的实际 CSI 相位和清洗后的 CSI 相位。可以认为，通过应用算法 4-1 获得清洗后的 CSI 相位已不再包含 DPO。通过对清洗后的 CSI 进行 IFFT 处理，可以获得时域中的 PDP，即 $p(t)$。

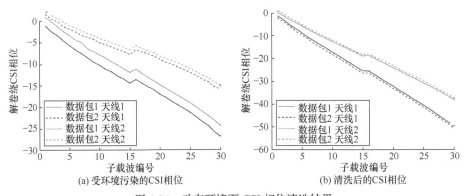

图 4-24 动态环境下 CSI 相位清洗结果

2. 基于功率延迟分布的目标检测方法

从商用 Wi-Fi 网卡获得精确的 PDP 之后，我们提出一种基于 PDP 的菲涅耳区目标检测方法。该方法可以克服船上复杂的多径效应，准确地检测菲涅耳区域中的人员。

如前所述，PDP 可以直接表示时域中具有不同 ToA 的多径信号。如图 4-25(a)

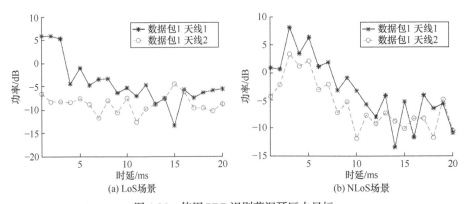

图 4-25 使用 PDP 识别菲涅耳区内目标

所示，菲涅耳区内无目标(即存在 LoS 路径)时，LoS 路径信号的传播距离最短且无反射产生的衰减，因此通过 2 根天线获取的 2 组 PDP 数据中，第一个到达的信号分量具有最强的功率强度。相比之下，图 4-25(b)中第一个到达信号强度要弱于后来到达的信号，表明当前不存在 LoS 路径，即菲涅耳区中存在目标遮挡。

观测 2：从经过处理的 CSI 变换而来的时域 PDP 是检测菲涅耳区中目标的细粒度指标。

本节提出的基于 PDP 的检测方法主要包括以下步骤。

(1) Rician-K 因子。尽管根据以上实验结果，通过 PDP 似乎容易实现基于菲涅耳区的目标检测，但在实际实验中，由于 Wi-Fi 设备硬件和 MAC 层中通用的信号强度指示器的噪声较大，这种方法通常在模拟试验或部分宽阔的室外环境下才能使用。在实际的船上实验中，由于墙壁反射等产生的 NLoS 路径反射率较高，信号强度较大，无法从信号强度上与 LoS 路径进行有效区分。此外，由于商用 Wi-Fi 发射器的时钟不同步，具有最小时间延迟的路径仍可能不是 LoS 路径，因此以最快到达的信号为直接路径信号的假设是错误的。我们提出 DiFS 的精确菲涅耳检测算法，利用基于包络分布的方案探索菲涅耳区域的空间域。

该方法的基本思想是菲涅耳区内部的定位目标会产生大量的反射、折射和衍射信号路径信号，导致更随机的 NLoS 路径分量。通过比较第一个到达的功率包络的分布，可以识别和区分 LoS 主导的情境和目标的存在。我们使用 Rician 包络分布建模 LoS 主导条件，在这种情况下，路径 $h(l)$ 可以建模为

$$h(l) = \sqrt{\frac{K}{K+1}}\sigma_l \mathrm{e}^{j\theta} + \sqrt{\frac{K}{K+1}}\mathrm{CN}(\mu,\sigma^2) \tag{4-25}$$

其中，$\sqrt{K/(K+1)}\sigma_l \mathrm{e}^{j\theta}$ 对应 LoS 路径；θ 为相位角；$\sqrt{K/(K+1)}\mathrm{CN}(\mu,\sigma^2)$ 对应反射和散射路径的集合，与 θ 无关。

建模的目的是测量 Wi-Fi 链路中已过滤 CSI 的包络分布，并将其与 Rician 分布的理论值进行比较。为了获得准确的概率密度估计，通常要花费大量的测量成本，这会限制系统应用的实时性。为了实现轻量级的计算，利用 Rician-K 因子实现菲涅耳检测。Rician-K 因子[13](也称 K 因子) 是 LoS 分量的功率与散射 NLoS 路径的功率之比，可以通过以下公式获得，即

$$\hat{K} = \frac{-\hat{\mu}_2^2 + \hat{\mu}_4 - \hat{\mu}_2\sqrt{-2\hat{\mu}_2^2 - \hat{\mu}_4}}{\hat{\mu}_2^2 - \hat{\mu}_4} \tag{4-26}$$

其中，$\hat{\mu}_2^2$ 和 $\hat{\mu}_4$ 为被测数据的经验二阶矩和四阶矩；$\hat{K}$ 值越大，菲涅耳区域中存在 LoS 路径通道的概率越高，即目标位于区域内的可能性越小。

(2) 菲涅耳检测。为了进一步克服 Wi-Fi 设备的非同步时钟问题，并从 PDP

样本中提取精确的最先到达信号的功率，我们提出以下预处理方案。

第一步，将样本除以平均幅度对样本进行归一化。为了使菲涅耳检测不受距离造成的功率衰减的影响，将平均信号幅度设置为1，并使信号幅度始终大于0。

第二步，在 PDP 中找到最大斜率序列来检测信号到达，捕获从噪声到信号的能量转换。在富多径效应的船舶场景中，信号功率不够强的情况下，它的性能更强。

第三步，选择具有最大斜率的 PDP 样本及下一个样本，以提取包络分布特征。选择这两个 PDP 样本的原因是，Wi-Fi 设备的不确定时间滞后会导致靠近第一个信号的延迟功率也包含 LoS 路径。最先到达信号功率分布图如图 4-26 所示。

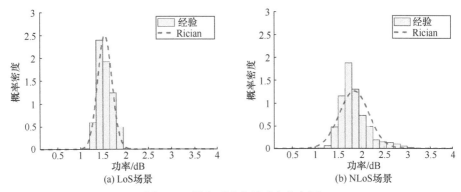

图 4-26　最先到达信号功率分布图

基于来自 N 个数据包的一组归一化和过滤后的 PDP 样本，可以根据式(4-6)计算 Rician-K 因子 K。DiFS 持续监视 CSI 并计算 K 因子，可以指示菲涅耳区中人的位置。对于 Rician-K 因子，将其公式化为统计假设检验，并为每个特征量度预先校准阈值。假设检验如下，即

$$\begin{cases} H_0, & K \leqslant \sigma \\ H_1, & K \geqslant \sigma \end{cases} \tag{4-27}$$

其中，H_0 代表目标物不在菲涅耳区；H_1 代表目标物位于菲涅耳区；阈值 σ 为 Rician-K 因子的相应检测阈值。

3. 有向菲涅耳特征识别方法

为了克服 4.2.2 节中描述的无向菲涅耳特征问题，我们有效利用金属船环境中的趋肤效应，提出一种基于衰落模型的有向菲涅耳特征估计方法。

如前所述，有向菲涅耳特征在对称环境中几乎无法获取。通过识别由船舶金属表面引起的趋肤路径信号，可以在船舶环境中实现菲涅耳方向识别。如图 4-27 所示，由于信号在船上传播存在趋肤效应，人的位置不同可能对传播信号的产生

不同的遮挡。更具体地说，人们越靠近菲涅耳区的发射器，由于趋肤效应，船体金属表面反射并到达接收器的电磁波就越多。因此，通过量化接收器接收到的发射波的数量可以确定菲涅耳方向，即确定人员与发射器的位置关系，这里称其为趋肤信号。根据实验分析，可以通过 PDP 分析来识别趋肤信号。

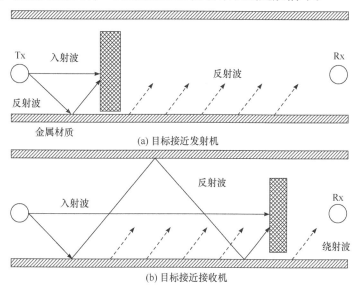

图 4-27　当目标到发射器和接收器的距离相同时的信号传播示意图

观测 3：有向菲涅耳特征识别在一般室内环境中是无法实现，但可以通过金属的趋肤效应在船上室内环境进行实现。

为了说明这一观测结果，收集来自场景的 2 个 PDP 数据，即在对称走廊中接近 Tx 目标和 Rx 目标的信号。如图 4-28(a)所示，在两种情况下，第一和第二到达信号路径的功率是相似的，而第四和第五是截然不同的。在没有其他影响因素的对称空间中，这 2 个延迟时间的平均功率电平差可能接近 5.05dB。根据分析，由

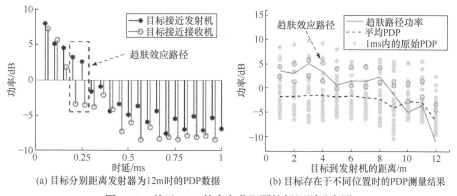

(a) 目标分别距离发射器为12m时的PDP数据　　(b) 目标存在于不同位置时的PDP测量结果

图 4-28　基于 PDP 的有向菲涅耳特征识别示意图

于这种金属环境中独特的趋肤效应，可以考虑延迟功率差。如图 4-28(b)所示，该效果可用于打破对称性问题。为了精确识别皮肤路径，可以利用功率衰减模型描述场景中的多条路径，并提出一种基于优化的算法估计每条路径的距离。根据无线通信理论，在接收机处接收的功率主要与传播衰落、吸收和阴影衰落有关。

这四种衰落的建模如下。

(1) 传播衰落。根据 Friis 模型[14]，空气中无线电传播的功率衰减可以描述为

$$L(d_{\mathrm{LoS}}) = 10\log\left(\frac{\lambda^2}{16\pi^2 d_{\mathrm{LoS}}^2}\right) \tag{4-28}$$

其中，$L(d_{\mathrm{LoS}})/d_{\mathrm{LoS}}$ 为收发器之间的距离；λ 为 Wi-Fi 信号的波长，衰落的单位为 dBm。

(2) 反射吸收。与 LoS 路径不同，NLoS 路径在表面上多次受到反射和吸收。假设在传播过程中有 K 条反射路径，第 k 条路径可以表示为

$$R(d_k) = \frac{\gamma_k P_t G_t G_r \lambda^2}{16\pi^2 d_k^2} \tag{4-29}$$

(3) 趋肤路径衰减。由于反射表面的电导率、织构和介电特性各不相同，因此通常使用对数正态阴影模型来表征此衰减 ψ(以 dB 为单位)，即

$$p(\psi) = \frac{10}{\ln 10 \sqrt{2\pi} \sigma_{\psi_{\mathrm{dB}}} \psi} \exp\left[-\frac{(10\ln\psi - \mu_{\psi_{\mathrm{dB}}})^2}{2\sigma_{\psi_{\mathrm{dB}}}^2}\right] \tag{4-30}$$

其中，$\mu_{\psi_{\mathrm{dB}}}$ 为 $\psi_{\mathrm{dB}} = 10\log\psi$ 的均值；$\sigma_{\psi_{\mathrm{dB}}}^2$ 为标准偏差。

(4) 目标反射衰减。由于受到定位目标的干扰，实际目标的高度、大小和位置都会有所不同。目标遮挡引起的信号衰减是随机且未知的，我们将目标反射衰减记为 L_T。

假设发射机和接收机之间有 K 条无线电传播路径，可以获得 NLoS 路径的接收功率，即

$$P_\psi(d) = L(d_{\mathrm{LoS}}) + \sum_k^K R(d_k, \gamma_k) + \psi + L_T \tag{4-31}$$

其中，d_k、k 和 γ_k 为参数。

输出功率电平取值为 $-25\sim10$dBm。对于不同的延迟时间，具有不同的接收功率，即 $\{|p(t)|, t \in (1, T)|\}$。因此，可以将功率模型与 PDP 测量结合起来获得下式，即

$$\begin{cases} \epsilon_1 = P_\psi(d_1, \gamma_1) - |p(1)| \\ \epsilon_2 = P_\psi(d_2, \gamma_2) - |p(2)| \\ \qquad \cdots \\ \epsilon_K = P_\psi(d_K, \gamma_K) - |p(T)| \end{cases} \tag{4-32}$$

其中，$d_k = d_1 + C\Delta t(k-1)$，$k = 1,2,\cdots,K$，$C$ 为光速，Δt 为 2 个到达信号的时间间隔；$\gamma_k = (\gamma_1)^k$ 为每个路径的近似反射衰减系数，γ_1 为一次反射时的衰减。

然后，将总拟合误差定义为

$$\min \mathrm{Loss} = \sum_k^K \left(\|\varepsilon_k\|_2 \right) \tag{4-33}$$

通过使用牛顿法或梯度体面法可以解决该优化问题，并获得数值结果。求解的目标是通过使总误差最小，然后找到每个路径的估计值 $(d_1, d_2, \cdots, d_K)$。根据实际船上实验，将趋肤信号路径定义为传播距离，即 $3d_1 < d_k < 5d_1$。基于这个路径计算模型可以识别并提取趋肤信号。通过提取趋肤信号功率的偏斜度(描述分布偏斜形状的度量方法)可以确定目标菲涅耳区的方向。在数学上，偏度 s 定义为

$$s = \frac{E\{x-u\}^3}{\sigma^3} \tag{4-34}$$

其中，x、u 和 σ 为测量值、平均值和标准偏差；偏度 s 为正(负)偏度表示测得的数据分布在样本平均值的右侧(左侧)，以及指向发送器或接收器的方向上。

4. 船舶环境室内单目标与多目标定位方法

DiFS 通过将定向菲涅耳特征与所有可能的菲涅耳特征进行匹配，以被动方式估计目标的位置。因此，需要在系统运行之前建立一个预先构建的菲涅耳特征数据库，以进行实时特征搜索和匹配。我们提出一种菲涅耳特征表构建算法和一种特征搜索方法以高效地实现 DiFS。此外，我们还将 DiFS 单目标定位扩展到多个目标的定位。DiFS 定位过程包含 3 个步骤。

(1) 在离线阶段，通过 Wi-Fi AP 位置与定位空间，确定所有子区域并推算其对应的有向菲涅耳特征，将它们构建为一个菲涅耳特征表。

(2) 在线阶段，使用基于 PDP 的菲涅耳区检测方法测量所有 Wi-Fi 链路的 CSI，并确定当前空间的菲涅耳特征。特征可能因硬件或环境噪声受到干扰。

(3) 在菲涅耳特征表中，搜索与当前测量值最相似的特征，并将该子区域的质心作为目标的估计位置。

算法 4-3 是用于构造菲涅耳特征表的伪代码。

算法 4-3 有向菲涅耳特征表构造算法

输入：Wi-Fi AP 的位置坐标 $TX = \{(ax_i, ay_i) \mid i \in (1, M)\}$；Wi-Fi 接收器的位置坐标 $RX = \{(bx_i, by_i) \mid i \in (1, N)\}$；定位空间 S 的定位矩阵

输出：菲涅耳特征表

//计算无向菲涅耳特征

1 $E = \{e_i \mid i \in (0, M \times N)\} \leftarrow \text{ELLIPSOIDAL}(TX, RX)$

2 $\{\text{SZ} \leftarrow \text{GETSUBZONES}(E, S)\}$

3 for $i = 0 \leftarrow |\text{SZ}|$ do

4    $\text{Centroid}[i] \leftarrow \text{GETCENTROID}(\text{SZ}[i])$

5    $\text{Signature}[i] \leftarrow \text{GETSIGNATURE}(\text{Centroid}[i])$

6 end for

//计算有向菲涅耳特征

7    $B = \{l_i \mid i \in (0, M \times N)\} \leftarrow \text{BISECTORLINES}(\text{Centroid}[i])$

8 for $i = 0 \leftarrow |\text{SZ}|$ do

9    $\text{DirSignature}[i] \leftarrow \text{GETDIRECTION}(\text{Centroid}[i], B)$

10 end for

    //返回有向菲涅耳特征表

11 return $\{\text{DirSignature}, \text{Centroid}\}$

每个功能的描述如下。

ELLIPSOIDAL 将 M 个发射机和 N 个接收机的位置作为输入，并返回定位空间中所有成对的菲涅耳椭圆形边界 E 的集合 $M \times N$。

GETSUBZONES 将菲涅耳椭圆集 E 和局部空间 S 作为输入并返回子区域集 SZ。每个集合包括空间 S 中子区域内的所有位置。

GETCENTROID 将分区集合 SZ[i]的位置作为输入，并返回所有位置的质心，即

$$(cx_i, cy_i) \leftarrow \left(\frac{\sum\limits_{j}^{\text{sz}[i]} x_j}{|\text{SZ}[i]|}, \frac{\sum\limits_{j}^{\text{sz}[i]} y_j}{|\text{SZ}[i]|} \right) \tag{4-35}$$

GETSIGNATURE 输入位置的坐标，并相对于菲涅耳椭球边界集返回该位置的菲涅耳特征。

BISECTORLINES 将 M 个发射机和 N 个接收机的位置作为输入，并返回所有成对的垂直平分线 B 的集合 $M \times N$。

GETDIRECTION 输入位置的坐标和垂直平分线 B 以确定该位置的菲涅耳方向。

接下来，我们提出一种度量标准，测量两个特征之间的距离。Spearman 序列相关系数[15]是序列的度量标准，用来计算两个特征的相似性。给定两个序列向量 $S_1 = \{u_i\}$ 和 $S_2 = \{v_i\}$，其中 $1 \leqslant i \leqslant n$，则该度量定义为各元素的线性相关系数，即

$$\rho = 1 - \frac{6\sum_{i=1}^{n}(u_i - v_i)^2}{n(n^2 - 1)}$$

定理 4-2　特征搜索方法需要 $O(n^3\log(n))$ 最大时间和 $O(n^3)$ 最大空间来搜索位置序列。

证明　GETSUBZONES 和 BISECTORLINES 函数分别占用 $O(n^2)$ 的时间和空间。新测量特征与特征表比对计算的 Spearman 系数需花费 $O(n\log(n))$ 时间和 $O(n)$ 空间。由于位置序列表的大小为 $O(n^2)$，因此对其进行搜索需要 $O(n^3\log(n))$ 时间和 $O(n^3)$ 空间。

下面进一步将系统扩展到多目标定位。该方法的基本思想是通过测量非重叠 Wi-Fi 菲涅耳区域的子集单独检测每个分离的目标。当目标位置稀疏且菲涅耳区域不重叠时，一个目标只能影响一条无线链路。可以据此估算目标的数量及其大概位置。算法 4-4 中显示了用于构造这种多目标菲涅耳特征的伪代码。基于本节提出的菲涅耳检测方法，我们可以根据菲涅耳特征表识别被遮挡的链路，并估计目标数量和位置。但是，当存在多个目标或两个目标彼此非常接近时，准确定位每个目标仍然是一个挑战。

算法 4-4　构建多目标菲涅耳特征表

输入：发射机坐标 $TX = \{(ax_i, ay_i) \mid i \in (1, M)\}$；接收机坐标 $RX = \{(bx_i, by_i) \mid i \in (1, N)\}$

输出：多目标菲涅耳特征表

// 计算每个链路的重叠数

1　$E = \{e_i \mid i \in (0, M \times N)\} \leftarrow$ ELLIPSOIDAL(TX, RX)

2　$W \leftarrow$ OVERLAPCOUNT(E)

　　// 按 W 的升序排序序列 E

3　$(E, W) \leftarrow$ SORT(E, W)

// 从 E 中选择链接集 V

4　$V[0] \leftarrow E[0]$

5 for $i = 1 \leftarrow |E|$ do

6　ifOVERLAP$(V, E[i]) =$ False then $V \leftarrow E[i]$

7　end if

8 end for

// 返回菲涅耳特征表

9　$C \leftarrow$ GETCENTROID(V)

10 Return　$\{V, C\}$}

4.3　基于 Wi-Fi 信号 AoA 的人员动态跟踪方法

本章主要介绍一种基于可佩戴设备的主动式人员定位方案。该方案不需要对硬件设施进行修改，使用船舶上已有的商用 Wi-Fi 基础设施即可定位。在基于 Wi-Fi 信号的船载室内定位过程中，船舶环境中存在金属舱壁、相对狭小的空间等多种因素，对 Wi-Fi 信号的传输产生严重的影响，使发射机与天线阵列之间通信过程中存在严重的噪声干扰。我们通过实船实验的结果分析得到基于 AoA 的定位系统在船舶环境中使用的 3 个难点。为了提高定位精度，本章通过采用凸优化的方法对多重信号分类(multiple signal classification，MUSIC)算法在强噪声环境中的使用效果进行优化，使用 ToF-AoA 联合估计 Wi-Fi 信号的直射路径并加入对照组即时判断船舶运动导致的坐标系变化。

4.3.1　基于 AoA 的主动式定位问题建模

目前使用 MUSIC 算法对线性多天线阵列系统接收到的信号 AoA 进行估计。这种算法在 1979 年由美国科学家 Schmidt 首次提出，之后许多研究人员对其进行了改进。该算法在许多研究领域中都有良好的应用前景。MUSIC 算法的基本原理是，由于无线信号沿不同的传输路径到达接收天线阵列时具有不同的 AoA，因此无线信号通过某条传输路径到达接收天线阵列时，会因 AoA 在不同天线上产生相应的相位偏移。AoA 提取原理如图 4-29 所示。引入的相位偏移是关于 AoA 的函数[16]。

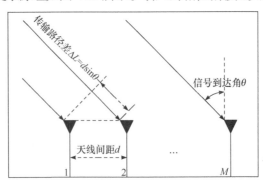

图 4-29　AoA 提取原理

图 4-29 中 M 为线性天线阵列中天线数量,d 为天线阵列中相邻 2 根天线间的距离,θ 为信号沿传输路径到达天线阵列的 AoA。此时与天线阵列的第一根天线相比,信号到达第二根天线多传输 $\Delta L = d\sin\theta$ 的路程,即与天线阵列的第一根天线相比,信号到达第二根天线时产生 $e^{-j2\pi fd\sin\theta/c}$ 的相位偏移。依此类推,信号到达第 M 根天线与第一根天线相比产生 $e^{-j2\pi f(m-1)d\sin\theta/c}$ 的相位偏移。由于在实际测量过程中需要提前对天线阵列中天线间距进行调整与测量,因此相位偏移是关于 AoA 的函数。只要得到天线阵列中各天线接收信号的相位信息,即可得到传输路径的 AoA。

假设 Wi-Fi 信号在室内沿 $L(L<M)$ 条路径传输,AoA 分别为 $\{\theta_1,\theta_2,\cdots,\theta_L\}$,则天线阵列中第 m 根天线接收到的信号为

$$x_m(t) = \sum_{l=1}^{L} s_l(t)e^{-j2\pi f_0(m-1)d\cdot\sin\theta_l/c} + n_m(t) \tag{4-36}$$

其中,$s_l(t)$ 为沿第 1 条路径传输的发射信号;f_0 为信号中心频率;d 为天线间距;c 为光速;$n_m(t)$ 为第 m 根接收天线处的噪声。

假设噪声的均值为零且各接收天线处的噪声间相互独立,噪声矩阵的方差 σ^2。天线阵列接收到的 Wi-Fi 信号为

$$r(t) = \sum_{l=1}^{L}\sum_{m=1}^{M} s_l(t)e^{-j2\pi f_0(m-1)d\cdot\sin\theta_l/c} + N(t) = \sum_{l=1}^{L} a(\theta_l)s_l(t) + N(t) \tag{4-37}$$

其中,$r(t)$ 为 $M\times1$ 的接收信号向量,即

$$r(t) = \left[x_1(t),x_2(t),\cdots,x_M(t)\right]^{\mathrm{T}} \tag{4-38}$$

$N(t)$ 为 $M\times1$ 的噪声向量,即

$$N(t) = \left[n_1(t),n_2(t),\cdots,n_M(t)\right]^{\mathrm{T}} \tag{4-39}$$

$a(\theta_l)$ 为 Wi-Fi 信号到达天线阵列的方向向量,即

$$a(\theta_l) = \left[1,e^{-j2\pi f_0 d\sin\theta_l/c},e^{-j2\pi f_0\cdot 2d\sin\theta_l/c},\cdots,e^{-j2\pi f_0(M-1)d\sin\theta_l/c}\right]^{\mathrm{T}} \tag{4-40}$$

导向矩阵 A 由所有方向向量构成,即

$$A = \left[a(\theta_1),a(\theta_2),\cdots,a(\theta_L)\right]^{\mathrm{T}} \tag{4-41}$$

接收信号可以简化为

$$r(t) = As(t) + N(t) \tag{4-42}$$

其中,A 为具有范德蒙德结构的矩阵,大小为 $M\times L$;$s(t)$ 为发射信号向量,即

$$s(t) = \left[s_1(t),s_2(t),\cdots,s_L(t)\right]^{\mathrm{T}} \tag{4-43}$$

将接收信号 $r(t)$ 简化后，需要对其进行特征值分解，首先计算 $r(t)$ 的协方差矩阵，即

$$R = E(r(t)r(t)^{\mathrm{H}}) = ASA^{\mathrm{H}} + \sigma^2 I$$
$$S = E(s(t)s(t)^{\mathrm{H}}) \tag{4-44}$$

其中，$r(t)^{\mathrm{H}}$、A^{H}、$s(t)^{\mathrm{H}}$ 为 $r(t)$、A、$s(t)$ 矩阵的共轭转置；I 为 $M \times M$ 的单位矩阵；S 为 $s(t)$ 的协方差矩阵，如果 Wi-Fi 信号互不相关，则 S 为对角矩阵和非奇异矩阵，如果 Wi-Fi 信号部分相关，则 S 为非对角矩阵和非奇异矩阵，如果 Wi-Fi 信号完全相关，则 S 为非对角矩阵和奇异矩阵。

在实际操作过程中，天线阵列中相邻天线间的距离经过实际调整往往小于 $\lambda_0 / 2$（λ_0 为信号波长），且导向矩阵 A 为范德蒙德结构，因此导向矩阵 A 中的每一列均不相同，即导向矩阵 A 的每一列相互线性独立。如果 S 为非奇异矩阵，则 ASA^* 的秩为 L。对接收信号 $r(t)$ 的协方差矩阵 R 进行特征值分解，即可得到 R 的特征值和特征向量为

$$\{\lambda_1, \lambda_2, \cdots, \lambda_M\}, \quad \lambda_1 \geqslant \lambda_2 \geqslant \cdots \geqslant \lambda_M \geqslant 0 \tag{4-45}$$

$$\{v_1, v_2, \cdots, v_M\} \tag{4-46}$$

由于矩阵 R 为 Hermitian 矩阵，因此 R 的特征值均为实数，同时由于 S 为 $s(t)$ 的协方差矩阵，其特征值均大于 0，矩阵 S 为正定矩阵，因此可以得出 R 为半正定矩阵，即 R 的特征值 $\{\lambda_1, \lambda_2, \cdots, \lambda_M\}$ 均大于等于 0。由于 ASA^* 的秩为 L，因此信号对应的特征值与特征向量个数为 L，分别为 $\{\lambda_1, \lambda_2, \cdots, \lambda_L\}$ 和 $\{v_1, v_2, \cdots, v_L\}$，噪声空间对应的特征值和特征向量为 $\{\lambda_{L+1}, \lambda_{L+2}, \cdots, \lambda_M\}$ 和 $\{v_{L+1}, v_{L+2}, \cdots, v_M\}$。由于在普通室内环境中，噪声的能量强度与信号的能量相比极小，因此提取协方差矩阵 R 的所有特征值中最小的一组，$\{\lambda_{L+1}, \lambda_{L+2}, \cdots, \lambda_M\}$，这些特征值趋近于零，即

$$\lambda_{L+1} = \lambda_{L+2} = \cdots = \lambda_M = \sigma^2 \approx 0 \tag{4-47}$$

由于信号子空间和噪声子空间是正交的，因此信号子空间的导向矩阵 A 的每个列向量与噪声子空间的特征向量 $\{v_{L+1}, v_{L+2}, \cdots, v_M\}$ 也是正交的，同时 A 的各个列向量中包含且仅包含 AoA 一个未知数，因此通过噪声子空间的特征向量即可获得沿不同路径的到达信号的 AoA。设噪声子空间的特征向量为 $E_n = [v_{L+1}, v_{L+2}, \cdots, v_M]$，空间谱函数为

$$P_{\mathrm{music}}(\theta) = \frac{1}{a^{\mathrm{H}}(\theta) E_n E_n^{\mathrm{H}} a(\theta)} \tag{4-48}$$

可以看出，当 $a(\theta)$ 与 E_n 正交时，$P_{\mathrm{music}}(\theta)$ 处于谱峰，谱峰对应的 θ 为 AoA 的估计值，因此通过搜索 $P_{\mathrm{music}}(\theta)$ 的谱峰即可获得接收信号各路径的 AoA。

4.3.2　基于 AoA 的船舶环境室内定位方法

如 2.3.5 节所述,在基于 Wi-Fi 信号的船载室内定位过程中,船舶环境中存在多种因素对 Wi-Fi 信号的传输产生严重的影响,发射机与天线阵列之间的通信存在严重的噪声干扰。MUSIC 算法通过对接收信号进行特征值分解,特征值较大的部分假定为信号子空间,较小的部分假定为噪声子空间,以此消除噪声对接收信号的影响。基于 AoA 的定位系统在船舶环境中使用存在一些困难,为了提高定位精度,本章通过采用凸优化的方法对 MUSIC 算法在强噪声环境中的使用效果进行优化,使用 ToF-AoA 联合估计 Wi-Fi 信号的直射路径并加入对照组即时判断船舶运动导致的坐标系变化。

1. LoS 路径选择

CSI 矩阵通过 m 根天线和 n 个子载波构成的大小为 $m×n$ 的矩阵,即

$$CSI = \begin{bmatrix} csi_{1,1} & csi_{1,2} & \cdots & csi_{1,n} \\ csi_{2,1} & csi_{2,2} & \cdots & csi_{2,n} \\ \vdots & \vdots & & \vdots \\ csi_{m,1} & csi_{m,2} & \cdots & csi_{m,n} \end{bmatrix} \tag{4-49}$$

其中,$csi_{m,n}$ 为第 m 根接收天线上接收到的第 n 个子载波的 CSI 值。

CSI 矩阵中的每个值为其对应天线上的对应子载波测量的总衰减和总相移。这些相移和衰减一般由环境或信道引起。由于接收到的 Wi-Fi 信号为已知量,因此可以通过使用 MUSIC 算法获取接收信号的 AoA。

4.3.1 节对 MUSIC 算法的解释已经说明,在不考虑相干信号的条件下,MUSIC 算法的使用前提是传感器的数量超过环境中 Wi-Fi 信号的主要传输路径数量。本节设计的 Wi-Fi 信号收发机均基于 IEEE 802.11n 协议,USRP N210 能够连接的最大天线数仅有 3 根,但在室内环境中,Wi-Fi 信号在室内环境中的主要传输路径一般都在 5 条左右。在接收天线阵列只包含 3 根接收天线的情况下,通过 MUSIC 算法对 AoA 进行估计会导致较大的误差。目前基于 AoA 的室内定位系统大多通过对 Wi-Fi 的硬件设备进行修改,使其能够部署大型的天线阵列达到使用 MUSIC 算法的程度,但这些系统部署成本较高、部署面积较大,难以在船舶环境中进行使用。因此,本节通过空间平滑算法对 CSI 矩阵进行处理,使 AoA 定位系统中可用传感器的数量进一步提升,保证在天线数量仅为 3 时仍能进行准确的估计。

空间平滑算法的重点是保证沿 L 条路径传输的 Wi-Fi 信号的自相关矩阵满秩。如图 4-30 所示,选取天线 1 和 2 处的前 15 个子载波为第 1 组 CSI 子集(图 4-30 中左侧虚线部分),天线 2 和 3 处的 16~30 个子载波为最后 1 组 CSI 子集(图 4-30 中右侧虚线部分)。空间平滑后 CSI 矩阵示意图如图 4-31 所示。

图 4-30　CSI 矩阵子阵列示意图

$$\begin{bmatrix} \mathrm{csi}_{1,1} & \cdots & \mathrm{csi}_{1,16} & \mathrm{csi}_{2,1} & \cdots & \mathrm{csi}_{2,16} \\ \vdots & & \vdots & \vdots & & \vdots \\ \mathrm{csi}_{1,15} & \cdots & \mathrm{csi}_{1,30} & \mathrm{csi}_{2,15} & \cdots & \mathrm{csi}_{2,30} \\ \mathrm{csi}_{2,1} & \cdots & \mathrm{csi}_{2,16} & \mathrm{csi}_{3,1} & \cdots & \mathrm{csi}_{3,16} \\ \vdots & & \vdots & \vdots & & \vdots \\ \mathrm{csi}_{2,15} & \cdots & \mathrm{csi}_{2,30} & \mathrm{csi}_{3,15} & \cdots & \mathrm{csi}_{3,30} \end{bmatrix}$$

图 4-31　空间平滑后 CSI 矩阵示意图

因此,在平滑过程中会产生 32 个 CSI 子集。在每个 CSI 子集中提取所有元素,并写作一个 30×1 的列向量。设第 1 个子集为 r_l ,则有

$$r_l = A_l(\theta)s(\theta) + N_l(\theta), \quad l = 1, 2, \cdots, L \tag{4-50}$$

其中,s 为沿 L 条路径传输的 Wi-Fi 信号向量;N_l 为第 l 个子集的噪声向量;A_l 为第 l 个子集的导向矩阵。

为了便于构建数学模型,将 AoA 在相邻天线间引起的相位偏移写为复指数形式的函数表达式,即

$$\varPhi(\theta) = \mathrm{e}^{-\mathrm{j}2\pi f d \sin\theta / c} \tag{4-51}$$

根据式(4-51),设

$$\varPhi = \mathrm{diag}\left\{\varPhi_{\theta_1}, \varPhi_{\theta_2}, \cdots, \varPhi_{\theta_L}\right\} \tag{4-52}$$

则第 1 个子集的导向矩阵 A_l 为

$$A_l(\theta) = \begin{cases} A_1(\theta), & 1 \leqslant l \leqslant 16 \\ A_1(\theta)\varPhi, & 17 \leqslant l \leqslant 32 \end{cases} \tag{4-53}$$

因此,式(4-53)可以写为

$$r(\theta, \tau) = \begin{cases} A_1(\theta)s(\theta) + N_l(\theta), & 1 \leqslant l \leqslant 16 \\ A_1(\theta)\varPhi s(\theta) + N_l(\theta), & 17 \leqslant l \leqslant 32 \end{cases} \tag{4-54}$$

根据式(4-54)可以看出,CSI 阵列中的每个 CSI 子集都可以写作导向矩阵 A_1 的线性组合,因此根据 MUSIC 算法,计算每一个 CSI 子集的协方差矩阵并定义 $\bar{S}$ 为所有 CSI 子集协方差矩阵的平均值,即

$$\bar{S} = \frac{1}{32}\sum_{l=1}^{32} S_l = A_1\bar{S}A_1^{\mathrm{H}} + \sigma^2 I \tag{4-55}$$

可以看出，该式符合 MUSIC 算法模型，且只要信号的主要传输路径数量 $L <$ 32，即可保证自相关矩阵 $\bar{S}$ 满秩，即每条主要路径传输的信号互不相干。由于不同的子集拥有相同的导向矩阵 A_1，因此信号的主要传输路径数量 $L < 30$，可以通过 MUSIC 算法对 AoA 进行估计。

通过 4.3.1 节 MUSIC 算法的理论基础可知，MUSIC 算法的核心即对于信号子空间和噪声子空间的有效划分。由于噪声子空间的特征向量与信号子空间的导向矩阵 $A(\theta)$ 互相正交，因此可以通过搜索空间谱函数的谱峰求解 AoA。如果天线阵列中传感器的数量大于信号的数量，即可成功分离出信号子空间和噪声子空间。在 MUSIC 算法模型中，传感器可以是天线阵列中的接收天线，同时 OFDM 子载波也可以作为传感器使用，因此传感器的数量可以不受到硬件设备天线数量的限制。本节设计的信号收发机收发的 OFDM 子载波数量为 30 个，因此设备中的传感器数量实际上是 3×30=90 个，而不是 3 个，远远超出典型室内环境中显著的多径数量。虽然通过使用子载波能够保证传感器数量达到 MUSIC 算法的使用需求，但是如果仅通过 AoA 估计模型对这 90 个传感器进行建模，那么该模型仍然会因为阵列天线的数量受到限制，即矩阵行数的限制。这是由于 AoA 难以在子载波中产生明显的相位偏移，各传输路径的 AoA 难以通过可测量的形式在子载波之间明确表示。例如，假设某条传输路径信号的 AoA 为 θ，则其在第 m 根接收天线上接收到的两个子载波之间导致的相位偏移为

$$2\pi(f_i - f_j)(m-1)d\sin\theta / c \tag{4-56}$$

其中，f_i 和 f_j 为 2 组子载波的中心频率；当 d 达到最大，即波长一半时，即使 2 个子载波的频率差为 40 MHz，即跨越整个 Wi-Fi 通信带宽，信号在第二根接收天线与第一根接收天线间由于该传输路径的 AoA 导致的相位偏移也仅有 0.002rad。

因此，如果在定位过程中仅使用 AoA，则 Wi-Fi 信号的大多数子载波相位偏移相差很小，只有子载波在 3 根天线间产生相位偏移较为相对明显，因此使用 MUSIC 算法建立模型时，接收信号 $r(t)$ 的大小为 3×1。

2. 基于凸优化的船舶环境 AoA 估计方法

室内定位系统可以通过传统的 MUSIC 算法进行求解，但传统 MUSIC 算法对于室内环境的要求较高。室内环境越复杂，Wi-Fi 信号的主要传输路径越多，MUSIC 算法中的虚假峰值就越多，且传统的 MUSIC 算法对噪声的鲁棒性低，在噪声矩阵方差较大时难以获得准确度较高的结果。因此，本节选择使用凸优化解决 MUSIC 算法的优化问题。

为了使室内定位系统能够使用凸优化，需要保证其满足以下 2 个条件。

(1) x 是稀疏的，即天线数量 M 远小于路径数量 L。

(2) 导向矩阵 A 为已知的矩阵，则该系统可以利用凸优化在噪声矩阵 N 的方差较大时获得准确度较高的结果。

因此，本章的主要目的是使室内定位系统满足以上两个条件。

构建矩阵 $\tilde{\theta} = \begin{bmatrix} \tilde{\theta}_1 & \tilde{\theta}_2 & \cdots & \tilde{\theta}_L \end{bmatrix}$ 为一个等间距的矩阵，其中 $\tilde{\theta} \in [0,180]$。为了满足条件(1)，即传输路径数量 L 需要远大于天线数量 M(在一般的室内定位中通常是 3)。例如，如果希望矩阵间距为 1°，根据实际需求可以设置 $L=181$，或者设置 $L=361$ 以获得更精细的矩阵。因此，可以构造一个新的矩阵 $\tilde{A}$，即

$$\tilde{A} = \begin{bmatrix} a(\tilde{\theta}_1) & a(\tilde{\theta}_2) & \cdots & a(\tilde{\theta}_L) \end{bmatrix} \tag{4-57}$$

由于天线数量 M 远小于路径数量 $L=181$ 或 $L=361$，且矩阵 $\tilde{A}$ 为已知矩阵，满足使用凸优化的 2 个条件。由于发射信号 $s(t)$ 中元素的数量通常小于 L，因此需要重新构建矩阵 $\tilde{s}(t) = \begin{bmatrix} \tilde{s}_1 & \tilde{s}_2 & \cdots & \tilde{s}_L \end{bmatrix}$。因此，可以将室内定位系统写为

$$r(t,\theta) = \tilde{A}\tilde{s}(t,\theta) + N(t,\theta) \tag{4-58}$$

由于式(4-58)的求解过程实际上是判断每个子载波到达天线阵列中每根天线路径的过程，即

$$r_l(\theta,\tau) = s_l \times e^{-j2\pi f_0(m-1)d\cdot\sin\theta_l/c} \times e^{-j2\pi(n-1)\Delta f\tau} + N_l \tag{4-59}$$

其中，l 为所求路径；m 为接收天线的序号；n 为子载波的序号。

由于该函数为指数函数，式(4-58)为凸函数。

Wi-Fi 室内定位过程中主要的反射路径数量大约为 5，因此 $\tilde{s}$ 的稀疏性满足凸优化需求。向量稀疏性的理想度量为其 l_0 范数 $\|\tilde{s}\|_0$，但即使 $\tilde{s}$ 大小适中，求解 $\|\tilde{s}\|_0$ 的极小值也会使 $r(t) = \tilde{A}\tilde{s}(t) + N(t)$ 的求解过程变得十分困难。由于 $\tilde{s}$ 的稀疏性足够高时，其 l_0 范数 $\|\tilde{s}\|_0$ 可以使用 l_1 范数 $\|\tilde{s}\|_1$ 近似，因此本节使用 l_1 范数对 AoA 进行求解。目标变为求解以下优化问题，即

$$\begin{aligned} &\min \|\tilde{s}(t)\|_1 \\ &\text{s.t. } \|r(t) - \tilde{A}\tilde{s}(t)\|_2^2 \leqslant \gamma \end{aligned} \tag{4-60}$$

其中，γ 为系统可以承受的噪声水平参数。

由于在实际操作中，环境中的噪声无法直接辨识，因此需要通过拉格朗日乘子法去除式(4-59)的优化条件。设该优化问题的最优值为 p。通过拉格朗日乘子法将式(4-60)中的约束条件加权求和并加到目标函数中，可以使目标函数扩展。其拉格朗日函数可以写为

$$L(t,\lambda) = \|\tilde{s}(t)\|_1 + \sum_{i=1}^{L} \lambda_i \|r_i(t) - \tilde{A}_i\tilde{s}_i(t)\|_2^2 \tag{4-61}$$

其中，λ_i 为第 i 个不等式约束 $\left\| r_i(t) - \tilde{A}_i \tilde{s}_i(t) \right\|_2^2 \leqslant \gamma$ 的拉格朗日乘子。

式(4-60)的乘子向量也称为对偶变量。拉格朗日对偶函数是指目标函数的拉格朗日函数关于变量 x 取得的最小值函数，即

$$h(\lambda, \mu) = \inf_{x \in D} L(t, \lambda) = \inf_{x \in D} \left(\left\| \tilde{s}(t) \right\|_1 + \sum_{i=1}^{L} \lambda_i \left\| r_i(t) - \tilde{A}_i \tilde{s}_i(t) \right\|_2^2 \right) \tag{4-62}$$

其中，D 为优化问题的定义域。

假设式(4.62)中目标函数上存在一点 $\bar{t}$ 满足约束条件，即 $f_i(\bar{t}) \leqslant 0$，则有

$$\sum_{i=1}^{m} \lambda_i \left\| r_i(\bar{t}) - \tilde{A}_i \tilde{s}_i(\bar{t}) \right\|_2^2 \leqslant 0 \tag{4-63}$$

因此，代入式(4-61)可得

$$L(\bar{t}, \lambda) = \left\| \tilde{s}(\bar{t}) \right\|_1 + \sum_{i=1}^{L} \lambda_i \left\| r_i(\bar{t}) - \tilde{A}_i \tilde{s}_i(\hat{t}) \right\|_2^2 \leqslant \left\| \tilde{s}(\bar{t}) \right\|_1 \tag{4-64}$$

对偶函数 $h(\lambda)$ 满足

$$h(\lambda, \mu) = \inf_{x \in D} L(t, \lambda) \leqslant L(\bar{t}, \lambda) \leqslant \left\| \tilde{s}(\bar{t}) \right\|_1 \tag{4-65}$$

因此，该对偶函数的值为优化问题式(4-60)的下界，即

$$h(\lambda) \leqslant \left\| \tilde{s}(\bar{t}) \right\|_1 \leqslant p \tag{4-66}$$

式(4-61)即可变成对于其拉格朗日函数的无约束优化问题，即

$$\min L(t, \lambda) = \min \left\| \tilde{s}(t) \right\|_1 + \kappa \left\| r(t) - \tilde{A} \tilde{s}(t) \right\|_2^2 \tag{4-67}$$

其中，κ 为 L 个拉格朗日乘子组成的矩阵，使系统能够满足稀疏性。

由于该函数为凸函数，因此可以利用凸优化有效地解决这个问题，获得理想的 AoA 与 ToF，一旦获得所有路径的 AoA 和 ToF，即可选择最小的 ToA 路径作为直接路径。

4.3.3　面向船舶动态环境的 AoA 定位方法

在二维空间，假设 2 组天线阵列的位置分别为 $A(x_a, y_a)$ 和 $B(x_b, y_b)$，且待测节点 X 在普通室内环境中发出的 Wi-Fi 信号到达 A、B 天线阵列间的 AoA 分别为 θ_a 和 θ_b，则其估算位置 (x', y') 应为

$$\begin{cases} x' = \dfrac{y_b - y_a + x_a \tan \theta_a - x_b \tan \theta_b}{\tan \theta_b - \tan \theta_a} \\[3mm] y' = \dfrac{\tan \theta_a \tan \theta_b (x_b - x_a) + y_a \tan \theta_b - y_b \tan \theta_a}{\tan \theta_b - \tan \theta_a} \end{cases} \tag{4-68}$$

在船舶环境中，由于船体会在航行过程中发生形变，船舶舱室形状会发生拉伸。已知节点 A、B 与待测点 X 的相对位置均会发生变化，待测点 X 在根据船舶舱室构成的坐标系中的坐标也会发生变化。因此，在船舶环境中，需要对坐标系进行修复。目前定位系统仅考虑二维定位，平面坐标系的变化即 x 轴与 y 轴的变化。在船舶行驶过程中，形变产生的原因主要包括静态角形变和动态角形变，其中静态角形变主要由热胀冷缩使船体产生一种较为均匀的膨胀和收缩，动态角形变主要由船体转向等方面使船体发生拉伸。因此，通过在船舶舱室的四个角落布设信号收发机即可实时监测舱室的形变情况。

如图 4-32 所示，在房间的 4 个角落分别布设 1 个接收机和 3 个发射机，其中接收机的坐标设为(0,0)，则船体未发生形变时，3 个发射机的坐标分别为(0,a)、(b,a)和(b,0)，B 点与 A 点之间信号的 AoA 为 δ_B=90°，C 点与 A 点之间信号的 AoA 为 δ_D=arctan(a/b)，D 点与 A 点之间信号的 AoA 为 δ_C=0°。当船体发生形变，舱室被拉伸，3 个发射机位置分别变化至 $B'(x_b,y_b)$、$C'(x_c,y_c)$、$D'(x_d,y_d)$，则各发射机与接收机的位置变化为 $\delta_B' = \arctan(y_b / x_b)$、$\delta_C' = \arctan(y_c / x_c)$、$\delta_D' = \arctan(y_d / x_d)$，其中 δ_B' 为 y 轴倾斜程度，δ_C' 为 x 轴倾斜程度。本节通过 MUSIC 算法同时获取 Wi-Fi 信号 LoS 路径的 AoA 与 ToF，因此通过 LoS 路径的 ToF 即可获得发射机 A 与接收机 B' 和 C' 的距离 l_b 与 l_c，则房间在 x 轴的膨胀程度为 l_b/a，在 y 轴的膨胀程度为 l_c/b。房间变形后可以测量得到的待测目标 X' 的坐标。

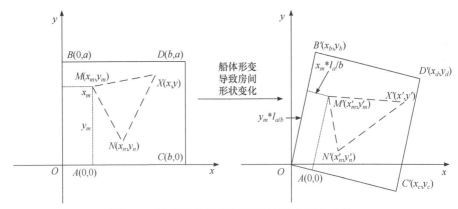

图 4-32　舱室形变导致收发机相对位置发生变化

根据形变后的点 $M'(x_m',y_m')$、$N'(x_n',y_n')$，测得的待测目标坐标 X' 为

$$\begin{cases} x' = \dfrac{y_n' - y_m' + x_m' \tan\theta_m - x_n' \tan\theta_n}{\tan\theta_n - \tan\theta_m} \\ y' = \dfrac{\tan\theta_m \tan\theta_n (x_m' - x_n') + y_m' \tan\theta_n - y_n' \tan\theta_m}{\tan\theta_n - \tan\theta_m} \end{cases} \tag{4-69}$$

以点 M 为例，设船体形变后，点 M 与舱壁 AB 的距离为 l_1，与舱壁 AC 的距离为 l_2，则船体形变前后，点 M 与舱壁 AB、AC 的距离关系为

$$\begin{cases} l_1 = x_m \times \dfrac{l_c}{b} \times \sin(\pi - \delta_1 - \delta_2) = x_m \times \dfrac{l_c}{b} \times \sin(\delta_1 + \delta_2) \\[2mm] l_2 = y_m \times \dfrac{l_b}{a} \times \sin(\pi - \delta_1 - \delta_2) = y_m \times \dfrac{l_b}{a} \times \sin(\delta_1 + \delta_2) \end{cases} \tag{4-70}$$

同时，l_1 与 l_2 可以表示为

$$\begin{cases} l_1 = \left| \dfrac{x_b y_m' + y_b x_m'}{\sqrt{x_b^2 + y_b^2}} \right| = \left| \dfrac{x_b y_m' + y_b x_m'}{l_b} \right| \\[4mm] l_2 = \left| \dfrac{x_c y_m' + y_c x_m'}{\sqrt{x_c^2 + y_c^2}} \right| = \left| \dfrac{x_c y_m' + y_c x_m'}{l_c} \right| \end{cases} \tag{4-71}$$

联立式(4.70)与式(4.71)即可获得点 M 在舱室形变后的位置，同理可以获得 N 在舱室形变后的位置，将结果代入式(4.71)即可获得舱室形变后待测目标 X' 的坐标 (x', y')。在舱室形变前，待测目标的坐标为

$$\begin{cases} x = \left| \dfrac{x_b y' + y_b x'}{l_b} \right| \times \dfrac{b}{l_c \sin(\delta_1 + \delta_2)} \\[4mm] y = \left| \dfrac{x_c y' + y_c x'}{l_c} \right| \times \dfrac{a}{l_b \sin(\delta_1 + \delta_2)} \end{cases} \tag{4-72}$$

在实际定位过程中，需要多组接收机对目标位置联合估计，如果室内定位系统对待测目标位置估计准确，则该位置与各组接收机估计位置间的偏差最小，因此本节通过使用最小二乘法处理这种偏差，获取使下述函数最小化的位置，即

$$\sum_{i=1}^{M} l_i [(\bar{x} - x_i)^2 + (\bar{y} - y_i)^2] \tag{4-73}$$

其中，l_i 为每组接收机分配的权重；(x_i, y_i) 为每组接收机对待测目标的估计位置；$(\bar{x}, \bar{y})$ 为对待测目标的最终位置估计。

船舶环境 AoA 提取算法如下。

算法 4-5　船舶环境 AoA 提取算法

输入：M 个接收机天线阵列接收到信号的 CSI $r_m(t, \theta)$；接收机天线阵列中
　　　各天线位置坐标 $M(x_m, y_m)$、$N(x_n, y_n)$；房间原始长宽 a、b 与对照组

检测到房间长宽 l_b、l_c

输出：待测目标位置信息

1　对 CSI 矩阵 $r(t,\theta)$ 进行如图 4-30 所示的空间平滑

2　for 每个 AP $m = 1:M$ do

3　　构造 $r_m(t,\theta)$ 的协方差矩阵 R_m

$$R_m = A_m E[s_m(t,\theta)s(t,\theta)^H]A_m^H + \sigma_m^2 I$$

4　提取 R_m 中特征值较小的部分为噪声子空间 E_m，即

$$E_m = [v_{L+1}, v_{L+2}, \cdots, v_M]$$

5　通过 MUSIC 算法获取空间谱，即

$$P_{\text{music}}(t,\theta) = \frac{1}{a_m^H(t,\theta)E_m E_m^H a_m(t,\theta)}$$

则谱峰为各路径的 AoA 与 ToF 分量

6　筛选 ToF 最小的分量为 LoS 路径的 ToF t_m

7　构建等间距矩阵 $\tilde{\theta} = \begin{bmatrix} \tilde{\theta}_1 & \tilde{\theta}_2 & \cdots & \tilde{\theta}_L \end{bmatrix}$

　　将室内定位系统转化为

$$\min \|\tilde{s}(t_m,\theta)\|_1$$

$$\text{s.t. } \|r(t_m,\theta) - \tilde{A}\tilde{s}(t_m,\theta)\|_2^2 \leqslant \gamma$$

8　通过拉格朗日乘子法消除约束条件，即

$$\min L(t_m,\theta,\lambda) = \min \|\tilde{s}(t_m,\theta)\|_1 + \kappa \|r(t_m,\theta) - \tilde{A}\tilde{s}(t_m,\theta)\|_2^2$$

9　根据式(4.36)获取每个接收天线对待测目标的估计坐标

10 end for

11 通过最小二乘法获取待测目标的准确位置，即

$$\sum_{i=1}^{M} l_i[(\bar{x} - x_i)^2 + (\bar{y} - y_i)^2]$$

4.4　船舶舱室 Wi-Fi 定位平台与性能评估

为了准确验证船舶环境室内定位方法实际应用的效果，我们分别在两艘实际内河客船上全面测试并评估三个系统。实验分别选择在长江贰号客船、长江神女贰号客船上进行，实验区域包括 7m×13m 的大厅区域、20m×40m 的多功能厅区域、9.7m×13.2m 的餐厅区域和宽度为 2.7m 的走廊区域。

4.4.1 基于 CSI 指纹的被动式人员定位系统定位精度

本节已在一艘实际内河客船上全面测试并评估了基于 CSI 指纹的被动式人员定位系统(记为 SWIM 系统)。首先描述测试平台和数据采集方法,然后利用最新的被动式定位方法对比评估 SWIM 的性能。

1. 实验场景与部署

(1) 实验场景。如图 4-33 所示,在该区域部署 3 个 DP 和一个 AP 来覆盖整个区域,对船上 49 个位置进行评估。每个位置之间的间隔为 1m,这是一个一般人合适的站立间隔。其中,选择 2 个位置(间距为 5m)作为参考位置。以这 2 个位置为中心,半径为 5m(SWIM 的参考点范围)的圆可以覆盖整个区域。在每个位置,记录 300 个 CSI 样本建立指纹基础图。参考指纹是在船舶航行过程中采集的,每个航速采集 300 个样本。

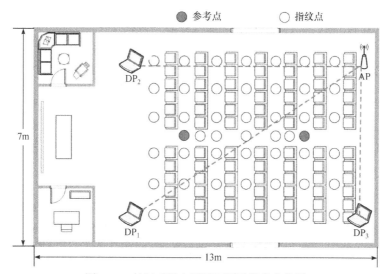

图 4-33　长江贰号大厅平面图及指纹点位置

(2) 比较技术。本章将 SWIM 与其他四种技术进行比较。

Pilot 使用所有 CSI 子载波的相关性作为指纹,并使用基于核密度的最大后验概率算法检测和定位目标。

PADS[17]是一种基于 CSI 的最新运动目标检测方法,使用 CSI 的幅度和相位信息提取敏感指标供人员检测。

AutoFi[6]是可以适应变化的环境的基于指纹的定位方法。它可以在无监督的情况下自动校准定位指纹数据库,以适应环境。

PinLoc[18]专注于使用 Wi-Fi 系统中的物理层信息进行基于指纹的定位。它可以提取指纹的核心结构，保留某些对定位有用的特征属性。

(3) 评估指标。为了确保被动式定位的效率，必须进行高精度的人员检测。因此，这里考虑检测精度和定位精度。

为了量化目标检测的性能，使用以下两个指标，即真阴性率和真阳性率。真阴性率是人不在场被正确检测的概率，真阳性率是人在场被正确检测的概率。为了评价 SWIM 定位精度的性能，还比较了各种方法的分类精度和累积定位误差分布。如果测试 CSI 指纹的估计标签与其实际位置匹配，则认为测试 CSI 指纹定位准确。通过遍历所有测试数据集，收集每个测试数据样本的平均精度。

(4) 数据集。每条数据记录都包含连续的活动流，将站立、行走、坐着，以及其他日常活动与船舶的传感器数据混合在一起。这些传感器数据包括船舶的速度、加速度、角度、高度。让受试者在实验场景中进行现场活动，通过安装一个摄像头记录目标的真实位置。当摄像机记录视频时，实时的 CSI 测量和检测结果会在线更新。根据记录的视频和检测结果，可以评估目标检测和定位的准确性。对于参考训练集，有 250 个记录(来自 10 个不同速度的参考位置、5 个日常活动和5 个人)和 250×300 个样本(每秒 10 个，持续 30s)。

2. 人员检测精度

高精度的目标检测是保证被动式定位效率的必要条件。我们评估 SWIM 是否能够实现这一目标，并将 SWIM 与性能最好的基于 CSI 的被动式运动检测系统PADS 和 Pilot 进行比较。

首先，介绍当人类存在于环境时系统的真阳性率。图 4-34(a)显示了在不同时间或地点测量的 5 个不同测试用例的结果。可见，当监测区域有人在场时，该方法可以取得良好的性能。在大多数情况下，真阳性率高于 98%。3 种系统在大多数情况下都能达到同样高的性能。其中，PADS 和 SWIM 比 Pilot 更稳定。

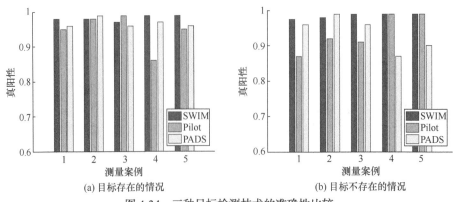

(a) 目标存在的情况　　　　　　　　　　(b) 目标不存在的情况

图 4-34　三种目标检测技术的准确性比较

此外，当人不在环境中时，本章给出系统的真阴性率。可以看出，PADS 和 Pilot 系统受到移动环境的干扰，真阴性率降低意味着发生了更多的虚假警报。图 4-34(b) 显示了在相同位置测量的 5 种不同情况的结果。PADS 和 Pilot 系统不但可以精确检测人的动作，而且对船舶的动作也很敏感。相反，SWIM 系统略胜于其他 2 个系统。这验证了 SWIM 方法在移动船舶环境中检测目标方法的有效性。

3. 人员定位精度

上面描述了典型船舶场景中目标检测的性能。在这一部分中，将定位精度作为最重要的标准。首先，展示 SWIM 系统的准确性和两种最先进的技术在船舶环境中的性能，即 Pilot 和 AutoFi 系统。通过对训练和测试数据集进行交叉验证评估准确性，室内收集的指纹数据集如图 4-35 所示。训练数据集是在离线阶段收集的。船停泊时首先收集指纹底图，即当一名志愿者站在每个位置时测量被动指纹。其次，我们收集参考指纹并记录船舶航行中的速度。训练数据集用于估计三维指纹图，以及训练 SVM 定位模型。测试数据集是在在线阶段收集的。一名志愿者被要求站在每个位置，系统记录实时 CSI 和船舶的速度数据。每个测试数据点均由 CSI 指纹和当前速度组成。然后，将测试数据集传递到训练好的模型生成估计的位置。本章将这些估计的位置与真实位置进行性能评估。

速度=v_0				参考指纹
指纹1	指纹2	…	指纹7	速度=V_1
指纹8	指纹9	…	指纹14	速度=V_2
⋮	⋮		⋮	⋮
指纹43	指纹44	…	指纹49	速度=V_x

(a) 训练数据集

指纹1 速度1	指纹2 速度2	…	指纹7 速度7
指纹8 速度8	指纹9 速度9	…	指纹14 速度14
⋮	⋮		⋮
指纹43 速度43	指纹44 速度44	…	指纹49 速度49

(b) 测试数据集

图 4-35　室内收集的指纹数据集

系统定位误差对比图如图 4-36 所示。我们绘制了这些方法的累积定位误差。结果表明，Pilot 系统在移动环境中表现最差，因为它主要是为静态环境设计的。当分辨距离小于 4m 时，精度仍在 90%以下。只有当距离超过 7m 时，Pilot 才能达到 99%的精度，结果和在普通室内环境中一样。AutoFi 比 Pilot 性能更好，因为它有一个校准模块，可以从不断变化的环境中消除指纹差异。然而，由于其无监督的方式，环境的变化不能完全被其空白区域的参考指纹捕获。SWIM 系统在距离为 1 m 时达到 82.85% 的精度，而 Pilot 和 AutoFi 分别达到 60.52% 和 71.31% 的精度。这表明，SWIM 系统在船舶航行环境中的定位精度优于 Pilot 和 AutoFi。

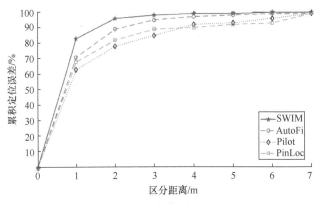

图 4-36 系统定位误差对比图

4.4.2 基于菲涅耳区的多目标人员定位精度评估

本节介绍 DiFS 系统的框架及其模块，包括控制器、定位程序、历史记录和数据库。

1. 船舶环境实验场景

为了验证 DiFS 的性能，我在多功能厅和餐厅两种环境中部署实验测试台。其中，大厅是船上最大的房间，几乎没有家具或障碍物，具有很强的 LoS 路径。相比之下，酒吧到处都是桌椅和柜台，可产生丰富的 NLoS 路径。基于 Wi-Fi 的船舶室内定位系统 DiFS 示意图如图 4-37 所示。

(a) LoS 场景　　　　　　　　　(b) NLoS 场景

图 4-37　基于 Wi-Fi 的船舶室内定位系统 DiFS 示意图

2. DiFS 系统架构

DiFS 的硬件包含 4 个组件，即 Wi-Fi 设备(带有 Wi-Fi 模块的所有物联网标签)、CSI 采集器、后台服务器、前端 PC。在系统中，CSI 采集器是装有 Intel 5300 无线网卡的 Thinkpad T 系列笔记本电脑，每台笔记本电脑都配备外部 3 根天线。它们具有 4GB 内存,并运行 Ubuntu 14.04 LTS。Wi-Fi AP 是 TP-LINK 路由器,在 2.4GHz 频带上运行, 带宽为 20MHz。CSI 采集器配置为在监视模式下接收数据包,并使用开源 CSI 工具提取 CSI 数据。CSI 数据通过传输控制协议/网际协议(Transmission Control Protocol/Internet Protocol, TCP/IP)传递到后台服务器。该服务器具有 3.40GHz Intel E2-1231 CPU 和 16GB 内存。前台 PC 用于运行软件并实时显示位置。DiFS 系统框架图如图 4-38 所示。

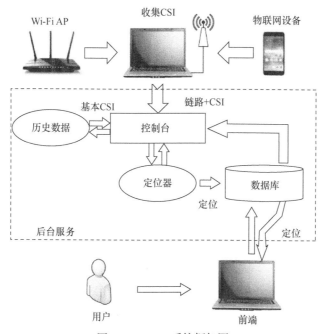

图 4-38　DiFS 系统框架图

后台服务器中有 3 个内核部分。

(1) 控制模块。这是 DiFS 系统的内核,使用上面介绍的算法控制主要流程。定位模块和数据库根据其命令工作。

(2) 数据库。此部分用于存储数据,包括实时和历史记录位置。在运行时阶段,它将存储参数,包括 Wi-Fi AP 的位置、基准 CSI 和定位场景信息。

(3) 定位模块。用于从用户处接收参数后初始化空间地图,并使用算法 4-2 计算菲涅耳特征表。然后, 在接收到控制模块的在线 CSI 测量值后,将其与以前的记录进行比较以识别目标数。最后,与有向菲涅耳特征表进行查询和匹配,并返回目标的估计坐标。

3. DiFS 定位精度评估

本部分将 DiFS 与现实世界客船室内环境中的 3 种最新技术进行比较。

(1) Pilot 系统，使用所有子载波的 CSI 相关性作为指纹，并使用基于核密度的最大后验概率算法定位目标。

(2) LiFS 系统，是一种最新的被动目标定位方法，它利用功率衰减模型估计目标位置。

(3) FZD 方法，是基于菲涅耳区划分的定位方法，它使用基于 CSI 的目标检测和非定向菲涅耳特征。

4 种定位系统在船舶环境下的性能对比如表 4-3 所示。其中，FZD 是基线方法，与其他方法相比，其准确性最差。Pilot 和 LiFS 受到船上环境特征的严重影响，并且在船开始航行时显示出极大的精度下降。相比之下，DiFS 在船舶环境中的表现良好。在图 4-39(a)中，DiFS 可以准确估算目标的分区，并精确跟踪路径。图 4-39(b)中也显示了一般室内和船舶环境的实验结果。因此，对于动态船舶环境，DiFS 可以实现更好的性能、更高的鲁棒性和更小的复杂性。

表 4-3　4 种定位系统在船舶环境下的性能对比

定位系统	船舶内定位精度/m	缺陷
Pilot	0.7～1.8	需要人工勘探构建指纹库
LiFS	1.5～2.8	船内的信号衰减模型复杂，降低定位精度
FZD	1.8～3.2	较低的人员检测精度
DiFS	0.9～1.2	多个目标时检测精度降低

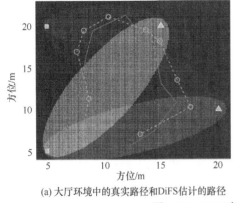

(a) 大厅环境中的真实路径和DiFS估计的路径

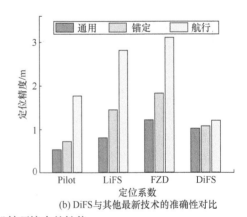

(b) DiFS与其他最新技术的准确性对比

图 4-39　DiFS 在船舶环境中的性能

对于多目标定位性能，本节还评估了 DiFS 系统对 2 个目标的定位性能。这里设置通信链路从 4 增加到 8，目标的距离从 4m 增加到 8m。在图 4-40(a)和图 4-40(b)中，左边的子图表示链路相关的定位精度，右边的子图表示目标距离相关的定位精度。根据菲涅耳特征定位原理，当室内链路足够多且未重叠时，每个定位目标只会影响一个链路的菲涅耳特征，但是当多个目标非常接近目标时，现有的技术仍面临巨大的挑战。结果表明，将通信链路增加能有效增加 DiFS 的多目标定位性能。同时，随着目标距离的增加，菲涅耳区的检测率会提升，且检测精度都超过 90%。随着链路的增加，会产生更精细的地图分割，定位精度也会提高。

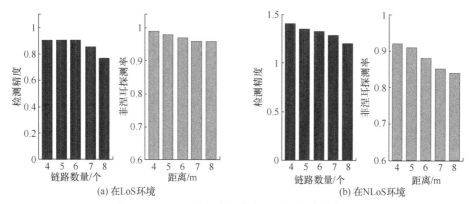

(a) 在 LoS 环境　　　　　　　　　　(b) 在 NLoS 环境

图 4-40　DiFS 在船舶环境中的多目标定位性能

4. 菲涅耳区目标检测精度评估

这一部分讨论基于 PDP 的菲涅耳目标检测精度，是 DiFS 中最重要的性能指标。我们在两种不同的环境中对其进行评估，包括在船上的开放大厅(LoS 环境)和船内的餐厅(NLoS 环境)中进行的结果。LoS 场景下的菲涅耳检测精度如图 4-41 所示。

(1) LoS 场景中的评估。如图 4-41(a)所示，在超过 82%的情况下，Rician-K 因子可以准确反映位置。图 4-41(b)显示了到链路中心(短轴) 的目标距离。菲涅耳检测精度超过 87%。因此，在强 LoS 情况下，本节提出的基于 PDP 的目标检测方法表现良好。

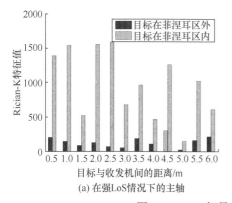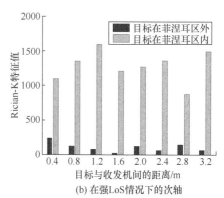

(a) 在强 LoS 情况下的主轴　　　　　　(b) 在强 LoS 情况下的次轴

图 4-41　LoS 场景下的菲涅耳检测精度

(2) NLoS 场景中的评估。选择餐厅环境评估 DiFS 的定位错误率。与 LoS 方案相比，NLoS 方案的中位误差高 1.6 倍。在 NLoS 情况下，DiFS 精度的下降，主要是因为计数器的块会显著降低 DiFS 识别的 LoS 路径的信号功率。如图 4-42 所示，当所有目标都位于条形图中时，尽管准确度几乎没有降低，但平均 K 因子值也可以精确地检测到目标。如果每个发射器之间的距离小于 8m，则检测精度大于 85%。这意味着，如果正确设置 AP 的位置，DiFS 在 NLoS 中也可以表现良好。

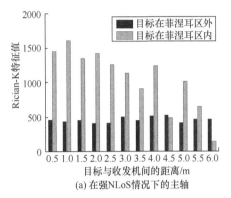
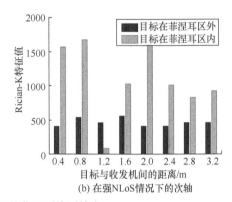

图 4-42　NLoS 场景下的菲涅耳检测精度

4.4.3　基于 Wi-Fi 信号 AoA 的人员动态跟踪系统精度评估

4.3 节介绍了船舶环境中 AoA 定位系统的改进方法，利用凸优化、设备更新和坐标轴优化的方法我们可以在噪声严重、多径效应复杂的环境中获取更加准确的 AoA，提高 AoA 定位系统的准确性和鲁棒性。本节通过实验分析该定位方法在实船环境中使用的效果，以及与传统定位方法进行对比。实验在选择华夏神女二号大型游轮中的多功能厅与走廊进行，使用 2 个 USRP N210 作为信号的接收机与发射机，天线阵列中的天线间隔为 0.1m。实验开始前配置信号收发机的通信频率为 0.01，即每秒钟发射接收 100 个 CSI 数据包。实验设备如表 4-4 所示。

表 4-4　实验设备

编号	设备名称	数量
1	USRP N210	2
2	天线	6
3	控制 USRP 的笔记本电脑	2

实验取船舶静止时的宽阔舱室、船舶运动时的宽阔舱室、船舶静止时的走廊、船舶运动时的走廊，以及地面办公室等 5 个主要实验场景。每个实验场景以收发机间距离为 0.5~6m、相对角度为 0°~90° 进行多次 Wi-Fi 信号收发，并获取信号

的 CSI。每次信号收发需要对收发机间的距离和相对角度进行记录。由于走廊的宽度仅为 2.4m，无法支持所有的实验参数要求(如收发机间距离为 2.5m，相对角度为 90°)，因此走廊中的实验仅在收发机间相对角度为 0°～30°进行。

本节通过对比基于 AoA 的传统定位方法与优化定位方法的准确性、误差的概率密度分布，以及 Wi-Fi 信号传输路径的识别三方面检测优化方法在船舶环境中实际运用的效果。船舶环境主要通过船体材质、船舶的运动，以及狭窄的空间形态影响 AoA，对两种方法进行比较。

1. 船舶静止时两种定位系统性能对比

选取船舶静止时宽阔舱室的实验数据对比进行分析。通过对比实验结果可以得到以下结论。

(1) 改进算法可以有效减少船体材质对 AoA 造成的影响。实验结果显示，传统算法 80%位的误差为 19.7°，比改进算法的 13.8°高 5.9°；传统算法 95%位的误差为 28.3°，远高于改进算法的 19.1°。由于船体大部分为钢制或木质结构，对信号的反射能力比混凝土结构更高，产生的噪声更大。与容易受到噪声影响的传统MUSIC 算法相比，改进后使用的凸优化对噪声的鲁棒性更高，在船舶环境中使用效果更好。

(2) 优化方法可以有效提高在金属结构中的有效距离。实验结果显示，当收发机间距保持在 5m 内时，两种方法的准确性差距不大，误差差距保持在 1°～3°；当收发机间距超过 5m 时，传统方法的误差出现明显的跳变，从 12°提高到 21.1°，这是由于商用 Intel 5300 网卡对于 Wi-Fi 信号的接收能力有限，当收发机间距过高时无法准确识别并接收到 Wi-Fi 信号，进而产生较大的误差，而 USRP N210 相比商用网卡对信号有更强的识别和接收能力，因此 AoA 的误差不会出现跳变，当收发机间距到达 6m 时误差仍能保持在 20°以内，利用有效增加定位系统的有效距离。

(3) 改进算法可以有效减少多径效应对定位系统的影响。图 4-43(a)和图 4-43(b)

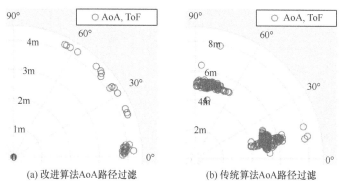

(a) 改进算法AoA路径过滤　　　　(b) 传统算法AoA路径过滤

图 4-43　两种方法对 Wi-Fi 传输路径的筛选情况

分别表示陆地环境与船载环境中收发机间距为 2.5m、相对角度为 0°时两种方法对于传输路径的过滤程度。与传统方法相比，优化方法可以有效去除 NLoS 路径，筛选出 LoS 路径，进而提高 LoS 路径 AoA 的准确率。

2. 船体运动时两种定位方法性能对比

选取船舶运动时宽阔舱室的实验数据作为对比进行分析，根据实验结果分析两种方法在船舶运动时获取的 AoA 的精度。根据实验结果可以得到以下结论。

(1) 两种定位方法对船体运动的敏感度均较低，但改进算法的 AoA 提取效果仍优于传统算法。实验结果表明，传统算法 80%位的误差为 2.71°，改进算法为 2.2°，两种算法相差不大，但传统算法 95%位的误差高达 5.2°，比改进算法的 3.2°高约一倍，因此改进后的定位方法对船舶运动的鲁棒性仍高于传统算法。

(2) 实验结果表明，船舶运动对传统方法产生的影响始终优于优化方法。由于船体形变本身仅有 1°～5°，且现在游轮舱室均提高了防震效果，因此当收发机间距离在 5m 以内时，船舶运动对两种定位方法产生的影响均较低。当收发机间距超过 5m 时，传统定位方法的误差会产生跳变，从 2.7°提升至 8.5°。定位方法经过优化后，虽然定位误差也有明显提升，但误差仍基本保持在 3°以内，远低于传统定位方法。

(3) 如图 4-44 所示，优化算法可以显著提高 LoS 路径筛选能力。由于船体在运动过程中会产生不规则的形变，因此筛选出的路径与船舶静止时相比相对分散，且信号在传输过程中存在其他主要路径，但筛选的准确度仍高于使用传统算法的结果。

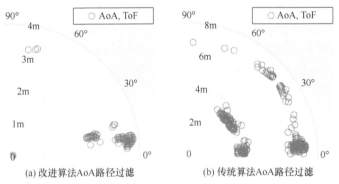

(a) 改进算法AoA路径过滤　　　　　(b) 传统算法AoA路径过滤

图 4-44　船舶运动时多功能厅中 Wi-Fi 信号传输路径的 AoA 与 ToF 对比图

3. 走廊中两种定位算法性能对比

选取船舶静止时走廊中的实验数据进行分析，根据实验结果分析两种方法在狭窄区域中获取的 AoA 的精度。根据实验结果可以得到以下结论。

(1) 改进算法可以降低空间形态对 AoA 定位系统造成的影响。实验结果表明，传统算法 80%位的误差为 25.1°，显著高于改进算法的 17.6°；传统算法 95%位的误差高达 35.2°，比改进算法的 25.2°高 10°。由于走廊的大小远低于宽阔舱室，多径效应显著提升，虽然改进算法能够减小多径效应的影响，但狭窄的走廊中环境过于复杂，各路径间的干扰较大，因此误差相对较高，是 3 种因素中影响最大的因素。

(2) 空间形态对传统方法产生的影响始终大于优化方法。空间尺度的变化会导致多径效应的增加，对传统 MUSIC 算法造成较大的影响，使定位系统在测量 AoA 时产生较大的误差，因此在任意距离下，优化后定位系统的 AoA 获取精度始终高于传统定位方法。空间尺度的变化仍会对优化后的定位系统造成影响，当改进后的定位系统误差达到 15°时，收发机间的距离仅能达到 4m，比其他场景中的距离都要低，但仍远高于传统算法的 2m。

(3) 如图 4-45 所示，优化算法可以显著提高 LoS 路径筛选能力。由于船体在运动过程中会产生不规则的形变，因此筛选出的路径与船舶静止时相比相对分散，且信号在传输过程中存在其他主要路径，但筛选的准确度仍高于使用传统算法得到的结果。

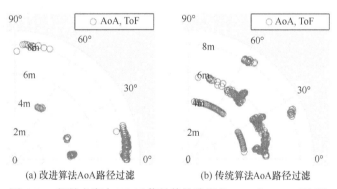

(a) 改进算法 AoA 路径过滤　　　　　(b) 传统算法 AoA 路径过滤

图 4-45　船舶走廊中 Wi-Fi 信号传输路径的 AoA 与 ToF 对比图

4.5　小　　结

本章介绍基于 Wi-Fi 的被动式船舶室内人员定位方法，包括基于船速感知三维指纹库的被动式人员定位方法、基于有向菲涅耳特征的多目标定位方法，以及基于 Wi-Fi 信号的 AoA 定位方法。

(1) 基于船速感知三维指纹库的被动式人员定位方法。设计并实现第一个基于 CSI 的移动船舶环境被动式室内定位系统。通过大量的实验，确定移动环境对定位的主要影响因素，研究 CSI 模式变化与环境动力学的关系。这些发现启发我们设计了 SWIM 系统。它通过信号重建分析将指纹从单一速度场景校准到多速度场景，可以有效解决船舶在不同航速下的定位问题。实际应用和评估表明，SWIM系统能够有效地提高定位精度，降低不同船速下构建指纹库的工作量，显著降低移动船舶环境下的系统部署成本[19]。

(2) 基于有向菲涅耳特征的多目标人员定位方法。本节为动态船舶环境设计并实现无指纹的基于 Wi-Fi 的被动式人员定位系统。与其他被动定位方法相比，DiFS 系统不需要任何明确的预部署工作，并且可以克服船舶金属舱壁环境的巨大影响。本章提出基于 PDP 的菲涅耳区域目标检测方法，进一步利用金属船上特定的趋肤效应，使用一组功率衰减模型推断有向菲涅耳特征。实际船舶的实验和评估表明，DiFS 能够基于游轮中的商用 Wi-Fi 基础设施实现被动目标的定位。LoS和 NLoS 情况下的精度分别为 0.9m 和 1.2m。

(3) 基于 Wi-Fi 信号 AoA 的人员动态跟踪方法。通过实船实验分析船舶环境的特殊性对 AoA 定位系统的影响，提取船体材质、船舶运动，以及空间形态，对AoA 定位系统影响最严重的特点进行研究和优化。根据环境的特殊性，提出一种适用于船舶环境下的基于凸优化的 AoA 提取方法。该方可以克服船舶自身特殊环境导致的多径效应与噪声干扰[20]。

参 考 文 献

[1] Halperin D, Hu W, Sheth A, et al. Tool release: Gathering 802.11n traces with channel state information. ACM SIGCOMM Computer Communication Review, 2011, 41(1): 52-53.

[2] Xiao J, Wu K, Yi Y, et al. Pilot: Passive device-free indoor localization using channel state information//2013 IEEE 33rd International Conference on Distributed Computing Systems. IEEE, Philadelphia, 2013: 236-245.

[3] Jiang G W, Fu S H, Chao Z C, et al. Pose-relay videometrics based ship deformation measurement system and sea trials. Chinese Science Bulletin, 2011, 56(1): 113-118.

[4] Sun F, Guo C, Gao W, et al. A new inertial measurement method of ship dynamic deformation// 2007 International Conference on Mechatronics and Automation, Harbin, 2007: 3407-3412.

[5] Jiang G W, Fu S H, Chao Z C, et al. Pose-relay videometrics based ship deformation measurement system and sea trials. Chinese Science Bulletin, 2011, 56(1): 112-118.

[6] Chen X, Ma C, Allegue M, et al. Taming the inconsistency of Wi-Fi fingerprints for devicefree passive indoor localization//IEEE INFOCOM 2017-IEEE Conference on Computer Communications, Atlanta, 2017: 1-9.

[7] Chang C C, Lin C J. LIBSVM: A library for support vector machines. ACM Transactions on Intelligent Systems and Technology, 2011, 2(3): 1-27.

[8] 申居尚. 一种基于瑞利对数正态模型的 Wi-Fi 接入点定位方法. 呼和浩特: 内蒙古大学, 2019.

[9] Tse D, Viswanath P. Fundamentals of Wireless Communication. Cambridge: Cambridge

University Press, 2005.

[10] Xie Y, Li Z, Li M. Precise power delay profiling with commodity Wi-Fi. IEEE Transactions on Mobile Computing, 2018, 18(6): 1342-1355.

[11] Öktem T, Slock D. Power delay Doppler profile fingerprinting for mobile localization in NLOS. The 21st Annual IEEE International Symposium on Personal, Indoor and Mobile Radio Communications, Istanbul, 2010: 876-881.

[12] Mattis D C, Bardeen J. Theory of the anomalous skin effect in normal and superconducting metals. Physical Review, 1958, 111(2): 412.

[13] Tepedelenlioglu C, Abdi A, Giannakis G B. The Ricean K factor: estimation and performance analysis. IEEE Transactions on Wireless Communications, 2003, 2(4): 799-810.

[14] Van Kreveld M, Schwarzkopf O, de Berg M, et al. Computational geometry algorithms and applications. Berlin: Springer, 2000.

[15] Yedavalli K, Krishnamachari B. Sequence-based localization in wireless sensor networks. IEEE Transactions on Mobile Computing, 2007, 7(1): 81-94.

[16] Wang X, Wang X, Mao S. Deep convolutional neural networks for indoor localization with CSI images. IEEE Transactions on Network Science and Engineering, 2018, 7(1): 316-327.

[17] Qian K, Wu C, Yang Z, et al. PADS: Passive detection of moving targets with dynamic speed using PHY layer information// 2014 20th IEEE International Conference on Parallel and Distributed Systems, Taibei: 2014: 1-8.

[18] Sen S, Radunovic B, Choudhury R R, et al. You are facing the Mona Lisa: Spot localization using PHY layer information// Proceedings of the 10th International Conference on Mobile Systems, Applications, and Services, Lake District, 2012: 182-196.

[19] Chen M, Liu K, Ma J, et al. SWIM: Speed-aware Wi-Fi-based passive indoor localization for mobile ship environment. IEEE Transactions on Mobile Computing, 2019, 20(2): 765-779.

[20] 王国宇, 刘克中, 陈默子, 等. 基于信号到达角的船载 Wi-Fi 室内定位影响因素分析. 大连海事大学学报, 2020, 46(4): 24-31.

第5章 基于深度学习的船舶动态环境无线室内定位方法

被动式的室内目标定位在提升大型船舶乘客安全性方面发挥了关键作用，包括安全监控、异常入侵和应急疏散等。由于航行船舶内部和外部的动态影响，如船舶加减速等，现有的定位系统在移动船舶环境中存在明显的精度下降。其问题主要是复杂和瞬时的船舶运动导致室内无线信道的多径传播发生变化。研究船舶室内无线信号在复杂船舶航行状态和多环境因素耦合作用下的定位特征影响机理，若利用传统的回归统计方法，通过人工采集和标定各个船舶环境状态下的定位特征来构建特征变化模型，则会带来无法承受的人工和时间成本。随着深度学习的快速发展，解决这一问题有新的解决思路。利用迁移学习方法，通过构建面向多因素复杂特征影响的信号迁移模型，设计高效的非监督式模型训练机制，基于海量的无标记数据进行模型的参数寻优，则可节省巨量的人工时间成本，同时确保模型的有效性、可靠性和完备性。

5.1 基于迁移学习的船舶室内指纹特征迁移方法

本节提出一种基于迁移学习的船舶室内指纹特征迁移方法。迁移学习专注于存储已有问题的解决模型，并将其迁移到其他相关新问题上，提高问题的解决效率，可以降低时间和资源成本。本节首先提出一种基于深度学习技术的船舶运动描述符提取方法，用于从复杂的船舶运动中提取可鉴别的船舶航行状态潜在表征。在此基础上，设计一种新的非监督指纹漫游系统 MoLoc。其可以自动学习和预测在不同航行状态下的指纹变化模式，并实现指纹采集值的在线迁移，使已构建的被动式指纹库适应船舶的动态航行。在此基础上，进一步提出一种无监督学习策略训练指纹漫游模型。本节已经在真实的游轮上实施。实验结果表明，与包括 Pilot[1]、LiFS[2]、SpotFi[3]和 AutoFi[4]在内的定位方法相比，MoLoc 的定位精度从 63.2%提高到 92.8%，平均误差达到 0.68m。

5.1.1 船舶动态航行 CSI 指纹干扰影响评估

随着近几年室内定位技术的发展，RSS 和 CSI 由于其可以从商用的 Wi-Fi 网卡中较为简单地获取，多种基于 RSSI[5-7]和 CSI[8-10]的被动式定位和跟踪技术相继被提出。这些定位方法可以分为 2 类，即基于物理模型的方法，例如 CARM[8]和Widar[9,10]等方法利用多普勒频移估计物体移动速度实现跟踪，但是这种方法无法对静止目标进行识别；机器学习的方法，基于监督分类器和地图勘探建立 Wi-Fi信号指纹特征和位置的关系模型，例如 Nuzzer[5]使用 Wi-Fi RSSI 作为指纹，将目标的位置和 RSSI 特征进行匹配。一般来说，基于监督型的机器学习策略可以提供更好的准确性，但同时需要额外的人工来收集标记的数据。然而，尽管被动式人员定位已经取得重大进展，但是仍然缺少用于这种动态船舶环境的精确被动式定位系统。基于细粒度 CSI 或粗粒度 RSSI 的被动式方法在移动船舶环境中正面临着明显的缺陷，因为 CSI 或 RSSI 都对环境变化较为敏感。与一般的静态场景(如办公楼)相比，动态的船舶室内环境在航行期间会表现出即时、动态和不可预测的变化[11,12]。船舶在航行过程中会受到载荷、波浪和发动机的内部和外部应力，引起的不可避免的动态(弹性)船体变形[13,14]。

本节首先选择并测试 5 个最先进的被动式定位系统，即 Pilot[1]、LiFS[2]、SpotFi[3]、AutoFi[4]和 PinLoc[15]，通过在真实邮轮上进行大量实验评估船舶动态航行对 CSI 指纹的干扰影响。如图 5-1 所示，当船舶航行时，5 种定位系统都面临巨大的精度下降。现有的基于 AoA、位置指纹、信号衰减模型的被动式定位解决方案都明显受到船舶航行引起的影响，在船舶航行时的定位精度较停泊时明显降低。虽然 AutoFi 提出一种自动校准的方法，通过收集环境布局变化后的 CSI 在线重建指纹，但是船舶环境下 AutoFi 的性能也并不显著，因为船舶动态环境的变化较为复杂，与一般环境下的布局变化模式不同。

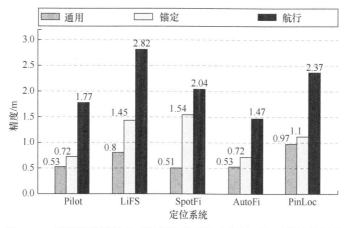

图 5-1　5 种最先进的被动式目标定位系统在船舶环境下的性能评估

为了在船舶上实现基于 Wi-Fi 的高精度被动式人员定位，我们从大量的实船实验中观察到船舶的运动性是主要挑战，带来以下难题。

(1) 由于户外航行因素的丰富性和动态性，可能引入环境变化(如航速、加速度运动、转向运动、天气条件、海拔高度等)，因此对各因素影响的分析建模是低效且不切实际的。

(2) 为了适应动态移动船舶环境中现有的定位方法，需要在所有可能的航行条件下探索模型参数。这会产生劳动密集且耗时的工作量，导致难以负担的系统部署成本。

(3) 为了捕获这种环境下船体变形的微小变化，利用商业 Wi-Fi 基础设施进行 CSI 测量的分辨率受到其带宽的限制。这将为数据分析带来带宽测量的不确定性。

面对动态环境的问题，学术界提出的部分工作考虑动态环境下高效地进行数据收集和地图更新的问题。例如，FitLoc[6]设计的 RSSI 信号压缩方式，利用压缩感知的方法案使其他区域能共享 RSSI 指纹图。RASID 系统[7]分析了 RSSI 变化模式，并提出一种非参数技术来适应环境变化，采用附加的发送器和接收器获得用于更新地图的最新 RSSI。LEMT[16]提出一种基于回归分析的方法学习参考位置接收到的 RSSI 和移动设备接收到的 RSSI 之间的时间关系。AutoFi[4]提出一种自动校准方法，在环境布局发生变化后收集无目标时的环境 CSI 并预测指纹变化。这些方法主要用于 RSSI 信号和长期环境变化，不适合移动环境。对于船舶环境，其航行运动状态的变化是瞬间的、难以预测的，很难及时收集足够的定标数据实时更新指纹图谱。

5.1.2　指纹迁移模型设计面临的挑战及系统设计

本节面对动态船舶环境，应用深度学习技术结合现有船舶 Wi-Fi 无线基础设施解决当前定位技术在船舶环境中应用的重大困难，即动态环境下的多径信号干扰。因此，下面具体介绍在船舶环境中构建基于 Wi-Fi 室内定位系统的 3 个实际挑战。

1. 船舶行为的个体偏好性

根据 2.2 节的实验，船舶室内无线信道的动态干扰与船舶的航行运动状态相关，包括船舶航行期间的速度、加速度、转向和天气状况等。同时，由于船舶驾驶的操作较为复杂，且操作方式主要基于船员的经验，在不同航行条件下的船舶运动复杂性高。例如，在船舶航行中，当其观测到前方有驶近的船舶时，采取避让行动是一个复杂且依赖经验的过程。在采取任何行动之前，驾驶人员会考虑相遇态势、安全距离、对方的意图、水文气象条件等情况。然后，操作员根据他们的经验确定船舶避让行为，包括转弯幅度、操舵时间和避障范围。因此，航行条件和船舶运动在船舶航行期间是多样且无法预测的。

2. 多元船舶行为影响分析

如图 5-2 所示，当船舶平稳航行而没有任何加速或转弯时，CSI 序列保持稳定。在船舶遇到波浪(及加速)之后，波浪摇动船体并在应力作用下导致其在 X 轴和 Y 轴方向的加速度发生变化。CSI 测量值也相应地发生很大的变化。该变化显示出与船舶航行状况密切相关，并且会对当前基于 CSI 的无线室内定位系统造成巨大干扰。同时，速度、加速度、角速度等信息都会对室内信道状态产生复合干扰。在这种情况下，由于船舶运动的状态类别繁多，若利用传统的回归统计方法，通过人工采集和标定各个船舶环境状态下的定位特征构建特征变化模型，会带来无法承受的人工和时间成本。由于实际船舶航行中传感器的变化无法单独分离，探索所有可能的多因素复合状态需要巨大的人工成本和时间成本。这在任何实际的系统部署中都是不现实的，因此只能利用深度学习的方法对多因素的干扰进行自主学习和模型训练。

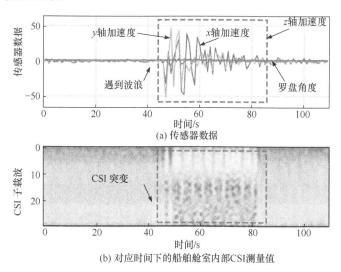

(a) 传感器数据

(b) 对应时间下的船舶舱室内部CSI测量值

图 5-2　船舶航行过程中 CSI 和船舶传感器数据采集示例

3. Wi-Fi CSI 识别粒度局限

为了解决这些挑战，本节提出 MoLoc。这是一个在线深度学习框架，可以为动态船舶环境中的被动式人员定位提出一种实用的解决方案。MoLoc 能使用未标记的 CSI 数据学习与运动有关的 CSI 变化模式，并对在线 CSI 指纹进行迁移，以适应动态移动的船舶环境。为了实现此目标，MoLoc 的设计包含以下关键组件。首先，面对多个外部环境因素，提出一个运动描述量找到复杂船舶航行状况的潜在表示，避免对每个因素的影响进行单独建模。其次，为了克服 CSI 分辨率的局限性，提出使用 CSI 嵌入层将 CSI 测量值投影到高维稀疏空间中，以使用深度学习技术处理信号传播的细微变化。再次，提出一种指纹漫游模型，以学习船舶运动引入的预测指纹变化，并智能地迁移在线指纹来适应移动船舶环境。最后，考虑数据收集成本，提出一种无监督的学习策略，以利用未标记的 CSI 测量值和船载传感器自动训练漫游模型，降低总体系统部署成本。工作目标是使基于 Wi-Fi 的无设备室内定位能够通过考虑一系列船舶运动影响因素，在移动船舶环境中稳定工作，通过利用未标记的 Wi-Fi 收集的数据，在不花费任何人力的情况下实现指纹迁移。如图 5-3 所示，MoLoc 由船舶运动描述符、指纹漫游模型和指纹地图匹配组成。

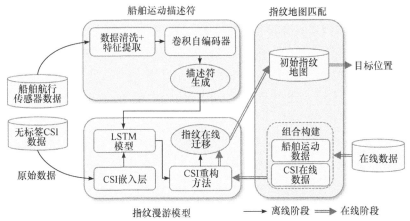

图 5-3　基于深度学习的船舶室内定位系统 MoLoc 示意图

(1) 船舶运动描述符。面对船舶运动的丰富性、动态性和不可预测性，提出一种运动描述符，无需先验知识，即可从多个船载传感器数据中提取出各种船舶运动的判别性潜在表示。

(2) 指纹漫游模型。为了避免费力的收集和注释 CSI 变异数据，提出指纹漫游模型。该模型是一种特殊设计的神经网络，具有无监督的学习策略，可以从大量未标记的 CSI 数据中结合船舶传感器进行学习，并将受影响的信道信息进行迁移。CSI 嵌入层旨在克服分辨率问题，将实时采集指纹进行迁移以适应预先训练的模型。

(3) 指纹地图匹配。在指纹漫游模型的基础上，提出一种在线指纹匹配方法，并考虑船舶运动状态的多种因素，建立无设备的被动式目标在线定位模型。

根据系统在真实游轮中的评估，与最先进的定位方法(包括 Pilot、LiFS、SpotFi 和 AutoFi)相比，MoLoc 将定位精度从 63.2%提高到 92.85%，平均误差为 0.68m(动态船舶航行条件下)。

5.1.3　基于卷积自编码器的船舶运动描述符提取方法

如上所述，系统需要能够从多个传感器数据的观测值中识别船舶运动状态特征。为了实现此目标，我们寻找一种船舶航行状态提取方法，将船舶传感器信息自动识别并分类为各种船舶运动状态，同时将多种传感器数据转化为低维向量表征，这里称为船舶运动描述符。受线性代数中向量空间的启发，本节提出船舶运动向量基的概念提取判别性的传感器特征，并提出利用无监督自动编码器机获取这些运动基础。具体步骤如下。

(1) 多元传感器数据采集。这一步是从在航的实际船舶中收集与船舶运动相关的传感器数据。通过在长江黄金七号内河游轮中部署多个传感器(包括加速度计、陀螺仪、磁力计、温度计和指南针等)和 Wi-Fi 信道状态采集平台，同时设计时间同步机制后以同步采集在线的 Wi-Fi 信道数据和船舶运动信息。我们考虑移动船舶环境的一组运动因素，即日间时间、位置坐标、速度、3 轴加速度、指南针、天气(包括气压和温度)、发动机状态(通过发动机声音测量)。CSI 用于测量船舶室内环境中通信链路的信道属性，将这些数据记录在长江七号的 5 个航程中(总共 25 天)，并将它们打包成矩阵结构以备机器学习。

然后，将在空房间中以 100ms 的周期收集 m 个子载波 CSI 的 n 个分组组合成 CSI 矩阵 $H = \begin{bmatrix} H_1 & H_2 & \cdots & H_n \end{bmatrix}$。船舶传感器的信息包括亮度 $B = \begin{bmatrix} b_1 & b_2 & \cdots & b_n \end{bmatrix}^T$、船速 $V = \begin{bmatrix} v_1 & v_2 & \cdots & v_n \end{bmatrix}^T$、三轴加速度 $A = \begin{bmatrix} A_x & A_y & A_z \end{bmatrix}$、船舶 GPS 位置坐标 $L = \begin{bmatrix} l_1 & l_2 & \cdots & l_n \end{bmatrix}^T$、磁力计 $M = \begin{bmatrix} m_1 & m_2 & \cdots & m_n \end{bmatrix}^T$、室内环境温度 $T = \begin{bmatrix} t_1 & t_2 & \cdots & t_n \end{bmatrix}^T$ 和室内气压 $P = \begin{bmatrix} p_1 & p_2 & \cdots & p_n \end{bmatrix}^T$，这里将其合并表示为

$$X = \begin{bmatrix} B & V & A_x & A_y & A_z & L & H & M & T & P \end{bmatrix} \tag{5-1}$$

其中，对具有较低采样率的稀疏传感器数据进行插值预处理，与 CSI 时间戳对齐。

此外，由传感器内部错误引起的异常值也可以用异常值过滤器消除。

(2) 船舶运动描述特征选择方法。在从构建的多类船舶传感器数据中计算船舶运动向量基之前，先测量运动因子与 CSI 变化之间的相关性来选择主要影响因素，并减少不相关数据产生的随机性。我们采用 PCA 找到 CSI 变化的主成分向量，使用皮尔逊相关系数(Pearson correlation coefficient，PCC)来寻找主要影响因素。

CSI 由 m 个子载波的功率衰减组成，因此可以利用 PCA 找到最能代表 CSI 数据集变化最大的低维投影。首先，将 CSI 矩阵 H 标准化为 $\hat{H}$，确保所有子载波信息均以相同的尺度进行处理。然后，通过选择最大方差方向获得 PCA 变换向量基 A，即

$$A_{\text{opt}} = \arg\max_{A} \left| A^{\text{T}} \sum A \right| \tag{5-2}$$

其中，$\sum$ 为 $\hat{H}$ 的所有向量的协方差矩阵。

PCA 的解 $A = [e_1, e_2, \cdots, e_m]$ 即 Σ 的特征向量的子集，其中 e_i 是从矩阵 Σ 的特征分解获得的第 i 个特征向量。选择具有最高特征值的前两个主成分，组合为变换矩阵 $A_p = [e_1, e_2]$，计算 $\hat{H}$ 在新子空间的二维投影 Y_p，即

$$Y_p = A_p^{\text{T}} \hat{H} \tag{5-3}$$

其中，Y_p 为 $n \times 2$ 矩阵，包含 $\hat{H}$ 的大部分信息。

基于子空间投影 Y_p，PCC 可以测量每个传感器因素与 CSI 变化 Y_p 之间的相关性。通过对传感器数据进行归一化和离群滤波后，可以通过以下方法获得皮尔逊相关系数 ρ，即

$$\rho_{X_i, Y_i} = \frac{E(\hat{X}_i - \overline{X}_i)(\hat{Y}_i - \overline{Y}_i)}{\sigma_{X_i, Y_i}} \tag{5-4}$$

其中，Y_i 为 CSI 的第 i 个主投影；$X_i \in \{B, V, A_x, A_y, A_z, L, M, T, P\}$ 为船舶传感器数据。

每个传感器的 ρ 值在 $[-1,1]$，表示正相关或负相关。基于 PCC 结果，可以选择具有最高相关系数的传感器因素进行下一个船舶运动描述符向量基的学习。

(3) 基于卷积自编码器的船舶运动提取模型。为了学习船舶运动的潜在表示，利用卷积自动编码器(convolutional auto-encoder，CAE)通过无监督学习从真实世界的传感器数据中找到船舶航行状态的向量基。CAE 是具有卷积层的编码器和解码器的神经网络，用于发现在输入中重复出现的局部特征。在设计模型中，使用多层体系结构来提取特征。基于卷积自编码器的船舶运动描述符提取模型如图 5-4 所示。网络体系结构由 3 个基本构件组成，包括卷积层、最大池化层和全连接层。它们可根据需要堆叠。

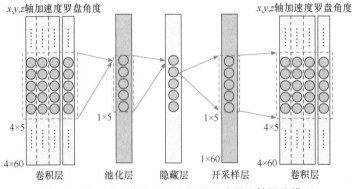

图 5-4　基于卷积自编码器的船舶运动描述符提取模型

所选特征 X_i 形成输入矩阵 I，大小为 $D_T \times D_K$，其中 D_T 为时间窗口的长度，表示采样样本数，D_K 为传感器轴的数量。在本节的设计中，$D_T = 60$ 代表在实际船舶运动的时间片段为的 6s。在卷积层中，将二维卷积核用作滤波器，然后使用整流线性单元(ReLU)引入非线性的分类效果。对于输入矩阵 I，使用 M 个大小为 $n_w \times n_w$ 的卷积核 W_c^m 将相同大小的单位从输入层映射到最大池化层中的 M 个通道，即

$$h_c^m = \sigma_c(I * W_c^m + b_c) \tag{5-5}$$

$$\sigma_c(x) = \max(0, x) \tag{5-6}$$

其中，b_c 为偏差；σ_c 为激活的 ReLU 函数。

对于船舶运动的多因素性质，最大池化层用于提高过滤器的选择性，因为在潜在表示中，每个神经元的激活取决于目标区域上的匹配特征和输入场。最大池化层下采样 h_c 通过一个大小为 $1 \times n_p$ 的常数内核得到 h_m。它在没有重叠的子区域取最大值，并将长度缩小到 $D_T - n_W / n_p$，则有

$$h_v = \sigma_d(h_m * W_d + b_d) \tag{5-7}$$

$$\sigma_d(x) = \frac{1}{1 + e^{-x}} \tag{5-8}$$

基于自动编码器模型的原理，首先是编码阶段，其中多个传感器 I 转换为较低的描述 h_v，然后通过解码阶段的反向映射，将解码的 h_v 反向重建为 I。重建过程包括反向层、上采样层。对于 CAE，训练目标是学习卷积核 W_c 和致密层权重 W_d，提取数据 I 的潜在表示信息。在低维描述中几乎没有信息丢失，可以将 h_v 重建为原始 I。换句话说，为了训练这样的模型，学习过程被简单地描述为最小化损失函数 y 和输入 I 的均方误差的乘积，即

$$E(W_c, W_d) = \frac{1}{2n} \sum_{i=1}^{n} (I_i - y_i)^2 \tag{5-9}$$

其中，n 为 CAE 训练的总样本数量。

因此，可以通过标准的反向传播方法实现无监督训练。其训练过程即标准的神经网络，通过计算目标函数相对于参数的梯度来优化参数。基于训练完成的编码器网络，我们可以通过具有卷积内核 W_c 全连接层权重 W_d 参数的 CAE 编码器模型获得运动向量基。

在学习了运动基础之后，可以从输入的船舶传感器数据矩阵 I 获得船舶运动状态的描述符 v，即

$$v = \mathrm{CAE}_{W_c, W_d}(I) \tag{5-10}$$

获取的运动描述符 v 可以用于下一步指纹漫游模型。

5.1.4　基于循环神经网络的无监督指纹漫游模型与目标定位

基于运动描述符，我们可以探索 CSI 变化和各种船舶运动之间的模式。但是，用监督型学习方法为预先建立的指纹数据库构建 CSI 迁移模型需要在所有船舶运动期间从所有位置收集指纹变化数据，其人工成本和时间花费过高。为了克服这一困难，本节提出基于长短时记忆(long short-term memory，LSTM)的 CSI 迁移学习模型。该模型具有无监督学习策略(称为指纹漫游)，以自动学习指纹的迁移图谱并适应船舶的所有运动干扰。最后介绍一种基于指纹的目标被动式定位方法。

1. CSI 嵌入层设计

船舶运动引起的船体变形包括两种可能作用于多路径的影响，即某些路径的信号被增强或减弱，有些路径信号的 ToA 被延迟或提前。以图 5-5(a)为例，由于船舶航行时舱体发生细微的形变，随着信号反射面的形变，原始路径被新的路径代替。同时，由于新路径的新信号传播的距离更长，因此与以前的情况相比，该路径的到达信号功率将被削弱和延迟。这将在原始 PDP 上带恒定的幅度缩放和时间延迟偏移。对于 IEEE 802.11n 中广泛使用的 20MHz 带宽，从 CSI 导出的 PDP 的时间分辨率为 50ns。船舶室内 Wi-Fi 反射信号路径改变对 CSI 测量的影响如图 5-5 所示。

为了解决这个问题，提出一种可以分解和重构 Wi-Fi 路径信号的 CSI 嵌入层方法。CSI 嵌入层神经网络设计结构如图 5-6 所示。在这一层中，首先通过 IFFT 将 CSI 数据从频域转换到时域，获得 PDP。同时，去除 CSI 相位误差[17]，例如采样频率偏移和分组边界检测误差。然后，将 m 维估计的 PDP 嵌入 $K_e \times m$ 维稀疏

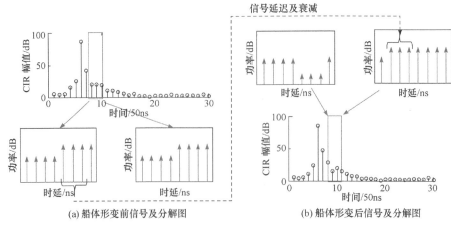

(a) 船体形变前信号及分解图　　　　　　(b) 船体形变后信号及分解图

图 5-5　船舶室内 Wi-Fi 反射信号路径改变对 CSI 测量的影响

空间，其中 K_e 是连接到一个输入通道的神经元的数量。类似地，重构层从相同空间重组 PDP，并使用 FFT 将其转换回 CSI。这一部分将 CSI 嵌入层和重建层的权重表示为 W_e 和 W_r。

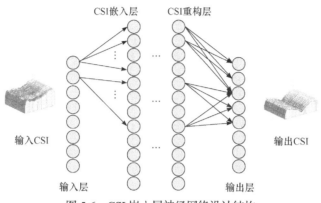

图 5-6　CSI 嵌入层神经网络设计结构

2. 基于 LSTM 的指纹迁移模型

基于可以分解和重建 CSI 信号的 CSI 嵌入层，现在提出一种深度学习框架。该框架可以捕获不同船舶运动描述符的信号变化模式，并重建 CSI 形式以适应目标船舶的不同运动状态。受深度学习最新进展的启发，本节可以通过在每种船舶运动状态下 CSI 迁移的正确率最大化为目标构建强大的端到端 CSI 迁移模型。因此，可以使用以下公式直接进行 CSI 由源数据 H_s 准确重构为 H_g 的概率最大化，即

$$\theta = \arg\max_{\theta} \sum_{(H_g, H_s, \delta_{s,g})} \log p(H_g | \delta_{s,g}, H_s; \theta) \tag{5-11}$$

其中，θ 为模型的参数；$\delta = (v_s, v_g)$ 为船舶运动变化并包含 2 个变量：v_s 为源船舶运动描述符和 v_g 目标迁移的船舶运动描述符。

由于 H_g 在 v_g 的时间窗口内表示 CSI 序列，因此其长度等于 D_T，可以通过链法则来模拟 CSI 序列的联合概率，即

$$\log p(H_g | \delta_{s,g}, H_s) = \sum_{i=0}^{D_T} \log p(H_g^{(i)} | \delta_{s,g}, H_g^{(0)}, \cdots, H_g^{(i-1)}) \tag{5-12}$$

为了对序列 $p(H_g^{(i)} | \delta_{s,g}, H_g^{(0)}, \cdots, H_g^{(i-1)})$ 进行建模，使用递归神经网络 (recurrent neural network，RNN) 估计。同时，由于关键参数 $\delta = (v_s, v_g)$ 中包含两个元素，即源状态 v_s 和目标状态 v_g，采用 LSTM 单元对该序列进行建模，利用 LSTM

单元中有 2 个隐藏状态的特性。

LSTM 单元包含一个隐藏状态 h、单元状态 c 和 3 个门(遗忘门 f、输入门 i、输出门 o)。c 和 h 通过 v_s 和 v_g 进行初始化。在每个步骤中,将输入 $H_g^{(t)}$ 与先前的隐藏状态 h_{t-1} 堆叠在一起,然后乘以 LSTM 权重 W_L 确定所有门和变量 g 的值。这 3 个门用于确定当前内部状态 h_t 和 c_t。其中,f 决定是否忘记先前的状态 c_{t-1},i 决定是否读取新的输入 $H_g^{(t+1)}$,并利用 g 确定当前的单元状态 c_t。最后,通过 o 和 c_t 计算当前状态 h_t。LSTM 单元更新的定义为

$$\begin{bmatrix} i \\ f \\ o \\ g \end{bmatrix} = \begin{bmatrix} \sigma_L \\ \sigma_L \\ \sigma_L \\ \tanh \end{bmatrix} W_L \begin{bmatrix} h_{t-1} \\ H_g^{(t)} \end{bmatrix} \tag{5-13}$$

$$c_t = f \odot c_{t-1} + i \odot g \tag{5-14}$$

$$h_t = o \odot \tanh(c_t) \tag{5-15}$$

其中,$\odot$ 为逐元素相乘;σ 为对数 S 激活函数;$\tanh$ 为双曲正切函数。

LSTM 单元的 W_L 权重用于 CSI 序列的迁移。这样具有 2 个内部隐藏状态的 RNN 单元使系统能够对移动环境阶段的状态变化过程进行建模,并自动学习每个环境状态转换时 CSI 变化模式。

3. 非监督指纹漫游模型训练方法

在这一部分中,我们提出一种无监督学习策略,利用未标记的 CSI 测量值及其相应的船舶传感器信息训练指纹漫游模型。在 MoLoc 中,CSI 指纹 F_l 定义为人员在位置 l 时采集的一组 CSI 数据和位置标签的组合,即

$$F_l = \left\{ [H_1, H_2, \cdots, H_N]; l \right\} \tag{5-16}$$

其中,每个位置指纹共记录 N 个 CSI 采集值。

对于人员定位,在目标定位区域中选择 L 个位置,并在每个位置记录 CSI 指纹,以建立指纹图 $F=(F_0, F_1, \cdots, F_L)$。在测量中,持续监视航行期间的 CSI 变化并记录相应的船舶传感器数据 X_k。这些记录可以在移动船舶环境中由指纹配置文件 G_l 表示,即

$$G_l = \left\{ (F_l^0, X_0), (F_l^1, X_1), \cdots, (F_l^K, X_K) \right\} \tag{5-17}$$

其中,当船舶处于 X_k 运动状态时,F_k 为指纹库钟指纹的总数。

模型训练方法如图 5-7 所法,具体包括以下步骤。

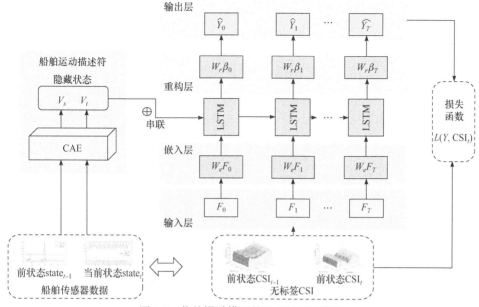

图 5-7　指纹漫游模型的无监督训练策略

(1) 未标记的数据。在系统运行阶段，假设运行时间足够长，而乘客仍在船舶上，则可以获得长期的、未标记的 CSI 数据(无人员位置标签的 CSI 测量值) 和相应的传感器数据。这些数据可以覆盖所有的目标位置和船舶航行状态。例如，一名乘客在整个航程中自由行动，系统可以收集未标记的 CSI 数据，其中包含所有目标位置 $\{F_0, F_1, \cdots, F_L\}$。因为航程足够长，所以收集的 CSI 数据将覆盖所有船舶运动状态 $\{X_0, X_1, \cdots, X_L\}$。同时，人体移动引起的 CSI 变化可以通过人体移动检测器消除[18]。结合所有这些信息，可以得到完整的指纹库 $\{G_0, G_1, \cdots, G_L\}$，而无须人工定位即可进行模型训练。

(2) 无监督学习。MoLoc 经过训练，可以预测船舶运动从源运动状态变化到目标运动时的 CSI 指纹的变化。为了训练这种模型，首先将 2 个时刻的船舶运动数据 X_{k-1} 和 X_k 送到 CAE 模型，获得 2 个船舶运动描述符 v_s 和 v_g，并将其作为两个初始值直接发送至 LSTM 单元。然后，将对应于 X_{k-1} 的指纹 F_l^{k-1} 输出到 CSI 嵌入层，并获得 LSTM 的输入序列 α_{k-1}。基于 LSTM 的单元门，LSTM 持续产生与 α_{k-1} 处于同一空间的 β_k，其后通过 CSI 重构层估计预测的 CSI 指纹。漫游模型的损失函数可以表示为每个步骤中预测的 CSI 和 F_l^k (对应于 X_k)的负对数似然的总和，即

$$v_s, v_g = \text{CAE}(X_{k-1}, X_k) \tag{5-18}$$

$$\alpha_{k-1} = W_E F_l^{k-1} \tag{5-19}$$

$$\beta_t = \text{LSTM}_{v_s, v_g}(\alpha_{k-1}) \tag{5-20}$$

$$\text{Loss} = -\sum_i \log p_i (F_l^k - W_R \beta_i)^2 \tag{5-21}$$

基于指纹漫游模型，受船舶运动影响的在线 CSI 指纹可用于预测目标船舶运动的指纹。

4. 在线指纹迁移与定位方法

针对构造的指纹数据库 $\{F_1, F_2, \cdots, F_L; X_M\}$，通过将目标船舶状态 X_M 和实时 CSI 输入模型，可以得到预测的 CSI 指纹。然后，基于分类器算法 SVM 设计被动式指纹匹配方法。该方法已广泛用于基于指纹的定位，可以利用指纹图谱估计目标位置。这里使用 SVM 的 RBF 内核将数据投影到更高维度的空间，其中 2 个样本 x 和 x' 的 RBF 内核定义为

$$K(x, x') = \exp(-\gamma |x - x'|^2) \tag{5-22}$$

其中，γ 为内核大小参数。

利用开源软件 LIBSVM 工具可以训练和预测指纹。在 SVM 模型上，MoLoc 最终可以估计通过指纹漫游获得新指纹的位置。

5.2　基于对抗生成网络的多维度定位特征学习方法

本节介绍一种面向船舶多场景的多维度定位特征迁移系统 S³LOC。该模型可以使用现有商用 Wi-Fi 设备上的链路信号进行目标定位和跟踪，并在船舶多场景内快速部署和扩展。以前基于 Wi-Fi 的定位系统应用时，需要对定位区域进行大量的勘探和数据采集，从而阻碍它们在大范围、复杂结构的场景下广泛应用。S³LOC 可以避免使用现场勘探采集指纹，其关键技术是利用来自实际场景的多维位置参数，包括 AoA、ToF 和多普勒运动频移(Doppler frequency shift, DFS)等建立统一的 CSI 模型，并设计一种有效的联合估计算法推测实际 CSI 特征。在此基础上，设计一种基于对抗神经网络(generative adversarial network, GAN)的定位特征库生成模型。该模型可以将单场景下估计的 CSI 特征进行多场景下的定位特征库映射和迁移，实现在动态环境下的快速部署。我们在商用 Wi-Fi 设备上进行实验评估，结果表明 S³LOC 可以在定位场景规模很大时提供良好的性能，有效降低系统部署和维护成本。

5.2.1　多维度定位特征库构建

S³LOC 的目标是通过仅使用 Wi-Fi COTS 设备上的 Wi-Fi 链路实现亚米级的室

内人员被动跟踪。其关键技术是，在离线阶段利用空间中的多种人员定位信息参数推断空间中可能的 CSI 指纹特征。其基本原理是，当目标在室内运动时，目标反射信号的所有参数(功率、ToF，AoA 和 DFS 等)都会随之发生变化。我们尝试准确、有效地根据这些实际定位中可能的参数实现 CSI 幅值的联合估计。首先介绍基于商用 Wi-Fi 网卡的每种定位特征的推算原理，然后提出一种统一的利用多维参数估计 CSI 幅值模型的高效求解算法。

1. 多维度特征计算原理

本节首先介绍多维度特征的推算原理，除 AoA 与 ToF 外，主要包括 DFS。根据多普勒效应原理、信号发射机和信号接收机之间的相对运动会导致多普勒频移，改变接收机观测到的信号频率。多普勒频移的根本原因是信号传播路径长度的变化[8]。根据多径效应，被移动的人反射的信号的频移为

$$f_D(t) = -\frac{1}{\lambda}\frac{\mathrm{d}}{\mathrm{d}t}d(t) \tag{5-23}$$

其中，λ 为信号波长；$d(t)$ 为反射路径信号的长度。

如图 5-8 所示，当定位目标移动时，目标反射的路径长度变化会产生多普勒频移，而接收机信号为由多普勒频移调制的多径信号的叠加，则总的信道频域响应可表示为

$$H(f,t) = \mathrm{e}^{-\mathrm{j}2\pi\Delta ft}\left(H_S(f) + \sum_{k \in P_d}\alpha_k(f,t)\mathrm{e}^{-\mathrm{j}\frac{2\pi d_k(t)}{\lambda}}\right) \tag{5-24}$$

其中，P_d 为受到目标运动干扰的动态路径集合。

当目标运动时，动态路径会产生变化的相位，并相应地改变信道频域响应。

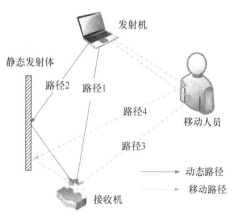

图 5-8 室内目标对多径信号的干扰

2. 基于 CSI 的多维度特征提取

根据以上 AoA、ToF 和 DFS 的获取原理和信道频域响应原理，无线信道在时间 t、频率 f 和天线 s 上具有以下测量值，即

$$H(t,f,s) = \sum_{l=1}^{L} \alpha_l(t,f,s) e^{-j2\pi f_{\tau l}(t,f,s)} + N(t,f,s) \tag{5-25}$$

其中，L 为多径分量的总数；α_l 和 τ_l 为第 l 条路径的复数衰减因子和传播延迟；$f_{\tau l}$ 为第 l 条路径的相位偏移；N 为捕获背景噪声的复高斯白噪声。

通过 Wi-Fi 芯片测量信道，可以在时间(数据包)，频率(子载波)和空间(天线阵列)三个维度获取离散的信道状态。第 i 个数据包、第 j 个子载波和第 k 个天线的离散测量可以表示为 $H(i,j,k)$。以 $H(0,0,0)$ 为参考，信号 $H(i,j,k)$ 的第 l 个路径的相位偏移可表示为

$$f_{\tau l}(i,j,k) = (f_c + \Delta f_j) \left(\tau_l - \frac{f_{Dl}}{f_j}\Delta t_i + \frac{\Delta s_k \phi_l}{C} \right) \tag{5-26}$$

其中，f_c 为信道的载波频率；Δt_i、Δf_j、Δs_k 为信号 $H(i,j,k)$、$H(0,0,0)$ 的 TDoA、载波频率差与天线的空间距离；τ_l 为第 l 个路径信号 ToF；ϕ_l 为 AoA；f_{Dl} 为多普勒频移。

根据以上多维度定位特征模型，即可根据多维度定位特征 $\theta_l = (\alpha_l, \tau_l, \phi_l, f_{Dl})$ 推算 CSI 测量值。

为解决该问题，可以将该联合多参数估计问题转化为最大似然估计问题，并设计对应的多维度特征 CSI 参数估计算法。这里将参数空间表示为 $m(i,j,k), i \in [1,I], j \in [1,J], k \in [1,K]$，其中 I 为数据包数目，J 为子载波数量，K 为天线阵列中的天线数。设 CSI 特征值为 $h(m)$，构建的对数似然函数为

$$\Theta_{opt} = \max_{\Theta} - \sum_m |h(m) - \sum_{l=1}^{L} H(m;\theta_l)|^2 \tag{5-27}$$

由于该函数是非线性的，不存在封闭形式的解。为了有效地解决这个问题，应用空间交替广义期望最大化(space-alternating generalized expectation-maximizatio, SAGE)算法。该算法是对期望最大化算法的扩展，可以减少整体搜索空间，其中算法每次迭代仅重新估计 Θ 分量的子集，而其他分量的估计则保持不变。因此，可以将 Θ 的估计分为单个参数的多个估计。在期望阶段，通过 CSI 值对每个路径 l 进行分解，即

$$H_l(m, \hat{\Theta}) = H_l(m, \hat{\theta}_l) + \beta_l \left(h(m) - \sum_{l'=1}^{L} H_l'(m, \theta_{l'}) \right) \tag{5-28}$$

其中，$\hat{\Theta}$ 为上次迭代的估计参数；β_l 为学习率用于控制优化目标的收敛速度。

在最大化阶段，各估计参数可表示为

$$H_l(m,\hat{\Theta}) = \max_{H_l} \sum_m e^{2\pi\Delta f_j\tau_l} e^{2\pi f_c\tau_l\Delta s_k \cdot \phi_l} e^{-2\pi f_{Dl}\Delta t_i} H_l(m) \tag{5-29}$$

以上过程总结了参数估计算法。除上述步骤外，将 Θ 初始化为 0，并且当 Θ 的估计收敛时(连续估计之间的差异在预定义的阈值之内)，迭代结束。

3. 多维度定位特征库构建方法

在 CSI 功率推算的基础上，根据室内场景的已知场景信息，合并 ToF、AoA 可构建当前场景的定位特征库。l 位置的 CSI 功率向量 A_l 可以表示为

$$A_l = \left[\left|\alpha(f_1)^{(l)}\right|, \left|\alpha(f_2)\right|^{(l)}, \cdots, \left|\alpha(f_M)\right|^{(l)} \right] \tag{5-30}$$

其中，$\{f_1, f_2, \cdots, f_M\}$ 为 M 个子载波的频率。

具体来说，特征库矩阵 G_l 由所有天线上的子载波组成。测量矩阵 X 是通过在所有天线的所有子载波中堆叠 CSI 构成的单列矩阵。每个位置的路径都会根据 ToF 和 AoA 在每个天线处引入不同的相移。因此，对于具有不同 AoA ϕ_l 和 ToF τ_l 的路径，以及 $M \times N$ 的传感器矩阵(M 个子载波乘以 N 个天线)，指纹矩阵是由 AoA 和 ToF 引起的，在每个传感器处引入的相移形成的。l 位置的多维度指纹 G_l 可表示为

$$G_l = \begin{bmatrix} A_l & \tau_l & \phi_l \end{bmatrix}^{\mathrm{T}} \tag{5-31}$$

其中，τ_l 和 ϕ_l 为 l 位置处的 ToF 和 AoA。

多维特征估计算法如下。

算法 5-1　多维特征估计算法

输入：AP 位置 L；目标位置 X

输出：位置 L 多维度位置特征 G_L

1　初始化 $G_L = 0$

2　while $\|A'' - A'\| > \epsilon$ do

3　　for $m = 1$ to M do

4　　　期望步骤式 (5-28)

5　　　期望步骤式 (5-29)

6　　end for

7　end while

8　$\tau = L - X$

9　$\phi \leftarrow$ 式 (5-21)

10　$G_L = \{A, \tau, \phi\}$

11　return G_L

5.2.2　基于循环对抗网络的多维定位特征迁移模型设计

上述算法只是一个理论推算值，实际 Wi-Fi 网卡的 CSI 测量值受动态环境的干扰存在扰动。同时，由于 CSI 的最初目的是均衡信道进行数据解调，CSI 不但包含信道响应，而且包含由收发器之间的异步和环境船体形变产生的各种相位噪声。因此，面向环境动态变化且场景复杂的船舶，需要设计一种易于扩展且适用于航行的船舶室内定位的特征自适应机制。

特征域自适应是一种旨在学习域之间映射的技术。当目标域的数据完全未标记时，该技术称为非监督域自适应技术[19]。本节采用非监督的特征域对抗训练技术实现利用未标记数据的多维度定位特征在动态船舶环境下的自适应迁移。特征漫游模型框架如图 5-9 所示。模型的输入数据包括标记和未标记的多维度定位特征。考虑以下实际问题，即由于船舶航行状态复杂且动态变化，采集并分析所有船内场景和航行状态下的各种定位特征变化模式显得极为困难。这个问题的解决要求建立的模型必须能够利用未标记的信号数据实现不同航行状态下的迁移，即非监督的特征自适应迁移。

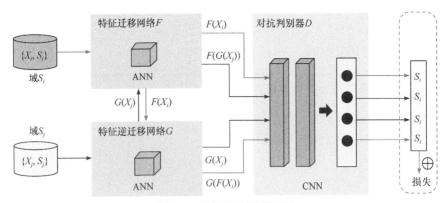

图 5-9　特征漫游模型框架

模型的目标是在给定船舶状态 S_i 场景下的无标签样本集 $\{X_i\}$ 和状态 S_j 场景下的无标签样本集 $\{X_j\}$，系统自动学习特征 X_i 和 X_j 之间的映射函数。其核心是对抗生成思想，其目标可以表述为将 X_i 样本空间中的数据，通过生成学习的方式，转化成 X_j 样本空间中的数据。对抗生成学习的思想即设计一个数据转化的映射函数和一个判断样本空间的鉴别器。其中，映射函数 F 用于实现 X_i 空间到 X_j 空间的转换，对应 GAN 中的生成器，即 F 可以将 X 空间中的样本 x 转换为 X_j 空间中的样本，使 $F(x) \in X_j$。其后，模型利用样本空间的鉴别器判别它是否为真。由映射函数和判别器的相互对抗(欺骗)，即可构成对抗生成网络。

为了实现这一目标，本模型主要由 3 个网络组成，即特征迁移网络、特征逆迁移网络和对抗判别网络。特征迁移网络和特征逆迁移网络为两个映射，即 F: $X_i \rightarrow X_j$ 和 G: $X_j \rightarrow X_i$。此外，模型引入对抗性鉴别器 D，其目标是正确识别 S_i 空间特征 X_i、$F(X_j)$、$G(F(X_i))$，以及 S_j 空间特征 X_j、$F(X_i)$、$G(F(X_j))$，模型的目标函数是构建的对抗损失函数，用于将迁移的特征分布与的拟迁移的分布进行匹配。在系统中，特征迁移网络和特征逆迁移网络竭尽全力欺骗特征域鉴别器，即最小化其识别精度，同时提高迁移网络的性能。通过这个对抗网络训练，提出的模型最终可以学习船舶动态场景下的特征迁移网络。

1) 迁移模型输入

本章提出的模型可以识别不同船舶运动状态下的定位信号特征，包括 AoA、ToF、CSI 功率，并实现在线信号特征迁移。这里提供模型输入的一般描述。首先，将带有和不带有标签信息的域分别称为源域和目标域。本章模型考虑多个源域和多个目标域的情况。模型的训练数据是从不同场景中采集，而来自目标域的训练数据皆为无标定的 CSI 数据，不涉及特定的位置标签，同时也不需要源域和目标域的 CSI 数据根据位置匹配对应。这是因为模型的训练目标是学习特定场景(如餐厅和客房的迁移)，而不是特定位置指纹的迁移。具体来说，特征漫游模型从训练样本中学习如何将 Wi-Fi 测量从一个环境映射到另一个环境。一旦模型学会映射，便可以将所学的知识应用于特定指纹特征的迁移。迁移模型输入示意图如图 5-10 所示。

令 X_i 为第 i 个域的模型的定位特征数据，即场景 i 下的 CSI 数据采集。根据实验结果，源域内包括标记位置的特征 X_i^l 和未标记目标位置的特征 X_i^u。每个数据 X_i 具有一个对应的域标，记为 $S_i \in S$，其中 S 为所有源域和目标域的集合。每个标记的数据 $X_i^l \in X_i$ 也具有真实的位置标签 $y_l \in Y$，其中 Y 是所有位置的集合。令 S_i 为 X_i 的域标记向量，y_l 为 X_i 的实际位置标签，因此模型的输入是 CSI 数据 X_i、域标签矢量 S_i 和真实位置数据 y_l。输出是每个未标记 CSI 数据 $X_j^l \in X_j$ 的估计标签 y_j^u。

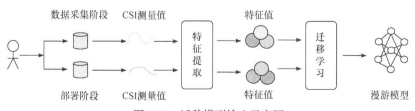

图 5-10　迁移模型输入示意图

2) 特征迁移网络及逆迁移网络

特征迁移网络为映射函数 $F:X_i{\rightarrow}X_j$，逆迁移网络为 F 的反映射函数 $G:X_j{\rightarrow}X_i$。其中，特征迁移网络结构如图 5-11 所示。F 尝试将航行状态 S_i 的定位特征迁移为航行状态 S_j 下，G 尝试将航行状态 S_j 下的定位特征迁移为航行状态 S_i 下。这里将网络结构设计得相对简单，对于从相对较小的训练数据集中学习有效模型至关重要。通过评估各种神经网络结构，重点偏向提取原始信号数据的重要可量化属性或特征，对收集的数据应用学习算法构建特征迁移模型。迁移网络模型是具有 7个隐藏层的完全连接的前馈 ANN。输入层和输出层的节点数取决于要素集的维数。在训练过程中，可以通过修剪经过训练的完全连接网络删除某些网络路径[20]。

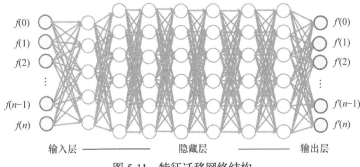

图 5-11　特征迁移网络结构

最后，模型添加一个整流线性单元来引入非线性。令 Θ 为 ANN 的参数集，对于给定输入数据 X_i，可以获得它们的特征表示，即

$$F(X) = \mathrm{ANN}(X;\Theta) \tag{5-32}$$

特征逆迁移网络与迁移网络是同样的结构。在这个模型中，迁移网络的训练数据是从航行的船舶中采集的无标签 CSI 数据，即训练数据中涉及的各个位置和移动的目标行为对应的 CSI 值，但不需要与数据采集时定位目标的真实位置数据。模型目标是学习在各个船舶航行状态/室内场景时 CSI 的表示特征和变化模式。具体来说，迁移网络从训练样本中学习如何将 Wi-Fi 的测量值从一个环境映射到另一个环境。一旦模型完成映射函数的训练，就可以将学习到的知识应用于不同定位对象的定位特征提取。在实验中，训练数据集由从数据收集站点和每个部署站点在单个船舶舱室收集的 CSI 数据组成。同时，如果使用迁移学习，在不牺牲性能的情况下学习其他舱室时，迁移模型训练样本的数量可以减少 4 倍。

3) 对抗判别网络

面对特征迁移网络，设计一个场景识别网络用于对抗学习。针对不同航行状态下的 CSI 采集数据集，可以设计一个航行状态识别器作为对抗判别网络。其目的是识别 CSI 数据的变化特征，并以此判断船舶的场景状态，迫使特征迁移网络

(其目标是欺骗航行状态识别器)产生与当前环境一致的 CSI 定位特征。根据船舶运动描述符，可以获得船舶航行状态集为 $S=\{S_1,S_2,\cdots,S_N\}$。基于这个离散的描述符集合，采用 CNN 提取船舶行为特征并进行识别。在该网络中，首先使用 3 层堆叠式 CNN 提取特征。在 CNN 的每一层中，将 2D 内核用作滤波器，然后使用批处理范数层对每层数据的均值和方差进行归一化。然后，添加一个 ReLU 单元引入非线性和一个最大池化层减小表示的大小。令 Θ 为 CNN 参数集，对于给定输入数据 X，可以获得它们的特征表示，即

$$Z = \mathrm{CNN}(X;\Theta) \tag{5-33}$$

根据特征提取器(即 Z)的输出，使用全连接层和激活函数来学习 X_i 的表示 S_i，即

$$S_i = \mathrm{Softplus}(W_z Z_i + b_z) \tag{5-34}$$

其中，W_z 和 b_z 为要学习的参数；Softplus 函数为激活函数，其目的是引入非线性。

为了预测航行船舶的运动状态，模型需要将 S_i 映射到新的船舶状态集间 S 中。

4) 目标损失函数

首先，设定特征迁移网络和逆迁移网络的损失函数。对于特征迁移函数 F：$X_i \rightarrow X_j$ 及其对应的判别函数 D，损失函数可以表示为

$$\begin{aligned}\mathrm{Loss}_F(F,D,X_i,X_j) = {} & E_{x \sim p_{\mathrm{data}}(X_j)}(\log D(x)) \\ & + E_{x \sim p_{\mathrm{data}}(X_i)}(\log(1-D(F(x))))\end{aligned} \tag{5-35}$$

其中，F 函数尝试将 X_i 空间的样本变换为与 X_j 空间样本相似的数据特征 $F(x)$。

在此基础上，该损失函数应分别应用于映射函数 G。对于逆迁移网络 G：$X_j \rightarrow X_i$，损失函数可以表示为

$$\begin{aligned}\mathrm{Loss}_G(G,D,X_i,X_j) = {} & E_{x \sim p_{\mathrm{data}}(X_i)}(\log D(x)) \\ & + E_{x \sim p_{\mathrm{data}}(X_j)}(\log(1-D(F(x))))\end{aligned} \tag{5-36}$$

G 函数尝试将 X_i 空间的样本变换为与 X_i 空间样本相似的数据特征 $G(x)$。

对抗性训练可以学习合适的迁移函数及逆迁移函数，使其分别产生与目标特征域 X_j 和 X_i 相同分布的输出，并欺骗航行状态判别器的识别。然而，在训练过程中，迁移网络可以将同一组输入特征映射到目标域中的任何随机排列，而与目标分布相匹配的输出分布却无法实现特征的一致性迁移。面对这个难题，进一步减少可能的映射函数的空间，模型应用一致性对抗损失函数实现定位特征在不同特征域的准确迁移。对于来自航行状态域 X_i 的每个特征 x，经过迁移后，再通过逆迁移，模型应该能够将 x 数据逆回复原始形态，即 $x \rightarrow F(x) \rightarrow G(F(x)) \approx x$，即循环一致性。同样，对于来自目标特征域 X_j 的每个图像 y，G 和 F 仍需满足循环一

致性，即 $x \to G(x) \to F(G(x)) \approx x$。定义损失函数为

$$
\begin{aligned}
\text{Loss}_{FG}(F,G) = E_{x \sim p_{\text{data}}(X_i)} G(F(x)) - x_2 \\
+ E_{x \sim p_{\text{data}}(X_j)} F(G(x)) - x_2
\end{aligned}
\tag{5-37}
$$

则优化函数为

$$
\begin{aligned}
\text{Loss}_{FG}(F,G) = \text{Loss}_F(F,D,X_i,X_j) \\
+ \text{Loss}_G(G,D,X_i,X_j) + \text{Loss}_{FG}(F,G)
\end{aligned}
\tag{5-38}
$$

模型的优化目标可表示为

$$
F^*, G^* = \arg \min_{F,G} \max_D \text{Loss}_{FG}(F,G)
\tag{5-39}
$$

模型可视为同时训练两个自编码器，也可以看作是对抗式自动编码器的特殊情况。它使用对抗性损失训练自动编码器的迁移网络匹配任意目标分布。

5.2.3 基于多维定位特征的定位算法设计

根据提出的多维度定位特征提取算法和船舶场景的迁移模型，可以从迁移后的 CSI 值中产生多维定位信号参数。由于多径效应和信号参数的低分辨率，利用这些信息进行位置估计通常是有误差的，因此我们设计存在误差的参数估计方法与定位目标的反射路径相对应的参数提取方法，并通过利用 DFS 的参数提高 ToF 分辨率。之后，提出一个基于 ToF、AoA 和 CSI 功率的定位框架实现目标定位。

1) 数据噪声清洗

参数估计算法的输出由多径信号的参数组成，需要一种筛选机制识别定位参数。由于所有多径参数都杂乱无章，因此选择目标反射的参数需要特殊设计。

(1) 带通滤波。与人为运动引起的反射信号功率变化的频率相比，信号脉冲和噪声产生的功率变化频率通常较高，而静态的反射目标对 LoS 信号的干扰频率通常较低。因此，使用滤波器抑制这些噪声信号分量。具体来说，本章采用 Hampel 滤波器(截止频率为 5Hz 和 100Hz)可以在该频带内保持较为平坦的幅值响应，并且不会使目标信号分量失真。通过将将滤波器应用于采集的 CSI 功率序列中，用以消除每个子载波中的独立噪声和干扰。

(2) 子载波选择。目标在定位区域中静止不动的场景下，不同子载波的 CSI 功率与目标移动的相关性不同。当目标移动时，所有 OFDM 子载波都会经历反射信号引起的相似功率变化。与静态情况相比，子载波幅值的变化与目标移动在统计上的相关度更高。由于目标的移动，某些子载波的幅值变化较小，更容易受到相关噪声的影响，从而干扰定位系统。针对这个问题，设计一种子载波的选择策略，以选择合适的子载波增加定位信号相关信息的比例，同时抑制无关的噪声。具体来说，通过将 CSI 划分为重叠的 0.5s 时间段，对于具有定位目标活动的时间

段，对所选子载波组执行 PCA，并选择第一个 PCA 成分进行时频分析。第 1 个 PCA 主成分分量包含由目标运动引起的主要且一致的功率变化。因此，选择前 20 个主成分分量提取相关的 CSI 信息。相对于无目标的时间段，经过子载波选择后的 CSI 信息与目标的相关系数可以得到较大的提高。

2) 精准 ToF 获取

从理论上讲，利用 CSI 可以估计的信号 ToF，并乘以光速计算目标反射信号路径长度与 LoS 路径长度之间的差值。然而，ToF 的估计结果会受到强大的硬件/环境噪声和 CSI 分辨率的影响。具体来说，若商用 Wi-Fi 网卡可实现 1ns 的 ToF 估计分辨率，即对应 0.3m 的估计 ToF 分辨率，几纳秒的 ToF 误差将导致米级的测距误差。因此，ToF 估计结果波动性较大，不能直接用于目标定位。为了获得高精度的距离估计结果，我们结合细粒度的 ToF 和 DFS 特征提出一种有效的 ToF 测距平滑算法。根据 DFS 定义，f_D 等效为路径长度的变化率 v，即

$$f_D = -\frac{v}{\lambda} \tag{5-40}$$

其中，λ 为信号的波长，对于 2.4GHz 的 Wi-Fi 信号约为 0.125m。

因此，1Hz 的 DFS 分辨率对应的路径长度变化率为 0.125m/s。基于此，采用卡尔曼平滑器对 ToF 值进行平滑估计。通过 DFS 估计的路径长度范围变化率细化 ToF 估计的范围。过程噪声和观察噪声分别为初始化前 2s 数据的方差。通过相对范围，增加发射机和接收机之间的恒定距离可以进一步得出反射路径的绝对范围。

3) 多特征定位模型

S³LOC 使用精细化 ToF 和 AoA 实现船舶室内被动式目标定位。本节将发射机、接收机和目标的位置分别表示为 $l_t = (x_t, y_t)$、$l_r = (x_r, y_r)$ 和 $l_p = (x, y)$。根据多维特征提取算法，原始的 CSI 测量结果可以转化为 LoS 信号的 AoA 和 ToF d_{path}。在定位过程中，S³LOC 通过对各 AP 的 AoA 和 ToF 测量值进行位置估计。具体来说，S³LOC 会找到一个位置。该位置可使目标对象位于该位置的实际 AoA 和 ToF 值与每个 AP 实际观察到的对应值之间的偏差最小。这里使用标准最小二乘法衡量偏差。从数学上讲，定位的目标是找到使以下目标函数最小化的位置，即

$$(\tau_i, \theta_i, \alpha_i) = \arg\min_l \sum_{i=1}^{R} l_i \left[(\overline{\tau}_i - \tau_i)^2 + (\overline{\theta}_i - \theta_i)^2 + (\overline{\alpha}_i - \alpha_i) \right] \tag{5-41}$$

其中，R 为 AP 的总数；τ_i 为第 i 个 AP 直接路径的 ToF；θ_i 为第 i 个 AP 的直接路径的 AoA；$\overline{\tau}_i$ 和 $\overline{\theta}_i$ 为 l_i 位置时，第 i 个 AP 处观测到的 AoA 和 ToF；权重因子 l_i 是来自第 i 个 AP 的直接路径最有可能的位置的似然值。

通过对不同 AP 的偏差进行加权，可以实现目标优化，即在对直接路径 AoA 的估计中具有较低似然度的 AP 应该受到惩罚，而具有较高似然度的 AP 应该得到奖励。面对这个问题，不能直接应用凸优化技术找到最小化目标函数的位置，因为在 AP 处观察到的 ToF 和 AoA 就位置坐标而言是非凸的。因此，S³LOC 应用了一种启发式算法，称为顺序凸优化[21]来逐段凸化目标函数，并获得最小化目标函数的目标位置。S³LOC 可以准确地确定目标的位置，可以通过有效过滤似然值中的反射路径，计算目标位置。它可以最好地反映 AP 处观察到的估计直接路径的 ToF 和 AoA。S³LOC 定位算法如下。

算法 5-2　S³LOC 定位算法

输入：AP 的数量 R；从 R 个 APs 获取的 CSI 测量值

输出：目标的位置

1 for AP $i \in 1, 2, \cdots, R$ do

2　for $p \in 1, 2, \cdots, 10$ do

3　　对测量值进行 Hampel 带通滤波；

4　　获取 CSI 矩阵 X；

5　　根据 XX^H 的特征值构建矩阵 E_N；

6　　计算 AoA 和 ToF，即

$$P_{MU}(\theta, \tau) = \frac{1}{(a^H(\theta, \tau) E_N E_N^H a(\theta, \tau))}$$

7　　根据式(5-29)，计算 DFS；

8　　根据式(5-37)，优化 ToF 估计值；

9　end

10　　对 AoA 和 ToF 进行聚类；

11　　找到似然度最高的簇作为直射路径 AoA 和 ToF；

12 end

13　最小化目标函数式(5-47)，优化变量即目标位置

5.3　基于循环神经网络的船舶环境多维特征定位方法

本节介绍一种基于循环神经网络的船舶动态室内环境的定位方法(记为 RshipLoc)。RNN 是一类以序列数据为输入，在序列的前进方向进行递归且所有循环单元按链式连接的 RNN。循环神经网络具有记忆性、参数共享等优势，十分适合对

序列的非线性特征进行学习。循环神经网络已经在众多自然语言处理等任务中取得巨大的成功和广泛应用。本节首先介绍一种基于稀疏变分贝叶斯的空间交替 SAGE 算法[22]，用于船舶动态环境中精确提取多维度定位特征，包括信号 ToF、AoA 和 DFS，得到多维特征的似然剖面。在此基础上，我们设计了一个基于卷积循环神经网络的定位模型，将坐标似然矩阵和真实位置坐标输送到卷积循环神经网络，自动学习从坐标似然矩阵到实际坐标位置的映射。我们在商用 Wi-Fi 设备上进行实验评估，结果表明 RshipLoc 可以在船舶的动态钢铁环境中提供良好的定位性能，有效降低系统部署成本和定位成本。

5.3.1　船舶环境对多维特征定位的影响及系统设计

RshipLoc 的目标是通过仅使用商用 Wi-Fi 设备的单个链路进行高精度的船舶室内人员的被动式跟踪。我们面对的主要问题是，船舶动态钢铁环境下的严重多径信号干扰。相比于普通室内环境，这种干扰表现在两个方面。一是，船舶环境的动态特性，不能视为时不变环境，其中的无线信道比普通室内环境更加复杂。二是，由于船舶材质为钢铁，无线信号在船舶室内的反射强度比普通室内的更强。这些特性对我们精确估计信道参数、提取人员反射信号对应的定位特征，进而达到高精度定位跟踪的目的，提出严峻的挑战。下面介绍在船舶环境中构建基于 Wi-Fi 的室内定位系统的 3 个实际挑战。

1. 船舶环境下 CSI 数据存在巨大的噪声

如何清洗数据噪声、从原始 CSI 数据中恢复出理想的 CSI 数据，以及消除 LOS 路径的干扰，是我们面临的第一个挑战。为此，我们使用天线之间 CSI 数据共轭相乘[23]的方法消除采样时间偏移、载波频率偏移对 CSI 相位的影响，进而对不同天线的 CSI 进行功率调整，消除共轭相乘方法产生的副产物项。最后，我们使用一个截止频率为 2～80Hz 的 Butterworth 带通滤波器，消除 LOS 路径和高频噪声的干扰。

2. 船舶环境的动态性对参数估计的影响

我们的想法是估计所有可能存在的多径参数。这些参数包含人反射信号的信道参数。具体而言，我们使用稀疏变分贝叶斯空间交替广义期望最大算法(记为 VB-SAGE)进行船舶室内环境下的信道参数估计。VB-SAGE 算法使用变分贝叶斯(记为 VB)技术提高参数估计的精度，并引入一个稀疏系数表征多径数量，在精确估计各信道参数的同时实现多径数量的动态自适应估计。

3. 船舶环境的钢铁材质对参数选择的影响

我们提出使用深度学习的方法，自动学习从多径参数到目标位置的映射。在众多深度学习方法中，循环神经网络由于能够很好地处理时间序列数据、学习到数据的时间局部特征，十分适合处理我们遇到的问题。我们的基本原理是，人的位置在短时间内不会发生太大的变化，并且人的运动模式与其他反射表面的运动模式具有显著的差异。RNN 可以通过对比输入数据与给定真值，学习人反射信号的参数之间的变化规律，并最终找到人的位置。

为了解决上述挑战，本节提出 RshipLoc，通过结合信号处理技术和深度学习技术的优势，实现船舶环境中基于商用 Wi-Fi 的被动式人员定位。RshipLoc能够使用从商用 Wi-Fi 网卡上采集的 CSI 数据精确提取船舶室内全部多径的参数，并将多径参数自动映射为人的实时位置。基于 RNN 的船舶室内定位系统RshipLoc 示意图如图 5-12 所示。RshipLoc 的设计包含以下关键组件。首先，面对船舶环境的巨大噪声和商用 Wi-Fi 网卡噪声的影响，我们在数据清洗模块运用天线间 CSI 的共轭相乘方法消除 Wi-Fi 网卡自身存在的噪声影响，结合功率调整和带通滤波器消除环境噪声的影响。其次，针对船舶环境的动态性对无线信道的影响，利用变分贝叶斯技术对广泛使用的 SAGE 算法进行改进，提高估计参数的精度。此外，我们引入稀疏技术，对船舶环境下多径的数量进行动态自适应。最后，针对船舶钢铁环境下，基于信号功率的多径参数不再适用的问题，我们设计结合卷积神经网络的RNN定位模块，实现多维参数到目标位置的映射。RshipLoc 的工作目标是在船舶环境下，仅使用商用 Wi-Fi 的单条链路。RshipLoc能够进行有效的数据清洗，从包含剧烈噪声的 CSI 数据中恢复较为理想的 CSI数据；实现信道参数的精确估计，自适应多径数量的变化；从多维度参数中得到精确的目标位置。

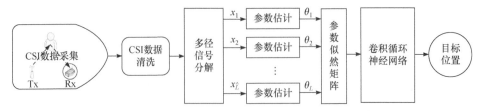

图 5-12　基于 RNN 的船舶室内定位系统 RshipLoc 示意图

5.3.2　基于稀疏变分贝叶斯 SAGE 算法的多维定位特征提取方法

如 5.2.1 节所述，在第 t 个时刻，第 f 个自在比，第 d 个天线上，我们构建的CSI 模型为

$$H(t,f,d) = \sum_{l=1}^{L} \alpha_l s_l(t,f,d;\theta_l) + N(t,f,d)$$

$$= \sum_{l=1}^{L} \alpha_l e^{-j2\pi\Delta f_j \tau_l \left(\frac{j2\pi\Delta d_k \sin(\phi_l)}{c} \right) + j2\pi f_{D_l}\Delta t_i} + N(t,f,d) \tag{5-42}$$

其中，L 为多径的总数；$\alpha_l s_l$ 为第 l 条路径上的 CSI 信号；s_l 为 TOF、AOA、DFS 造成的相位偏移；τ_l、ϕ_l、f_{D_l}、α_l 为第 l 条路径上的 TOF、AOA、DFS、复衰减；N 为背景噪声，可以认为它是均值为 0 的高斯白噪声。

利用 CSI 模型和实际采集的 CSI 数据，我们可以将定位特征参数提取问题表述为一个最大似然估计问题。具体而言，当我们采集到第 i 个时刻，第 j 个子载波，第 k 个天线上的 CSI 数据 $h(m), m = (i, j, k)$ 时，可以建立如下似然方程，即

$$\Lambda(\Theta;h) = -\sum_m \left| h(m) - \sum_{l=1}^{L} \alpha_l s_l(m;\theta_l) \right|^2 \tag{5-43}$$

参数 Θ 的最大似然估计值就是最大化似然方程 $\Lambda(\Theta;h)$ 的解，即

$$\hat{\Theta} = \underset{\Theta}{\arg\max} \left\{ \Lambda(\Theta;h) \right\} \tag{5-44}$$

为了解决这个问题，在之前的一些工作中[10,24]，为不影响定位的实时性，应用 SAGE 算法，求得信道参数。SAGE 算法是一个扩展的期望最大化算法，每次迭代只估算 Θ 组件的一个子集，同时保持其他组件固定。因此，可以把估计的 Θ 分成多个单个参数的估计，使搜索空间的复杂度极大降低，但该方法在船舶环境下的表现并不理想。

在之前的工作中，往往认为室内无线信道的主要路径数量约为 5～10 条[10]。然而，实际的室内信道情况十分复杂，无线信号存在大量的反射、散射和衍射，只选取 5～10 条主要信道显然不能表征真实的物理信道环境。船舶室内的钢铁动态环境使无线信道的复杂性大大增加，钢铁材质使无线信号的多次反射更加剧烈。此外，在不同的风浪条件和航行状态下，室内环境的动态程度也存在巨大差异。这使船舶室内环境下的信道路径数目也处于不断变化中。这时将船舶室内无线信道的路径数目设置为固定的几条不能反映真实的物理环境。因此，需要对室内多径的数量进行自适应估计。对 CSI 模型中最大路径数目 L 的选择问题，本质上是一个模型阶数选择问题。如果模型阶数选择不恰当，将导致相关多径分量数目估计的过拟合或欠拟合，信道参数估计的精度降低。针对这个问题，我们对 SAGE 算法做了一些改进，以适应船舶环境下室内无线信道参数的估计。具体来说，我们利用 VB 技术使 SAGE 算法中最大化步的下界函数与目标似然函数的 K-L 距离更近，优化参数估计的精度。其次，我们引入一个稀疏参数表征室内无线信道路

径数目，并使用基于信噪比的指导方案决定每个多径分量是被删除还是被保留，最终实现信道参数 Θ 与多径数量 L 的联合迭代估计。该算法主要包括以下步骤。

(1) 估计每条路径的 CSI $\hat{x}_l$。在期望阶段将 CSI 测量值分解成 L 条路径上的 CSI，VB-SAGE 算法使用和 SAGE 算法一样的策略，即

$$\hat{x}_l(m;\hat{\Theta}') = \alpha_l s_l(m;\hat{\theta}_l') + \beta_l\left(h(m) - \sum_{l=1}^{L}\alpha_l s_l(m;\hat{\theta}_l') \right) \tag{5-45}$$

其中，$\hat{\Theta}'$ 为上次迭代的估计参数；β_l 为学习率用于控制优化目标的收敛速度，默认设置为 1。

(2) 估计参数 θ。在最大化阶段，我们使用变分贝叶斯技术，对目标函数进行优化，即

$$\hat{\theta}_l' = \arg\max_{\theta_l}\left\{ \log p(\theta_l) + \log p(\hat{x}_l|\theta_l,\hat{\alpha}_l) \right\} - \hat{\Phi}_l s(\theta_l)^{\mathrm{H}} \Sigma_l^{-1} s(\theta_l)\} \tag{5-46}$$

其中，$\hat{\theta}_l'$ 为本次迭代的估计参数；$p(\theta_l)$ 为参数 θ_l 的先验分布，这里选非信息性先验；$\hat{\Phi}_l s(\theta_l)^{\mathrm{H}} \sum_l^{-1} s(\theta_l)$ 为引入的一个正则化项，$\hat{\Phi}_l$ 为复衰减 α_l 的后验方差，Σ 为噪声协方差；$p(\hat{x}_l|\theta_l,\hat{\alpha}_l)$ 为 SAGE 算法最大化步的目标函数。

求解这个函数有多种策略，由于对 θ 求导不可行，可以采用参数的逐个搜索和联合搜索。为了减轻计算量，我们和 SAGE 算法一样使用逐个搜索的策略，仅在最后一次迭代使用联合搜索，以得到(TOF,AOA,DFS)联合似然矩阵，即

$$\hat{\tau}_l' = \arg\max\left\{ \log p(\tau_l) + \log(\hat{x}_l'|\tau_l,\hat{\phi}_l',\hat{f}_{Dl},\hat{\alpha}_l) \right\} - \hat{\phi}_l s(\tau_l,\hat{\phi}_l',\hat{f}_{Dl})^{\mathrm{H}} \Sigma_l^{-1} s(\tau_l,\hat{\phi}_l',\hat{f}_{Dl}) \tag{5-47}$$

$$\hat{\phi}_l' = \arg\max_{\phi_l}\left\{ \log p(\phi_l) + \log(\hat{x}_l'|\hat{\tau}_l,\phi_l,\hat{f}_{Dl},\hat{\alpha}_l) \right\} - \hat{\phi}_l s(\hat{\tau}_l,\phi_l,\hat{f}_{Dl})^{\mathrm{H}} \Sigma_l^{-1} s(\hat{\tau}_l,\phi_l,\hat{f}_{Dl}) \tag{5-48}$$

$$\begin{aligned}\hat{f}_{Dl}' = \arg\max_{\phi_l}&\left\{ \log p(f_{Dl}) + \log(\hat{x}_l'|\hat{\tau}_l,\hat{\phi}_l,f_{Dl},\hat{\alpha}_l) \right\} \\ &- \hat{\phi}_l s(\hat{\tau}_l,\hat{\phi}_l,f_{Dl})^{\mathrm{H}} \Sigma_l^{-1} s(\hat{\tau}_l,\hat{\phi}_l,f_{Dl})\end{aligned} \tag{5-49}$$

其中，$\hat{\tau}_l'$、$\hat{\phi}_l'$、$\hat{f}_{Dl}'$ 和 $\hat{\tau}_l$、$\hat{\phi}_l$、$\hat{f}_{Dl}$ 为本次估计第 l 条路径的 TOF、AOA、DFS 和上一次迭代估计的第 l 条路径的 TOF、AOA、DFS。

(3) 估计复衰减 α。SAGE 算法在估计出参数 θ 后，通过将 θ 和 CSI 数据代入式(5-48)，计算得到复衰减。不同于此，VB-SAGE 算法是在给定 $\hat{x}_l$ 和 $\hat{\theta}_l$ 的条件下，对复衰减 α 的正则化最小二乘估计，即

$$\hat{\Phi}_l' = \left(\hat{w}_l + s(\hat{\theta}_l)^{\mathrm{H}} \Sigma_l^{-1} s(\hat{\theta}_l) \right)^{-1} \tag{5-50}$$

$$\hat{\alpha}_l' = \hat{\Phi}_l' s(\hat{\theta}_l)^{\mathrm{H}} \Sigma_l^{-1} \hat{x}_l \tag{5-51}$$

其中，$\hat{\Phi}'_l$ 为本轮估计中 α_l 的后验方差；$\hat{w}_l$ 为系数参数；$\hat{\theta}_l = [\hat{\tau}_l,~\hat{\phi}_l,~\hat{f}_{Dl}]$ 为估计的第 l 条路径的多维参数；$\hat{x}_l$ 为本轮估计的第 l 条路径上的 CSI。

(4) 估计稀疏参数 w。我们引入一个稀疏参数控制每条路径上的复衰减，进而使用基于信噪比的方法，判断每条路径分量是否应该被纳入噪声信号，即

$$\hat{w}'_l = \frac{\left(s(\hat{\theta}_l)^{\mathrm{H}} \Sigma_l^{-1} s(\hat{\theta}_l)\right)^2}{\left|s(\hat{\theta}_l)^{\mathrm{H}} \Sigma_l^{-1} \hat{x}_l\right|^2 - s(\hat{\theta}_l)^{\mathrm{H}} \Sigma_l^{-1} s(\hat{\theta}_l)} \tag{5-52}$$

(5) 多径数量 L。在每次估计开始，我们将 L 设置成最大可能的路径数，估计所有路径上的参数，然后设计基于信噪比的路径选择策略，即

$$\left|s(\hat{\theta}_l)^{\mathrm{H}} \Sigma_l^{-1} \hat{x}_l\right|^2 > s(\hat{\theta}_l)^{\mathrm{H}} \Sigma_l^{-1} s(\hat{\theta}_l) \times \frac{\mathrm{SNR}'}{\gamma_l^2} \tag{5-53}$$

其中，$\gamma_l = \dfrac{s(\hat{\theta}_l)^{\mathrm{H}} \Sigma_l^{-1} s(\hat{\theta}_l)}{\hat{w}'_l + s(\hat{\theta}_l)^{\mathrm{H}} \Sigma_l^{-1} s(\hat{\theta}_l)}$；$\mathrm{SNR}'$ 为预定义的信噪比阈值。

当上式满足时，我们认为第 l 条路径保留；反之，删除第 l 条路径，将此路径分解出来的 CSI 纳入噪声信号。

RshipLoc 多维定位特征估计算法如下。

算法 5-3　RshipLoc 多维定位特征估计算法

输入：从一对 AP 获取的 CSI 的测量值

输出：(TOF, AOA, DFS, α_l)多维定位特征参数

1 for　路径 $l \in 1, 2, \cdots, L$ do

2 根据式(5-45)计算第 l 条路径上的 CSI；

3　　根据式(5-47)～式(5-49)计算第 l 条路径上的 TOF、 AOA、 DFS；

4　　if 式(5-53) do

5　　　根据式(5-50)、式(5-51)计算第 l 条路径上的复衰减；

6　　　根据式(5-52)计算第 l 条路径的稀疏参数；

7　　　$\hat{L}' \leftarrow \hat{L}$

8　　else

　　　移除第 l 条路径分量 $\hat{L}' \leftarrow \hat{L} - 1$

9 end

以上算法总结了参数估计过程，当前后 2 次迭代中所有参数的变化不超过设定的阈值时，迭代过程结束，估计的参数传入基于 RNN 的定位模块。

5.3.3 船舶环境下基于循环神经网络的室内定位方法

对于船舶室内环境的信道参数估计问题，改进后的 VB-SAGE 算法很有前景，但是仍然不足以支撑我们进行细粒度的被动式人员跟踪。根据我们的分析，该方法可能由以下问题导致定位精度下降。

第一，在船舶环境低信噪比的条件下，VB-SAGE 算法的估计参数不是最优的。为验证我们的想法，当 VB-SAGE 算法收敛后，我们继续迭代一次，并使用联合搜索的策略，得到(TOF, AOA)对的三维似然剖面。如图 5-13 所示，波峰的位置与真实值的位置存在一定误差，且似然函数的波峰非常宽，AOA 的波峰宽度有 30°，TOF 的波峰宽度有 50ns。我们的分析是，在船舶低信噪比环境下，在进行多径的 CSI 信号分离时，会将更多的噪声信号纳入多径信号，导致波峰变宽，定位误差增大。

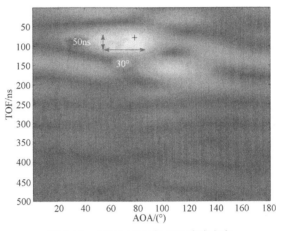

图 5-13　(TOF, AOA)似然的波峰太宽

第二，如图 5-13 所示，VB-SAGE 算法估计所有 L 条多径的信道参数，其中既包括人反射的多径的参数、墙壁和家具等反射多径的参数和由噪声虚构出来的实际不存在的多径的参数。要实现细粒度的目标定位，必须从这些混杂的参数中找到人员反射的多径参数。

之前的工作利用多径信道的信号强度特征，认为人反射的多径信号功率最大，从而提取出人反射的信号参数。基于信号功率进行目标参数选取的方法在船舶环境下不再适用，因此我们提出使用循环神经网络的方法，自动学习从多径参数到目标位置的映射。

由于 VB-SAGE 算法能够自适应地估计每个时刻的多径数量，因此每个时刻估计出的多径数量可能不同。为统一数据的维度，便于输入 RNN 网络，我们将每个时刻估计出的 L 条多径的(TOF, AOA, DFS)似然剖面加到一个矩阵里。这样既统一了输入 RNN 网络的数据维度，又不会丢失每个多径的参数信息。这样我们就将定位问题转换成图像处理的问题，可以利用大量成熟的处理图像的深度网络解决定位问题。

为了实现从(TOF, AOA)似然矩阵到目标位置坐标的映射，我们设计了一个结合 CNN 和 RNN 的深度神经网络。如图 5-14 所示，该网络以多径参数的(TOF, AOA)似然矩阵作为输入，包括一个 CNN 层学习空间局部特征，一个 LSTM 层学习时间局部特征和一个全连接层将 LSTM 的输出映射到目标位置，最终输入目标所在位置坐标。基于 CRNN 的定位模型如图 5-15 所示。

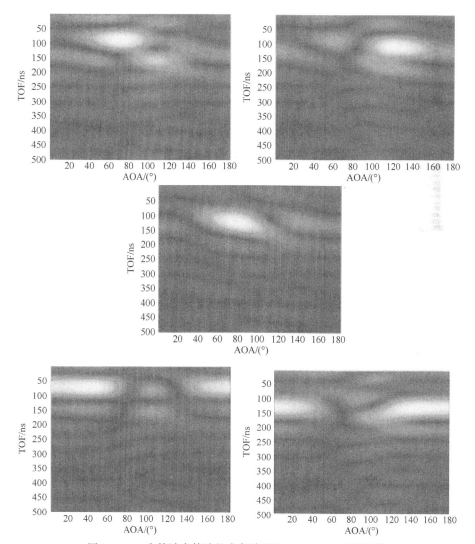

图 5-14　一次估计中估计的多条路径的(TOF, AOA)似然矩阵

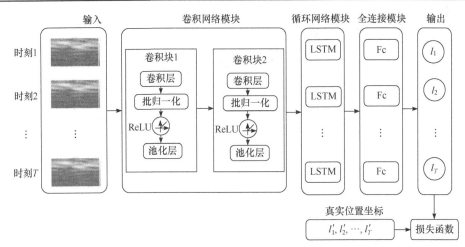

图 5-15　基于 CRNN 的定位模型

1. CNN 层

我们使用 LeNet[25]的一个变形作为基于 RNN 的定位模型的 CNN 部分。在我们的网络结构中，去掉 LeNet 中最后的两层全连接层，将最后一个最大池化层直接与 LSTM 单元相连。这种结构可以使我们的网络更高效地学习得到时空特征。具体而言，CNN 部分主要包括两个卷积层。第一个卷积层为 20 个 7×7 大小的卷积核；第二个卷积层为 50 个 3×3 大小的卷积核。每个卷积层后面都连接着一个最大池化层和 ReLU 层，最终 CNN 部分的输出被重构成一个 800×1 的向量，并作为 LSTM 层的输入。基于 CRNN 的定位模型结构如图 5-16 所示。

2. LSTM 层

传统的循环神经网络能够学习到时间序列数据中复杂的时间动态特征。然而，输入数据很长时，会导致 RNN 网络的梯度消失或者梯度爆炸问题。这使循环神经网络模型很难学习到输入序列中的长距离依赖关系。这里使用 RNN 中的 LSTM 网络结构。LSTM 网络通过引入门结构，可以有效地缓解梯度爆炸或梯度消失的问题。LSTM 的输出是一个长度为 256 的高维向量。

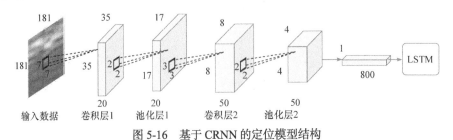

图 5-16　基于 CRNN 的定位模型结构

3. 全连接层

LSTM 网络的输出通过一个删除层和全连接层映射到目标位置坐标。在训练阶段，删除层在每次迭代时随机消除 LSTM 层和全连接层之间的联系，而在测试阶段，删除层从网络中被移除，LSTM 层直接与全连接层相连。在网络结构中添加删除层可以有效避免网络过拟合。当训练数据比较有限时，这样做是十分关键的。在我们的实验中，我们凭经验设置删除率为 0.3。全连接层的输出是一个长度为 2 的向量，分别代表 X 坐标和 Y 坐标。

4. Loss 函数

基于 RNN 的深度学习定位模型经过训练可以将多径参数的(TOF, AOA)似然矩阵映射到目标位置坐标。具体而言，以 k 时刻的坐标似然矩阵作为输入 X_k，输入 CNN 中提取局部空间特征得到向量 α_k，接着将 CNN 的输出输入 LSTM 网络中，将 LSTM 的输出向量 β_k 输入一个全连接层，得到目标位置坐标 Y_k。为训练网络，我们使用 L_2 范数作为网络的 Loss 函数，学习目标是令预测目标坐标 Y_k 与真实目标位置坐标 F_k 误差最小。真实目标位置坐标 F_k 通过基于视频流的位置提取技术获取，即

$$\alpha_k = \text{CNN}(X_k) \tag{5-54}$$

$$\beta_k = \text{LSTM}(\alpha_k) \tag{5-55}$$

$$Y_k = \text{Fc}(\beta_k) \tag{5-56}$$

$$\text{Loss} = -\sum_k F_k - Y_k^2 \tag{5-57}$$

通过基于 RNN 的定位模型，在船舶动态钢铁环境下，我们实现了亚米级被动式 Wi-Fi 室内人员的定位与追踪。

5.4　基于深度学习的船舶室内定位系统性能评估

5.4.1　系统平台搭建

在实验中，AP 是 TP-LINK 路由器，其工作于 2.4GHz 频带，带宽为 20MHz。DP 是配备商用 802.11n 5300 NIC(network interface controller, 网络接口控制器)和 Linux 内核 2.6.34 操作系统的 ThinkPad T 系列笔记本电脑。两部带有定制软件的 iPhone 6s 智能手机用于 GPS 和船舶运动信息收集。系统服务是在具有 3.40GHz Intel E2-1231 CPU 和 16GB 内存的 PC 上设置的。MoLoc 组件是使用 Python 实现的。对于深度神经网络，我们使用 TensorFlow 和 Keras 修改并构建 CAE 和 LSTM

网络。

　　本节开发并部署实验平台，在长江贰号和长江黄金七号 2 艘不同游轮中从 4 个大小为 6.5m×9.4m 和 9.7m×13.2m 的房间收集船舶运动和 CSI 数据。在每个房间中，选择 29 个位置进行评估。2 个附近位置之间的最小距离为 0.4m，这为一般人员的位置保留了合理的距离。如图 5-17 所示，室内包括 2 到 3 个 DP 和 1 个 AP 的 Wi-Fi 设施。其中，DP 会以每秒 10 个数据包的频率不断链接 AP 创建定位通信信号。在每个位置，记录 300 个 CSI 数据包，以及相应的船舶运动数据。

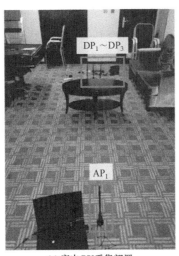

(b) 基于Intel 5300网卡的CSI采集平台

(a) 室内CSI采集部署　　　　　　　　(c) 船舶航行状态传感器部署

图 5-17　长江七号邮轮内实验场景示意图

5.4.2　基于非监督学习的船舶室内指纹特征迁移效果

　　本节在 2 艘内河客船上全面部署并大量测试 MoLoc。首先介绍实验中的测试平台和数据收集方法，然后通过与 4 种最新的人员室内定位技术进行比较，评估 MoLoc 的性能。

　　1. 对比方法

　　将 MoLoc 与 4 种基于 CSI 的最先进的定位技术(Pilot，SpotFi，LiFS，AutoFi) 进行比较，如表 5-1 所示。其中，作为基准方法的 Pilot 基于 CSI 位置指纹实现定位。LiFS 利用 CSI 功率衰落模型估计用户位置静态环境的被动定位技术。SpotFi 是基于 AoA 的定位方法，使用来自所有 Wi-Fi 路由器的直接路径 AoA 估计和 RSSI 测量。AutoFi 是基于指纹的最新的室内定位算法，具有在线校准模块，可以适应动态环境，如移动家具。表中显示了这些系统与 MoLoc 的比较，其中 FP 和 PS

代表指纹定位和相位偏移。

表 5-1 MoLoc 与最新的基于 Wi-Fi 的被动式定位技术比较

性质	LiFS	SpotFi	Pilot	AutoFi	MoLoc
技术	Wi-Fi	Wi-Fi	Wi-Fi	Wi-Fi	Wi-Fi
方法	衰减	PS/AOA	FP	FP	FP
(Tx, Rx)	(1, 1)	(2, 2)	(2, 2)	(1, 1)	(1, 2)
场景	静态	静态	动态	动态	动态
范围/m	12	8	11	7	12
精度/m	0.7	0.6	1.0	0.8	0.5

2. 系统部署

数据记录过程如下，在两次航行中，包括男性和女性在内的四名志愿者作为定位对象，并在每个房间收集未标记的 CSI 数据和相应的传感器数据。如先前收集的指纹图谱，请志愿者在航行期间反复坐在每个位置，进行坐下和站立活动。在为期 5 天的航行中，游轮每天在不同的港口停泊两次，等待乘客上岸。因此，可以在一次航程中收集 10 轮完整的游轮启航到停泊的数据，并覆盖所有 9 个室内舱室地点。总共收集 720 条未标记的 CSI 指纹记录及其相应的船舶运动数据(来自 9 个物理位置和 4 个实验员)。为了客观地评估 5 种技术在移动船舶环境中的准确性，通过在 3 天的航行窗口中随机选择 5 个不同的时间收集测试数据集，以在白天和晚上测试基于 CSI 的定位方法的性能。不同时间采集的 CSI 指纹测试数据集如表 5-2 所示。

表 5-2 不同时间采集的 CSI 指纹测试数据集

组号	测试日期	时间	船速/(km/h)
1	2019/05/28	6：00PM	0
2	2019/05/29	9：31PM	21.2
3	2019/05/29	2：05PM	6.3
4	2018/05/30	12：20PM	5.6
5	2018/05/30	4：34PM	9.2

3. 系统性能分析

本节从 3 个方面完成对 MoLoc 的性能评估，即船舶运动描述符提取、指纹漫游、定位精度对比。

(1) 运动描述符提取性能分析。首先评估本章使用的特征选择方法，然后提取对室内信道状态影响大的传感器数据特征。室内 CSI 与船舶运动相关因素关系量化示意图如图 5-18 所示。图 5-18(a)展示了 CSI 在前两个主要成分 e_1 和 e_2 上的投影。可以看出，低维度投影的 CSI 数据被分散，同时我们绘制每个分量的直方图。如图 5-18(c)所示，CSI 的加速度、转向和速度之间的相关性高于其他因素，包括气压和亮度等。本节选择与船舶运动最相关的传感器信息作为船舶运动描述符特征。

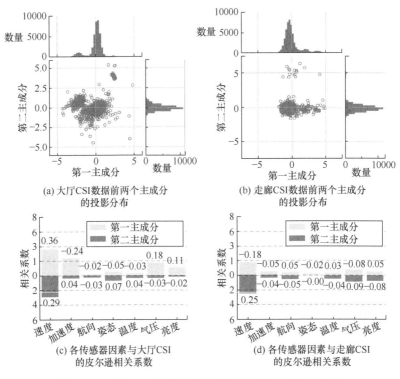

(a) 大厅CSI数据前两个主成分的投影分布

(b) 走廊CSI数据前两个主成分的投影分布

(c) 各传感器因素与大厅CSI的皮尔逊相关系数

(d) 各传感器因素与走廊CSI的皮尔逊相关系数

图 5-18 室内 CSI 与船舶运动相关因素关系量化示意图

然后，利用船舶运动描述符从船的加速度、角速度和速度中提取潜在表示并可视化展示。原始船舶传感器数据和运动描述符分析示意图如图 5-19 所示，绘制了 3 个船舶运动的原始数据，即锚泊、加速度和转向，以及提取的运动描述符。这里仅显示每个原始数据中的加速度和转向，并使用二维空间代表 3 个运动描述符。可以观察到，描述符的样本可以形成 3 个聚类，这直观地证明了本章提出的运动描述符可以将多种船运动表示为可区分的低维度向量。

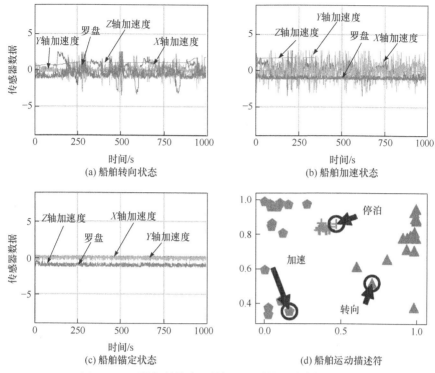

图 5-19　原始船舶传感器数据和运动描述符分析示意图

(2) 指纹漫游性能分析。为了进一步说明指纹漫游模型的有效性，我们展示了移动船中的环境变化如何使基于 CSI 指纹的定位性能退化。图 5-20 所示显示了 9 个位置的局域性混淆矩阵，研究在第 2 个样本集的船舶运动下指纹变化的性质。图 5-20(a)证明，当船舶保持停泊在该位置时，船舶内的指纹图谱基本保持一致，并使基于指纹的定位分类达到 90%以上的准确率。在船舶开始航行并产生 CSI 测量值的干扰之后，指纹识别结果基本全部混淆了位置。如图 5-20(b)所示，基线方法的定位结果大部分是非对角线元素，其中一些集中在位置 L_4 附近。

对于 AutoFi 系统，该系统通过检测参考位置 L_0 的指纹变化校准在线 CSI 指纹(该参考位置 L_0 表示该区域没有人) 来适应不断变化的环境。如图 5-20(c)所示，可以看到指纹图被校正，但大多数定位结果趋于收敛到 L_8。这是因为 AutoFi 系统只利用空位置进行指纹修正所产生的错误收敛问题。如图 5-20(d)所示，定位结果沿着矩阵的对角线出现。这表明，指纹漫游模块能够根据船舶运动捕获 CSI 变化模式，并将 CSI 指纹转移回其预先构建的状态。

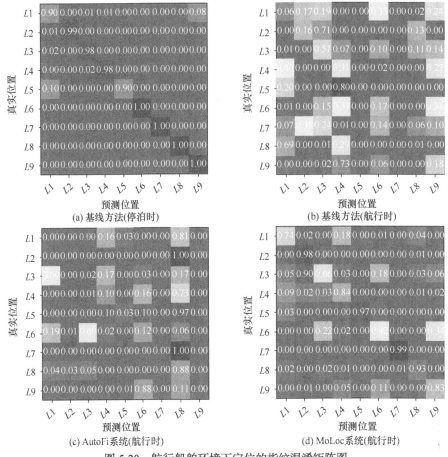

图 5-20　航行船舶环境下定位的指纹混淆矩阵图

(3) 定位精度对比性能分析。5 种定位技术性能在测试集中的定位结果比较如图 5-21 所示。在船锚泊状态下，基线方法 Pilot 可以达到 90% 以上(高达 93.2%)的高精度，这与在文献[1]中的结果一致。随着船舶开始航行，Pilot 系统的最大精度急剧下降到 63.2%。实验结果类似于 SpotFi 和 LiFS。两种方法在停泊时均能达到良好的性能，并且在航行时两种方法的准确性都会大大降低(最高 3.7m)。

为了评估 MoLoc 的准确性，展示五个定位系统的定位准确性。我们将船舶传感器数据下采样至 10Hz，以适应 CSI 的测量速率，以每秒 60 个样本对 CSI 及其对应的船舶运动进行分段，通过预处理后对应于大约 6s 的船舶运动传感器数据，将它们组合输入指纹漫游模型。当指纹间隔为 0.4m 时，MoLoc 系统可达到 92.85% 的指纹分类精度，而自动校准的 AutoFi 方法可达到 71.31%。MoLoc 在船内的平均定位误差可达到 0.68m。这表明，MoLoc 系统在移动船舶环境中的定位精度方面具有优势，并且可以捕获不同船舶运动的变形模式。

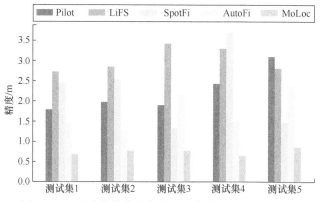

图 5-21　5 种定位技术性能在测试集中的定位结果比较

(4) 模型分析。目前测试了 MoLoc 在移动船舶场景中室内定位的性能。下面讨论模型参数和效率。

① 卷积核数的影响。值得注意的是，CAE 的卷积核数量会影响船舶运动描述符模型的性能。CAE 中卷积核的数量将确定运动描述符的大小，并提高解码精度。但是，过多的卷积核将导致存储和模型训练的额外成本。这里选择误差和稀疏度这两个指标评估 CAE 模型。误差定义为所有编码和解码向量之间的均方误差，而稀疏度是所有隐藏层值的平均值。如表 5-3 所示，误差随着卷积核数量的增加而减小。同时，为了优化卷积核数量和模型成本，本章选择 64 个卷积核。在达到较低的误差同时能保持一定的稀疏度，我们认为这种配置可以进行精确的船舶运动状态学习。

表 5-3　卷积核数量选择

核数量	8	16	32	64	128	256
误差	1.15	0.92	0.64	0.43	0.43	0.33
稀疏度	0.54	0.54	0.53	0.53	0.53	0.53

② 效率和可扩展性。由于系统的设计考虑能源效率，因此 MoLoc 仅在单个通道中使用来自 AP 的信标，通过设置 AP 的信标同步，定期唤醒并采集 CSI。由于使用系统服务比应用程序更节能，因此可以进一步减少消耗。根据评估，保持后台运行数据收集应用程序只会导致大约 10% 的额外功耗。这对大多数商用 Wi-Fi 移动设备来说是可以承受的。

5.4.3　基于多维度特征的定位方法结果

本节描述 S³LOC 系统架构、网络训练、实船实验环境部署，以及评估实验效果。

1. 平台搭建与实验部署

实验请 11 名志愿者(包括男性和女性)作为实验者,并从 2 艘内河邮轮的 6 个不同房间收集 CSI 数据。S³LOC 实验场景示意图如图 5-22 所示。在各个场景内分别搭建一个 Wi-Fi 实验平台,其中包括一个发射器(无线路由器)和两个接收器(Intel Wireless Link 5300 NIC)收集 CSI 数据,并将传输速率设置为每秒 200 个数据包。实验者在室内按照规定的路线进行匀速行走,让实验者在每个房间中重复这 6 个路线各 5 轮,并且在每一轮中,要求实验者进行每种运动 50s。总共收集 360 组不同船舶不同房间的活动数据,并分别对应 12 个不同的领域。

(a) 源域

(b) 目标域(驾驶台)

图 5-22 S³LOC 实验场景示意图

2. 多维度特征迁移性能分析

首先对 CSI 数据集上提出的 S³LOC 框架的性能进行定量分析,将其与基准 CSI 进行比较。将 CSI 数据集随机分为源域(即带有标记活动的主题房间对)和目标域(未标记任何活动的域),同时确保源域和目标域中的房间不同。实验有 22 个源域(2 个房间中的 11 个志愿者)和 18 个目标域(3 个房间中的 6 个志愿者),并且 6 个志愿者同时参与源域和目标域的数据采集,将源域的数量从 2 个逐渐增加到 22 个,并使用准确性作为评估的标准。S³LOC 的训练过程采用最新工作中的两种技术稳定模型训练过程。首先,对于 Loss_F,本节使用最小二乘损失代替负对数似然目标,然后使用实例规范化。这种损失函数在训练过程中表现得更加稳定,并产生更高质量的结果,则 Loss_F 可表示为

$$\text{Loss}_F(F,D,X_i,X_j) = E_{x \sim p_{\text{data}}(X_j)}(\log D(x))$$
$$+ E_{x \sim p_{\text{data}}(X_i)}(\log(1-D(F(x)))) \tag{5-58}$$

　　其次，为减少模型训练过程的振荡，我们使用生成的历史记录，而不是由最新生成的网络生成的数据来更新判别器 D。实验保留一个 CSI 指纹，并将其可视化，如图 5-23 所示。

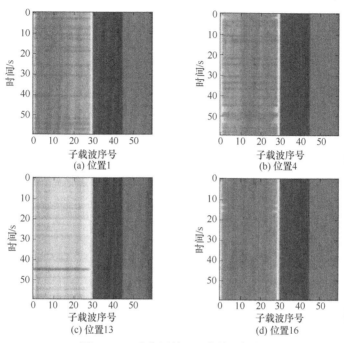

图 5-23　4 个位置的 CSI 指纹可视化

3. 定位特征精度分析

　　本部分显示定位特征的精度，包括 ToF、AoA 和 DFS 的测量结果。图 5-24 显示了一条轨迹的典型多径信号参数，其中目标的行动过程是首先远离链路的 LoS 路径，然后回到链路 LoS 路径。可以看出，定位目标的定位参数，LoS 路径的参数却与其他路径和噪声的参数混淆了。

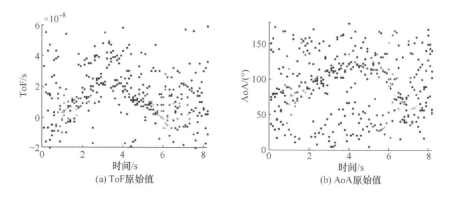

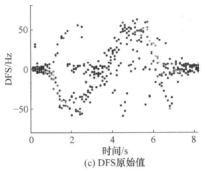

(c) DFS原始值

图 5-24　根据 CSI 采集值提取的多维度定位特征

面对此问题,实验使用的 CSI 测量是子载波的幅度信息。由于数据收集过程中的数据包丢失,首先对 CSI 测量值进行插值,获得统一的采样周期,然后将 CSI 测量值标准化为平均值为零,标准偏差为 1。然后,使用 Hampel 滤波器去除杂波,并将 CSI 测量降低采样到 25Hz。将每 128 个样本的 CSI 测量值与 32 个样本重叠进行细分,这相当于约 5.12s 的人类活动。对于来自 2 个接收器的每个分段,我们计算该分段与滞后不超过 τ 个时间单位的分段之间的相关性。通过在实验中将 τ 设置为 128,将它们与每个段的 FFT 结合,作为深度学习模型的输入。处理后的多维度定位特征如图 5-25 所示。此外,由于迁移模型过滤掉了大多数静态信号,因此剩余部分可能包含更显著的噪声。

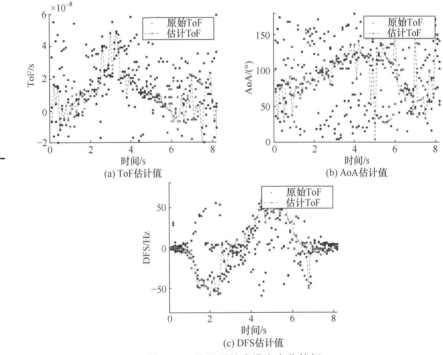

图 5-25　处理后的多维度定位特征

实验使用的 CSI 测量是子载波的幅度信息。由于数据收集过程中有数据包丢失，定位目标的真实轨迹和估计路径如图 5-26 所示。

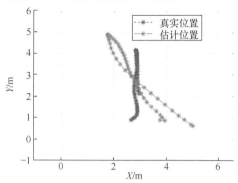

图 5-26　定位目标的真实轨迹和估计路径

4. 不同模型参数下系统性能评估

在这组实验中，我们在各种模型参数下对 S³LOC 进行评估。这些参数包括校准有效范围和船速采样。

(1) 位置间隔的影响。一般来说，如果距参考位置的距离较长，则在定位参数的分辨率功能的受限的情况下，定位性能会变差。但是，在有效范围短的情况下，参考指纹检测需要更多的时间收集数据。为了验证 S³LOC 中校准有效范围的参数，比较不同校准有效范围内的系统性能。图 5-27(a) 显示了定位精度和检测精度相对于有效范围的变化。

如图 5-27(a) 左图显示，当参考有效范围小于 5m 时，位置识别率高于 80%。这表明，当范围增加时，定位率会降低，因为参考位置的变化模式无法覆盖整个定位区域。图 5-27(a) 的右图描述检测率。随着校准范围的减小，用于计算阈值 σ 的参考指纹的数量也在增加。结果表明，只要校准有效范围不小于 5m(实际上可以很容易地满足)，则检测率至少为 96%。

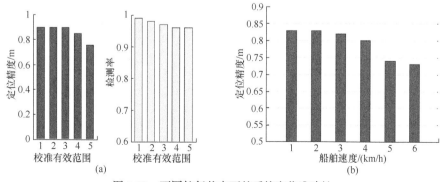

图 5-27　不同航行状态下的系统定位准确性

(2) 航行状态的影响。实际上，船速是模拟值，需要进行采样构建虚拟指纹图的速度轴。密集的速度采样方法可以实现敏感的指纹识别和对移动环境变化的全面了解。当两个地图的速度非常接近时，准确区分两个地图之间的细微差异仍然是挑战。如果适当选择速度采样间隔，它可以具有同样的位置信息，同时减少内存消耗和计算时间。因此，通过几种速度采样案例来测试 S³LOC 中对船舶速度定位性能的影响。这里将船舶航速的幅度从 1km/h 增加到 6 km/h。图 5-28(b)显示出不同速度间隔下位置的定位准确性。可以看出，该系统在所有小于 4 km/h 的场景下均表现良好，平均定位误差在 80%～83%。

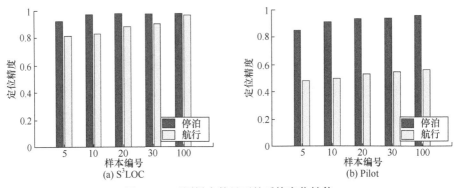

图 5-28　不同样本数量下的系统定位性能

(3) 测试包数量的影响。在运行时，收集的用于定位的测试数据包影响基于 CSI 指纹的定位系统性能。此处，将测试不同大小的测试数据包对 S³LOC 的定位精度。假设人类的步行速度高达 1m/s，位置网格的大小为 1m，设置 DP 从 AP 每 100ms 发送一次的数据包中提取 CSI。因此，为了进行定位，目标在网格内部至少需要 1s，且每个 AP 接收 10 个信标。如图 5-27 所示，在船舶航行和停泊状态下，定位精度随每个 AP 接收到的数据包数量的变化。S³LOC 的典型大小为每个 AP 采集 5 个包。当船舶航行时，船舶主厅 50 个位置上的平均准确度达到 82%。20 个数据包分别将它们提高到 88%和 53%。这表明，S³LOC 在用户具有较高的移动速度，或者具有较高的丢包率时，能够保持良好的性能。

5.5　小　　结

本章介绍基于迁移学习的船舶室内指纹特征迁移模型、基于对抗生成学习的多维度定位特征方法，以及基于循环神经网络的多维度定位方法。

为动态船舶环境设计并实现基于迁移学习模型的 Wi-Fi 被动式人员定位系统。本章首先提出一种基于 CAE 的船舶运动描述符，从复杂的船舶运动中提取判别性潜在表示。然后，设计基于 LSTM 的在线指纹漫游模型，将在线时的 CSI 数据根据当前的船舶传感器数据迁移回不受船舶干扰的 CSI 指纹，以适应动态的船舶运动状态。同时，设计一种无监督学习策略，使用未标记的船舶传感器数据自动训练漫游模型。实际的实施和评估表明，系统能够有效地提高定位精度，并显著降低移动船舶环境的系统部署成本。

为船舶环境设计并实现基于跨场景的室内定位方法，利用来自定位场景的空间信息参数，构建一个包括 CSI 幅值、AoA、ToF 和 DFS 等定位参数的统一 CSI 模型，并设计一种有效的联合估计算法，推测实际 CSI 特征。在此基础上，设计基于循环一致对抗网络的定位特征迁移模型。该模型可以将单场景下构建的 CSI 定位特征库进行多场景下的映射和迁移，实现定位系统在船舶复杂场景下的快速部署。

基于循环神经网络的船舶环境多维特征定位方法，介绍一种基于稀疏变分贝叶斯 SAGE 算法，用于在船舶动态环境中精确提取多维度定位特征，包括信号 ToF、AoA 和 DFS，得到多维特征的似然剖面。在此基础上，设计基于卷积循环神经网络的定位模型，将坐标似然矩阵和真实位置坐标输送到卷积循环神经网络，自动学习从坐标似然矩阵到实际坐标位置的映射。

参 考 文 献

[1] Xiao J, Wu K, Yi Y, et al. Pilot: Passive device-free indoor localization using channel state information//IEEE 33rd International Conference on Distributed Computing Systems, Philadelphia, 2013: 236-245.

[2] Wang J, Xiong J, Jiang H, et al. Low human-effort, device-free localization with fine-grained subcarrier information. IEEE Transactions on Mobile Computing, 2018, 17(11): 2550-2563.

[3] Kotaru M, Joshi K, Bharadia D, et al. Spotfi: Decimeter level localization using Wi-Fi// Proceedings of the ACM Conference on Special Interest Group on Data Communication, New York: 2015: 269-282.

[4] Chen X, Ma C, Allegue M, et al. Taming the inconsistency of Wi-Fi fingerprints for device-free passive indoor localization//Proceedings of IEEE International Conference on Computer Communications, Atlanta, 2017: 1-9.

[5] Seifeldin M, Saeed A, Kosba A E, et al. Nuzzer: A large-scale device-free passive localization system for wireless environments. IEEE Transactions on Mobile Computing, 2012, 12(7): 1321-1334.

[6] Chang L, Chen X, Wang Y, et al. FitLoc: Fine-grained and low-cost device-free localization for multiple targets over various areas. IEEE/ACM Transactions on Networking, 2017, 25(4): 1994-2007.

[7] Kosba A E, Saeed A, Youssef M. RASID: A robust WLAN device-free passive motion detection system//IEEE International Conference on Pervasive Computing and Communications, Lugano, 2012: 180-189.

[8] Wang W, Liu A X, Shahzad M, et al. Understanding and modeling of Wi-Fi signal based human activity recognition//Proceedings of the 21st Annual International Conference on Mobile Computing and Networking, Paris, 2015: 65-76.

[9] Qian K, Wu C, Yang Z, et al. Widar: Decimeter-level passive tracking via velocity monitoring with commodity Wi-Fi//Proceedings of the 18th ACM International Symposium on Mobile Ad Hoc Networking and Computing, Modras, 2017: 1-10.

[10] Qian K, Wu C, Zhang Y, et al. Widar2.0: Passive human tracking with a single Wi-Fi link// Proceedings of the 16th Annual International Conference on Mobile Systems, Applications, and Services, Munich, 2018: 350-361.

[11] Chen M, Liu K, Ma J, et al. Spatio-temporal fingerprint localization for shipboard wireless sensor networks. IEEE Sensors Journal, 2018, 18(24): 10125-10133.

[12] Liu K, Chen M, Cai E, et al. Indoor localization strategy based on fault-tolerant area division for shipboard surveillance. Automation in Construction, 2018, 95: 206-218.

[13] Jiang G W, Fu S H, Chao Z C, et al. Pose-relay videometrics based ship deformation measurement system and sea trials. Chinese Science Bulletin, 2011, 56(1): 112-118.

[14] Andrey V M, Andrey V K. Use of the ring laser units for measurement of the moving object deformations//Proceedings of the 2nd International Conference on Lasers for Measurements and Information Transfer, St. Petersbug, 2002, 4680: 85-92.

[15] Sen S, Radunovic B, Choudhury R R, et al. You are facing the Mona Lisa: Spot localization using PHY layer information//Proceedings of the 10th International Conference on Mobile Systems, Applications, and Services, Lake District, 2012: 182-196.

[16] Yin J, Yang Q, Ni L M. Learning adaptive temporal radio maps for signal-strength-based location estimation. IEEE Transactions on Mobile Computing, 2008, 7(7):869-883.

[17] Xie Y, Li Z, Li M. Precise power delay profiling with commodity Wi-Fi. IEEE Transactions on Mobile Computing, 2018, 18(6): 1342-1355.

[18] Qian K, Wu C, Yang Z, et al. PADS: Passive detection of moving targets with dynamic speed using PHY layer information//Proceedings of the 20th IEEE International Conference on Parallel and Distributed Systems, Taibei, 2014: 1-8.

[19] Ganin Y, Lempitsky V. Unsupervised domain adaptation by backpropagation//International Conference on Machine Learning, Lille, 2015: 1180-1189.

[20] Karnin E D. A simple procedure for pruning back-propagation trained neural networks. IEEE Transactions on Neural Networks, 1990, 1(2): 239-242.

[21] Boyd S, Boyd S P, Vandenberghe L. Convex Optimization. Cambridge: Cambridge University Press, 2004.

[22] Shutin D, Fleury B H. Sparse variational Bayesian SAGE algorithm with application to the estimation of multipath wireless channels. IEEE Transactions on Signal Processing, 2011, 59(8):

3609-3623.

[23] Qian K, Wu C, Zhou Z, et al. Inferring motion direction using commodity Wi-Fi for interactive exergames//Proceedings of the 2017 CHI Conference on Human Factors in Computing Systems, Denver Colorado, 2017: 1961-1972.

[24] Xie Y, Xiong J, Li M, et al. mD-Track: Leveraging multi-dimensionality for passive indoor Wi-Fi tracking//The 25th Annual International Conference on Mobile Computing and Networking, Los Cabos, 2019: 1-16.

[25] LeCun Y, Bottou L, Bengio Y, et al. Gradient-based learning applied to document recognition. Proceedings of the IEEE, 1998, 86(11): 2278-2324.

第6章 船载舱室无线感知技术及应用

本章介绍基于无线感知技术在船舶舱室环境中的应用，包括船舶舱室异常入侵检测、驾驶员值班行为检测、船舶应急导航与疏散等。

6.1 船舶舱室异常入侵检测方法

船舶内部的安全管理越来越重要，入侵感知技术在船舶航行安全和人员管理方面具有重要的应用前景[1]。特殊的船舶结构会对信号传播造成严重的多径干扰，现有的入侵感知方法不适合船舶动态环境，为了克服船舶环境的限制性，实现船载环境下的高精度人员入侵感知，本节以 Wi-Fi 信号的空间传播理论为研究基础，提出基于 CSI 的船舶舱室人员入侵感知方法，实现对船载环境中移动人员的判断和人员数量的估算。

6.1.1 船载环境下的信号敏感子载波提取

本节以信号空间传播的信道状态模型为理论基础，经过实船考察对比分析船舶环境与普通室内环境的差异性和特殊性，结合现有理论模型和实验实测数据分析 Wi-Fi 信号中不同频率子载波的衰落差异性，同时通过对比分析不同相似性度量方法的优劣，选择最佳的子载波敏感性评价方法提取对环境感知更加敏感的子载波。

1. 基于信道衰减模型的子载波敏感性分析

子载波对于环境的敏感差异性表现为不同频率的子载波在相同环境中衰落情况的差异性[2]。信号的衰落不仅与自身的频率相关，也在很大程度上取决于信号的传播环境，包括固有的多径环境和空间中的人或物体移动所导致的信号传播路径的变化等，都会对信号的衰落造成较大影响。信号的衰落可分为慢衰落和快衰落两种情况[3]，也称作大尺度衰落和小尺度衰落。慢衰落的形成主要是电波在空气中传播时产生的路径损耗，损耗的发生是因为空气会对信号的传播产生类似过滤的作用，且对不同频率的电磁波产生的过滤效果也不同。频率越高，损耗越明显。理论上认为，当收发设备距离保持恒定时，路径损耗也保持恒定。

在理想环境中，信号在反射和折射中的衰减与信号的频率[4]关系为

$$d = \frac{1}{4\pi} \left[\left(\frac{c}{f_0 \times |\text{CSI}_{\text{eff}}|} \right)^2 \times \sigma \right]^{\frac{1}{n}} \tag{6-1}$$

其中，c 为光速；σ 为环境变量；n 为路径衰落指数。

σ 和 n 与信号传播的空间环境相关，在不同的环境中略有不同。环境变量 σ 表示发射端基带到 RF 频段的增益，接收端 RF 频段到基带的增益，以及天线增益。但是，在现实情况下，CSI 的幅值与距离不会保持这样严格的单调关系。当收发设备距离保持恒定时，改变信号接收设备的位置会对 CSI 的幅值造成较大的变化，甚至在同一接收点上 CSI 幅值在不同的时刻也会产生较大的波动。造成这种现象的原因是电磁波的快衰落。快衰落表现为频率选择性衰落、空间选择性衰落和时间选择性衰落。其中，导致频率选择性衰落现象发生的主要原因是多径效应。时间选择性衰落现象发生的主要原因是多普勒效应。空间选择性衰落是指在不同的空间位置，信号的衰落特征不同，通常是由无线通信系统中天线的点波束扩展引起的，一般有空间选择性衰落现象发生的信道就不会有频率选择性衰落和时间选择性衰落现象发生。由于信号空间选择性衰落现象的发生有比较苛刻的前提条件，因此在这里只考虑频率选择性衰落和时间选择性衰落这两种衰落特性对信号传播造成的影响。

使用信道衰减理论模型对子载波敏感度差异性现象进行解释后，结合船载实验环境对现象原因进一步地论证。为此，我们进行了多次实船考察，主要实验环境为重庆三峡旅游公司提供的旅游客轮，包括长江贰号游轮和黄金七号游轮，通过多次实船考察，基本对国内大型游轮内部结构特点有了一个比较全面的认知。结合信号空间传播衰减模型，我们总结出船舶环境对信号衰减造成的关键影响因素。

除了以上 2 个船舶环境特有因素外，还存在人员运动这样的固有因素。人员入侵检测以运动人员为检测对象。特别是，在船舶环境这样人流密度很高的环境中，人员运动状态的变化会导致信号传播路径改变，造成信号的多普勒现象发生，进而导致信号时间选择性衰落。因为人员的运动状态毫无规律可循，所以人员运动状态变化引起的子载波衰落特性的变化也很难找到规律。运动人员对信号传播的影响如图 6-1 所示。

2. 基于 CSI 数据的子载波敏感性分析

为了进一步验证子载波敏感度差异性的存在及其性质，本节进行多组对比实验。为了最大化慢衰落的影响，将实验场景选在环境最为复杂的房间内。房间的 4 个角落分别放置 1 根信号发射天线和 3 根信号接收天线。在船舶航行状态下采集并解析一段时间内的 CSI 数据。如图 6-2 所示，CSI 的幅度值分布相对比较集

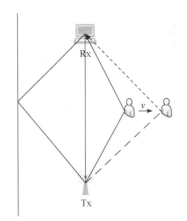

图 6-1　运动人员对信号传播的影响

中，不存在大幅度的波动，因为此时环境中不存在人员的干扰，所以 CSI 幅度在大体上会保持一定的稳定性，但是不同子载波之间的幅度值分布情况有较大的差异。其中，第 1～20 号子载波的波动范围基本可以维持在 2dB 以内，但是部分子载波，如 24 号子载波，波动范围甚至达到 4dB。考虑此时船舶的航行状态因素，船体产生的震动会对信号的船舶产生一定的影响，因此 CSI 幅度会轻微波动。

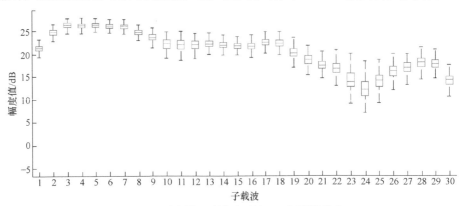

图 6-2　无人员运动影响下的 CSI 幅度值分布

作为对比，继续采集房间内存在运动人员时的 CSI 数据，此时船舶继续维持之前的航行状态，且航速无明显差异。随机选取连续时间段内的 100 组 CSI 幅度值，人员运动影响下的 CSI 幅度值分布如图 6-3 所示。相较于之前静态环境下的 CSI 幅度值分布，此时的 CSI 幅度值波动程度更加剧烈，且波动范围更大。这是由于人员不断运动改变了信号的空间传播环境，CSI 幅值产生波动，同时也观察到并非所有的子载波都出现剧烈的波动。为了更加直观地观察不同子载波之间的波动程度，我们挑选其中对比明显的 3 组子载波。如图 6-4 所示，即使 3 组子载波的传播环境完全一致，但波动情况仍然呈现出较大的差异性，其中 23 号子载波相比 1 号子载波和 16 号子载波来说波动更加剧烈,对环境中人员的运动行为更加敏感,而 1 号子载波的波动相对较微弱,与无人员运动影响下的 CSI 幅值变化相比无明显差异。除此之外,同一频率的子载波随着时间变化,幅度值的变化情况也存在差异,如图 6-4 中的 16 号子载波,第 1~30 个数据包的时间段内幅度值波动维持在较小的范围内,但从第 30 个数据包开始,接收包幅度值出现骤减,直到第 40 个数据包开始又呈现快速的回升趋势。

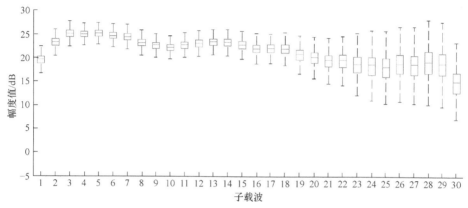

图 6-3　人员运动影响下的 CSI 幅度值分布

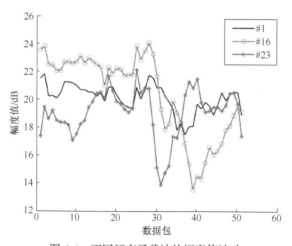

图 6-4　不同频率子载波的幅度值波动

通过这两组对比实验,验证两种信号衰落特性对子载波的衰落造成的影响。基于此,本节提出敏感子载波的概念。敏感子载波主要指那些对环境变化更加敏感的子载波,主要体现在信号传播环境发生人为的干扰或变化时,敏感子载波的幅度值或相位值相较于其他子载波的波动更加剧烈,且敏感子载波具有时变性,对不同的环境变化会呈现出不同的敏感程度。

3. 子载波敏感性评价模型

上节已经分析过不同频率的子载波对环境的感知敏感程度之间存在差异性，并且相同频率的子载波随着信号传播空间环境的时变性，对环境的感知敏感程度也会发生变化。为了充分利用到独立子载波敏感度的差异性特性，我们希望通过量化这种差异性挑选出对环境感知更加敏感的子载波。本节提出基于 KL 散度 (Kullback-Leibler divergence) 的差异性评价方法，并通过对比分析选出最佳的子载波敏感性评价模型。

KL 散度又称相对熵，是描述两个概率分布之间差异的方法[5]。相对熵的计算公式为

$$D_{KL}(P \| Q) = \sum_i P(i) \log \frac{P(i)}{Q(i)} \tag{6-2}$$

其中，P 和 Q 为两种分布的概率密度。

两种分布的差异越大，KL 散度越大；差异越小，KL 散度越小。当两者的分布相同时，KL 散度为 0。KL 散度具有非对称性，即

$$D_{KL}(P \| Q) \neq D_{KL}(Q \| P) \tag{6-3}$$

为了统一两类分布之间的 KL 散度，我们对 KL 散度计算方法做出改进，将代表两类分布的差异两种 KL 散度的均值作为最终的评判标准，即

$$KL(P,Q) = \frac{1}{2}(D_{KL}(P \| Q) + D_{KL}(Q \| P)) \tag{6-4}$$

多数相似度度量方法皆是通过 2 个样本(向量)之间的距离来评价它们之间的相似度，而 KL 散度描述的是整个样本集之间的距离，也称为系统内样本分布的集中程度、分散程度和混乱程度。系统内样本分布越分散，KL 散度就越大，相反如果分布越有序，则 KL 散度越小。KL 散度更加偏向于刻画概率分布之间的差异，因此我们选择将 KL 散度作为度量子载波敏感性的模型。为了刻画不同子载波敏感性之间的差异，本节选择以静态环境下采集的 CSI 数据作为评价基准，通过离线阶段采集静态环境下的 CSI 数据，与测试阶段采集的 CSI 数据进行对比分析选取得到更加敏感的子载波作为入侵检测输入。具体过程如下。

首先，采集在无人状态的环境中的 CSI 数据 CSI_{static} 作为基准，采集包括 30 个子载波的 30 组 CSI 幅度相位数据，分别计算 30 个子载波的概率密度分布，得到 30 个子载波的概率密度分布矩阵 $Q = [Q_1 \quad Q_2 \quad \cdots \quad Q_{30}]$。此矩阵表示在无人员运动环境下 CSI 数据的正常分布，即

$$\text{CSI}_{\text{static}} = \begin{bmatrix} \text{csi}_{1,1} & \text{csi}_{1,2} & \cdots & \text{csi}_{1,30} \\ \text{csi}_{2,1} & \text{csi}_{2,2} & \cdots & \text{csi}_{2,3} \\ \vdots & \vdots & & \vdots \\ \text{csi}_{30,1} & \text{csi}_{30,2} & \cdots & \text{csi}_{30,30} \end{bmatrix} \Rightarrow \begin{bmatrix} Q_1 & Q_2 & \cdots & Q_{30} \end{bmatrix} \tag{6-5}$$

在测试阶段采集到 CSI 数据后，首先需要挑选出那些对环境变化更加敏感的子载波。基于上节得到的敏感子载波具有时变性的性质，为了防止在选取时间段内的子载波的敏感性发生变化，选择以较短的 30 个数据包为一个滑动时间窗口。如图 6-5 所示，每个滑动时间窗口的数据 CSI$_{\text{test}}$ 包含 30 个子载波的 30 组 CSI 数据，表现为 30×30 的矩阵，通过时间窗的滑动对敏感子载波进行再次筛选。在每次敏感子载波筛选过程中，使用和上述同样的方法计算当前时间窗内的 30 个子载波的概率密度分布的矩阵 $P = [P_1\, P_2\, \cdots\, P_{30}]$。

$$\text{CSI}_{\text{test}} = \begin{bmatrix} \text{csi}_{1,1} & \text{csi}_{1,2} & \cdots & \text{csi}_{1,30} \\ \text{csi}_{2,1} & \text{csi}_{2,2} & \cdots & \text{csi}_{2,3} \\ \vdots & \vdots & & \vdots \\ \text{csi}_{30,1} & \text{csi}_{30,2} & \cdots & \text{csi}_{30,30} \end{bmatrix} \Rightarrow \begin{bmatrix} P_1 & P_2 & \cdots & P_{30} \end{bmatrix} \tag{6-6}$$

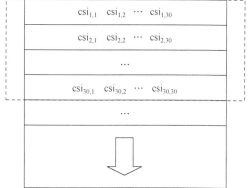

图 6-5　CSI 数据选取滑动窗口

通过比较测试阶段采集的 CSI 数据分布与正常的无人员运动状态下的 CSI 数据分布之间的差异决定哪些子载波对环境的敏感程度更高。比较过程利用 KL 散度衡量差异性，具体过程如下。

根据 KL 散度的定义和公式计算此时采集到的 CSI 数据与标准静态环境中 CSI 数据之间的 KL 散度 $D_{\text{KL}}(k)$，是一组 30 维的向量，其中包含当前环境下的 30 个子载波与标准静态环境中的 30 个子载波分布之间的 KL 散度信息，即

$$\text{KL}(k) = \frac{1}{2}\left(\sum_i P_k(i) \log \frac{P_k(i)}{Q_k(i)} + \sum_i Q_k(i) \log \frac{Q_k(i)}{P_k(i)} \right), \quad k = 1, 2, \cdots, 30 \tag{6-7}$$

KL 散度越大，分布之间的差异越大，因此直接比较 30 个子载波的 KL 散度，保留 KL 散度最大的 n 个子载波 $\{k|\max[D_{KL}(k)]\}$ 作为敏感子载波，用作下一步人员入侵检测的基础数据。

为了验证敏感子载波选取的有效性，本节采集有人和无人两种情况下的 CSI 数据。敏感子载波的选取示意图如图 6-6 所示，并使用基于 KL 散度的相似性度量方法计算得到分布差异性最大的 10 组子载波。

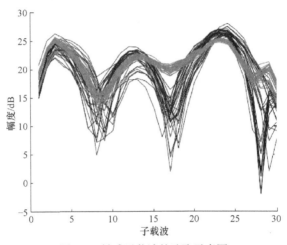

图 6-6　敏感子载波的选取示意图

6.1.2　基于敏感子载波的人员入侵检测方法

非接触式船舶舱室入侵检测不但可以实现对船舶敏感舱室、人员密集场所的有效感知，还可以对船舶舱室安全状态进行有效的监测管理。随着船舶智能化技术及无人船舶技术发展，船载环境下的入侵检测技术具有更加重要的现实意义[6]。本节基于船舶环境下的入侵检测需求，提出基于 CSI 的人员移动检测算法和人员数量估算方法，并通过实验数据算法性能进行评估分析。

为了实现对移动人员的精确检测，首先考虑通过子载波的幅度值的变化作为评判标准，利用幅度值的方差特征指示幅度的波动程度，然后通过阈值判断是否存在人员移动行为。实验发现，即使是在无人员运动的环境下，CSI 的幅度值也会出现异常波动。当幅度值方差超过设定阈值时，会导致人员移动检测系统出现误判的情况，因此仅从 CSI 的幅度值分布建立特征模型非常困难，需要一个对环境具有很强鲁棒性的特征分布模型，不但可以精确地区分出有人员运动和无人员运动时的环境，而且要具有较强的抗环境干扰性。人员移动检测算法框架如图 6-7 所示。

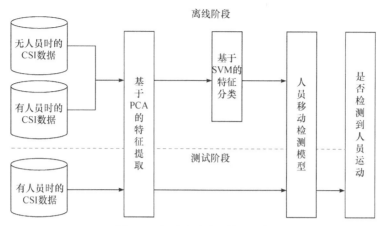

图 6-7　人员移动检测算法框架

该算法框架主要包括离线阶段和测试阶段。在离线阶段，分别采集检测区域无人员运动是和有人员运动两种环境下的 CSI 数据，然后利用 PCA 算法提取两种环境下的 CSI 特征值，最后使用 SVM 分类算法得到分类模型。在测试阶段，只需要采集当前环境下的 CSI 数据，使用 PCA 获取特征值后，对比在离线阶段生成的分类模型得到最终的分类结果。主要模块包括特征值提取模块和分类模块。

1. 基于 PCA 的特征值提取

特征的选取是非入侵式人员移动检测中非常重要的一个模块。各种 CSI 的统计量已被用于检测，如方差、概率分布密度等。这些统计量都只使用 CSI 的幅度特征。人员活动确实会对 CSI 的幅度值方差产生比较大的影响，但是由于 CSI 对环境的高度敏感性，船舶本身的动态环境也会对 CSI 的幅度值造成很大的影响。

如图 6-8 所示，虽然无人员运动影响时的 CSI 幅值方差数据大部分要低于有人员运动影响时的方差数据，但是数据本身依然存在不稳定性。如果直接通过方差阈值判断人员活动，极有可能出现误判的情况。因此，为了实现更具鲁棒性的人员移动检测，我们选择使用监督学习算法，构造具有环境相关性的分类模型实现对移动人员的检测。

PCA[7]是皮尔逊在 1901 年首次提出的一种非监督学习方法，是一种通过降维技术将多个变量化为少数几个主要成分的统计分析方法。这些提取出来的主成分能够反映原始变量的绝大部分信息，通常表示为原始变量的某种线性组合。为了使这些尽量少的成分包含尽可能多的信息，需要保证这些成分包括的信息没有互相重复的部分，因此这些主成分需满足互不相关的条件。假设一组 n 维随机变量 $x = (x_1, x_2, \cdots, x_n)$，为了找到一组新的一维数据 $(y_1, y_2, \cdots, y_n)$ 代替原始数据达到降维的目的，同时保证信息损失最小，即

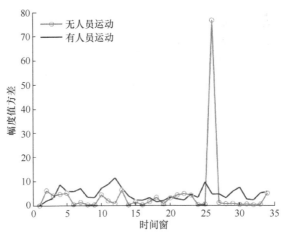

图 6-8 动态和静态环境下的 CSI 幅度值方差对比

$$\begin{cases} y_1 = a_{11}x_1 + a_{21}x_2 + \cdots + a_{1n}x_n = a_1'x \\ y_2 = a_{12}x_1 + a_{22}x_2 + \cdots + a_{2n}x_n = a_2'x \\ \qquad \cdots \\ y_n = a_{1n}x_1 + a_{2n}x_2 + \cdots + a_{nn}x_n = a_n'x \end{cases} \tag{6-8}$$

a_1 即我们需要找的正交基，使 $V(y_1) = a_1'\Sigma a_1$ 达到最大，称为第一主成分。由于协方差矩阵 $\Sigma = V(x)$ 是对称的，对协方差矩阵进行奇异值分解，可得

$$\Sigma = T\Lambda T^{\mathrm{T}} = \begin{bmatrix} t_1 & t_2 \cdots t_n \end{bmatrix} \begin{bmatrix} \lambda_1 & & \\ & \ddots & \\ & & \lambda_n \end{bmatrix} \begin{bmatrix} t_1' \\ t_2' \\ \vdots \\ t_n' \end{bmatrix} = \sum_{i=1}^n \lambda_i t_1 t_1' \tag{6-9}$$

即可找到一组基向量代表原始的 CSI 数据，并且保留原始数据中的环境信息。结合 CSI 的幅度和相位特征进行入侵检测，特征提取过程如下。

(1) 从特定的时间窗口提取 K(通常选取为 30)组连续的 CSI 数据，得到幅度和相位矩阵 H 和 φ。它们都是包含 30 个子载波，K 个数据包的 $K \times 30$ 的矩阵。由于信号的衰减与子载波的频率相关，因此先将不同频率子载波的幅度值标准化，即

$$H'(f_k) = \frac{f_k}{f_c} H(f_k) \tag{6-10}$$

其中，f_c 为载波中心频率；f_k 为第 k 个子载波频率；$H(f_k)$ 为初始频率；$H'(f_k)$ 为标准化后的频率表示。

(2) 对幅值和相位矩阵进行归一化处理，分别找到幅值矩阵中的最大元素 $H_{\max}$ 和最小元素 $H_{\min}$，然后将矩阵中的每一个元素替换为

$$\bar{H} = \frac{H - H_{\min}}{H_{\max} - H_{\min}} \tag{6-11}$$

相位矩阵使用同样的方法进行归一化处理。

(3) $\|\bar{H}\|$ 和 $\bar{\phi}$ 为归一化后的幅度和相位矩阵，分别计算各自的协方差矩阵，即

$$\begin{cases} \Sigma(\|\bar{H}\|) = \left[\mathrm{cov}(\bar{H}_i, \bar{H}_j)\right]_{K \times K} \\ \Sigma(\bar{\phi}) = \left[\mathrm{cov}(\bar{\phi}_i, \bar{\phi}_j)\right]_{K \times K} \end{cases} \tag{6-12}$$

这 2 组协方差矩阵反映 K 个维度之间数据的相关性，协方差越小表示人员入侵的概率越小。

(4) 为了得到更易分类的特征，利用奇异值分解分别可以得到 2 个协方差矩阵的特征值和特征向量，即

$$\mathrm{svd}(\Sigma(\|\bar{H}\|)) = U \begin{bmatrix} \lambda_1 & & & \\ & \lambda_2 & & \\ & & \ddots & \\ & & & \lambda_k \end{bmatrix} V^{\mathrm{T}} \tag{6-13}$$

分别得到 CSI 幅度值和相位的特征值向量 λ_H 和 λ_φ，这两组特征向量包含幅值和相位矩阵的大部分信息，K 为特征向量。虽然减少了原始矩阵的维度，但是 K 维特征值对于一般分类算法来说依然偏大。如何在这 K 组特征值中选取，首先需要了解特征值 K 的分布特性。我们采集 30 组 CSI 数据，对 CSI 的幅度和相位数据完成所有的去噪清洗工作，通过 PCA 得到 30 维的特征向量。如图 6-9 所示，虽然得到 30 个特征值，但是只有一个较大特征值，其他特征值都趋向于 0。这些特征值趋向于为 0 的成分不会对分类起到促进作用，可以直接滤除，保留的主要特征值包含协方差矩阵的大部分信息。过滤掉这些冗余量不仅可以消除数据的奇异性，还能减少分类特征的维度，降低分类算法的计算量，减少计算时间。在最终得到的两组幅度和相位特征值向量中，分别选取最大值 α 和 β 作为分类特征输入，即

$$\alpha = \max(\lambda_H), \quad \beta = \max(\lambda_\phi) \tag{6-14}$$

根据以上方法分别对 6000 组有人和无人环境下获取的 CSI 幅度和相位数据进行 PCA，滑动时间窗口设为 30，最后可得两种类别各 200 组特征值数据，并进行可视化处理。如图 6-10 所示，使用 PCA 处理后，2 类数据的特征值可以形成比较明显的两簇，且同类数据的特征值之间分布更加紧密，因此使用 PCA 可以有效地提高数据的可分类性。

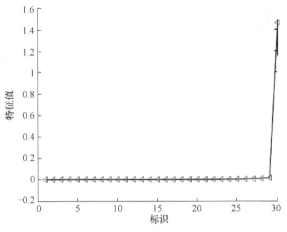

图 6-9　协方差矩阵特征值分布

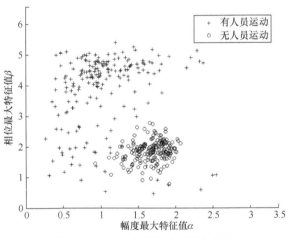

图 6-10　PCA 处理后的特征值分布

2. 基于 SVM 的目标检测算法

在得到了无人员入侵和有人员入侵这两类 CSI 信息的特征值数据后，使用合适的分类算法将两类情况准确地划分。此外，建立有效的分类模型也是人员移动检测算法的关键技术部分。不同的分类算法可能对相同的情况有不同的定义，在综合考虑多种方法后，本节选择 SVM 作为主要分类算法。

SVM 是在众多 n 维空间的点中寻求一个最佳的 $n{-}1$ 维超平面，将这些不同种类的数据点隔开的分类器。为了找到最优的识别超平面，定义函数间隔 γ' 为

$$\gamma' = y(\omega^{\mathrm{T}} x + b) \tag{6-15}$$

SVM 线性分类方法基于线性可分数据，但是现实中的大部分数据是线性不可

分的。上述方法无法直接应用于线性不可分数据，针对这类数据，SVM 是将低维线性不可分数据映射到一个维度更高的特征空间中，当选用的映射函数适合且特征空间的维数足够高，则可将大多数的非线性不可分数据在特征空间中转化为线性可分数据。在该特征空间构造最优超平面进行数据的分类，这个特征空间的构造就引入核函数的概念。引入核函数后的 SVM 分类过程如下。

输入为线性可分的 n 个样本数据 $(x_1, y_1), (x_2, y_2),\cdots, (x_n, y_n)$，其中 x 为 m 维特征向量，y 为分类器输出，通常为 1 和 -1，输出为超平面参数 ω 和 b，以及分类决策函数。

第一步，选择适当的核函数 $K(x, z)$ 和一个惩罚系数 $C > 0$，构造约束优化问题，即

$$\min_{\alpha} \frac{1}{2}\sum_{i=1}^{n}\sum_{j=1}^{n}\alpha_i\alpha_j y_i y_j \phi(x_i)\phi(y_i) - \sum_{i=1}^{n}\alpha_i$$

$$\text{s.t.} \ \sum_{i=1}^{n}\alpha_i y_i = 0 \qquad (6\text{-}16)$$

$$C \geqslant \alpha_i \geqslant 0, \quad i = 1, 2, \cdots, n$$

第二步，使用序列最小优化算法求解第一步中的约束优化函数得到最优的 α 向量 α^*。

第三步，得到 $\omega^* = \sum_{i=1}^{n}\alpha_i^* y_i \phi(x_i)$。

第四步，找出所有的 S 个支持向量，即满足 $C > \alpha_s > 0$ 对应的样本 (x_s, y_s)，通过 $y_s\left(\sum_{i=1}^{n}\alpha_i y_i K(x_i, x_s) + b\right) = 1$ 计算每个支持向量 (x_s, y_s) 对应的 b_s^*，计算 $b_s^* = y_s - \sum_{i=1}^{n}\alpha_i y_i K(x_i, x_s)$，所有的 b_s^* 对应的平均值即最终的 $b^* = \frac{1}{s}\sum_{i=1}^{s}b_s^*$。这样最终得到超平面为 $\sum_{i=1}^{n}\alpha_i^* y_i K(x, x_i) + b^* = 0$，分类决策函数为 $f(x) = \text{sign}\left(\sum_{i=1}^{n}\alpha_i^* y_i K(x, x_i) + b^*\right)$。

确定分类模型后，基于已经得到的大量有人员运动和无人员运动时的特征值数据，直接使用 SVM 构造分类模型。为了验证 SVM 的有效性，获取 400 组特征值 $[\alpha_i, \beta_i]$ 和环境状态指示量作为模型输入参数 x 和 y，其中包括无人员运动环境和有人员运动环境下的特征值各 200 组，环境为无人状态时 $y = -1$，环境为无人状态时 $y = 1$。SVM 流程图如图 6-11 所示。

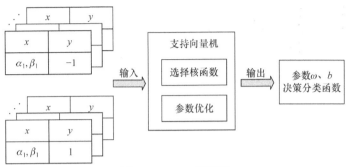

图 6-11　SVM 流程图

　　分类模型的构造过程还包括寻找模型的最优参数,包括核函数参数和惩罚参数,可以通过遍历大量的参数组合,使用训练集验证各种组合下的分类准确率,选择达到最佳效果时的参数组合作为 SVM 参数。如图 6-12 所示,有人员运动和无人员运动时的特征值数据分别用"+"和"○"标出,曲线即最终决策得到的超平面,可以将 2 类数据分隔开。虽然部分在超平面附近的特征点出现分类错误的现象,但相比于整体的分类精确度可忽略不计。得到分类模型后,在训练阶段可以通过生成的决策分类函数对提取的训练特征值数据进行分类识别,得到当前时间窗内的人员运动状况。

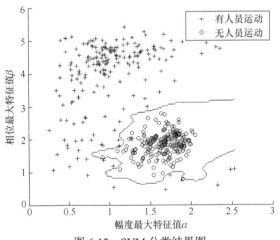

图 6-12　SVM 分类结果图

6.1.3　基于 CSI 的入侵人员数量检测方法

　　实现基于 CSI 的人员数量估算方法的关键在于,找到人员数量的变化和 CSI 变化之间的映射关系。为了量化这种映射关系,我们进行实验数据采集,在相对开阔的船舶大厅中布置实验场景。人员估算实验场景如图 6-13 所示。发射天线与接收天线间隔距离 3m,分别由 1～4 个实验人员在收发天线之间的区域内运动，保持节点间的稳定通信，采集每种场景下的 CSI 数据。每个人都可能对信号的传播路径形成遮挡，造成信号的反射和衍射，因此可将每个人视作虚拟天线，对信号形成再次发射，最终造成信号的增强或减弱。由于信号的传播距离过短且时间分辨率太小，接收机无法准确地区分每一条反射路径，且环境中的墙面和障碍物也会对信号形成反射，因此无法直接通过信号路径数量判断人员数量。我们将每种情况下的 CSI 幅度值绘制成灰度图(图 6-14)，颜色越深则代表分布越密集。

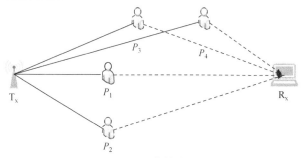

图 6-13 人员估算实验场景

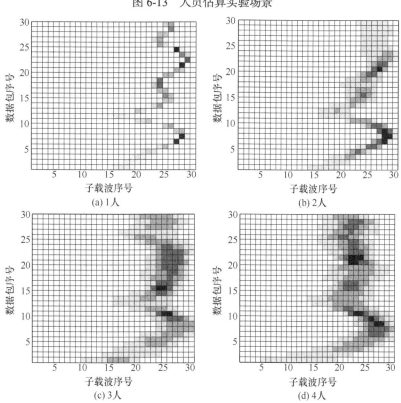

图 6-14 不同数量人员影响下的 CSI 幅度分布图

随着运动人员数量的增多，CSI 的幅度值分布范围更加广泛，波动更加剧烈。特别是，当人数从单人增加到 3 人时差异较为明显。随着人员数量的继续增加，CSI 幅度值的分布差异也开始减小。这也验证了使用 CSI 数据完成对少量运动人员数量的估计是可实现的。基于此，人员数量估算算法框架如图 6-15 所示。

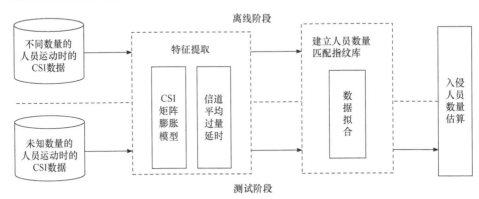

图 6-15 人员数量估算算法框架

算法分为离线阶段和测试阶段。第一步是采集不同运动人员数量影响下的 CSI 数据，然后分别提取频域特征-矩阵膨胀系数和时域特征-信道平均过量时延，通过这 2 个特征量建立拟合回归模型构造人员数量匹配指纹库。第二步是采集未知人员数量情况时的 CSI 数据，提取频域和时域特征后，与指纹库里的特征进行比对分析，可以得到对当前人员数量的估算结果。

1. 时频特征提取方法

时域和频域是信号的两个基本性质，因此本节从这两个角度分析运动人员数量对 CSI 信息造成的影响。频域通过 CSI 幅度值的波动特性来分析。在时域内，从信号的到达时延与能量之间的关系角度进行分析。

(1) 频域特征的提取。为了准确地刻画 CSI 的幅度值变化特性，使用膨胀矩阵算法。此算法也是基于人员数量的变化对于 CSI 信息的幅度值波动之间的影响关系。当人员数量较少时，CSI 幅度值波动程度较小，幅度值的分布更加集中，当定义一个幅度值分布空间时，此时幅度值的分布在此空间的占比较小；当人员数量增多时，会导致 CSI 幅度值波动加剧，幅度值的分布范围更加广泛，在幅度值空间中的占比更大，膨胀矩阵算法正是将这种影响从一维空间扩展到二维空间。算法具体流程如下。

第一步，首先基于 CSI 数据的幅度值定义膨胀矩阵 M_0，矩阵维度为 $M_c \times P$，其中 P 表示 CSI 数据接收包数量，M_c 称为矩阵分辨率，即幅度值空间，大小为用户自己定义。它的值越大，则 CSI 幅度值的分辨率越高，算法的精度越高，但是

过大的 M_c 会影响算法运行效率。在初始矩阵中，所有的 $M_c \times P$ 个元素均被初始化为 0。当得到第 i 个 CSI 数据包的幅度值时，将幅度值 $C[i](i = 1, 2, \cdots, k)$ 转化为 k，即

$$k = \left\lceil \frac{c_i - c_{\min}}{c_{\max} - c_{\min}} \times (M_c - 1) \right\rceil + 1 \tag{6-17}$$

然后，将矩阵中第 i 列的第 k 行元素值置为 1。最后，得到 P 个这样的 k 值，在矩阵 M_0 每一列有且仅有一个 0 被置为 1。显然，当 CSI 幅度值变化很剧烈时，由相邻两个包的幅度值计算得来的 k 值差距也会更大。此时，M_0 中相邻的 2 列被置为 1 的元素的行数(k)差也会更大。

第二步，将已设为 1 的元素的周围的值也改为 1，我们称此步骤为矩阵的膨胀。设定 R 为矩阵的膨胀半径，指示被置为 1 的元素范围。此时，CSI 的矩阵 M_0 变为 M。如图 6-16 所示，所有格子可视为矩阵 M_0，显示为 1 的格子代表第一步中被置为 1 的元素，包围格子的阴影区域即矩阵膨胀后导致 1 元素周围元素全被置为 1，此时置为 1 的元素区域会发生重叠。当环境中人员数量较少时，不同包的 CSI 幅值差距较小，计算得到的 k 值差距更小。假设相邻两包计算得到的 k

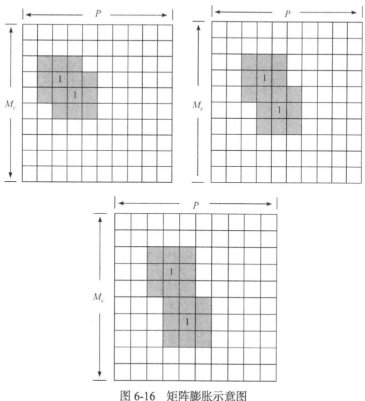

图 6-16　矩阵膨胀示意图

值差为 1, 则相邻两列被置为 1 的元素行差为 1, 膨胀后会形成很大的重叠区域, 在该区域中的占比相应会减小, 如图 6-16(a) 中阴影部分所示。随着人员数量的增多, CSI 幅度值的变化程度更加剧烈, 矩阵 M 中被置为 1 的元素重叠区域将更少, 最终造成矩阵 M 中的大部分元素置为 1。图 6-16(b) 和图 6-16(c) 显示了波动变得更加剧烈的过程, 随着重叠区域的减少, 阴影部分变大, 总区域中的占比也相应增大。

第三步, 统计矩阵 M 中为 1 的元素的个数, 并计算其在总体所占百分比 PER, 矩阵膨胀后形成的区域重叠面积更多时会导致矩阵中被置为 1 的元素更少, 在总体中所占百分比也更少, 通过这个百分比数映射监测区域内的人员数量。

(2) 时域特征的提取。CSI 的信道冲激响应反映的是 CSI 的能量-时延分布关系, 即能量 $h(\tau)$ 与 τ 之间的分布关系, 即

$$h(\tau) = \sum_{i=1}^{N} \alpha_i \mathrm{e}^{-j\theta_i} \delta(\tau - \tau_i) \tag{6-18}$$

信号传播信道的功率时延分布是在一个区域之内计算 $|h(\tau)|^2$ 对空间的平均值, 因此信道的功率延时分布可以表示为

$$P(\tau) \approx k\overline{|h(\tau)|}^2 \tag{6-19}$$

其中, k 为信号增益, 与信号发射和接收的功率相关。

因此, 结合信号的强度与 ToA 分布之间的联合关系, 通过平均过量延时评估信道的时延特性, 即

$$\tau_m = \frac{\displaystyle\sum_{i=1}^{N} P(\tau_i)\tau_i}{\displaystyle\sum_{i=1}^{N} P(\tau_i)} = \frac{\displaystyle\sum_{i=1}^{N} \tau_i \overline{|h(\tau_i)|}^2}{\displaystyle\sum_{i=1}^{N} \overline{|h(\tau_i)|}^2} \tag{6-20}$$

其中, τ 为信号时延, 这里以第一个可侦测得到的接收信号脉冲为基准测量, 也就是说, 将 τ_0 设为 0。

这些与信号时延相关的参数受环境因素的影响很大。当信号处于绝对静态环境中时, 这些参数的值不会随着时间而改变, 所以我们希望用信道的时延参数实现对环境中人员数量的估算。

不同人员数量对信号的影响如图 6-17 所示。当人员数量较少时, 信号通过反射到达接收端的路径更少, 且人员对信号产生的遮挡更少, 对信号产生的衰减影响也更小。随着人员数量的增多, 信号通过多次反射到达接收端, 不仅会导致信号传播时延的增加, 信号的衰减也会同时增大。

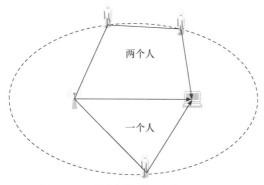

图 6-17　不同人员数量对信号的影响

2. 时频特征值测试与分析

为了验证时频特征提取方法的有效性，使用上述方法对多个场景下采集到的 CSI 数据进行时频特征的提取。首先，对频域特征进行分析，采集到完整的 CSI 数据后，按照时间窗将 CSI 数据划分为多组样本。考虑在人员数量检测过程中随时可能发生人员数量变化的情况，如果时间窗选取过大会导致这段时间内的人员数量发生变化，最终得到的是长时间段内的人员平均数量。因此，将时间窗口取为 30，得到一个样本数据，即

$$\text{CSI}_{\text{num}} = \begin{bmatrix} \text{csi}_{1,1} & \text{csi}_{1,2} & \cdots & \text{csi}_{1,30} \\ \text{csi}_{2,1} & \text{csi}_{2,2} & \cdots & \text{csi}_{2,3} \\ \vdots & \vdots & & \vdots \\ \text{csi}_{30,1} & \text{csi}_{30,2} & \cdots & \text{csi}_{30,30} \end{bmatrix}, \quad \text{num} = 1,2,3,4 \qquad (6\text{-}21)$$

其中，num 为人员数量。

我们拥有 1~4 人时的数据样本，然后建立膨胀矩阵 M_0(将 M_c 设为 1000)，即 1000×30 的全零矩阵。

根据膨胀矩阵算法，每个子载波数据最终可得出一个百分比系数 PER，一组样本 CSI_{num} 最终可得到一组包含 30 个子载波的百分比系数向量，即

$$\begin{bmatrix} \text{csi}_{1,s} & \text{csi}_{2,s} & \cdots & \text{csi}_{30,s} \end{bmatrix} \Rightarrow \text{PER}_s$$
$$\text{CSI}_{\text{num}} \Rightarrow P = \begin{bmatrix} \text{per}_1 & \text{per}_2 & \cdots & \text{per}_{30} \end{bmatrix} \qquad (6\text{-}22)$$

随机选取一个子载波的 PER 百分比系数。如图 6-18 所示，随着人员数量的增多，百分比系数从 0.39 增加到 0.52 左右，总体呈现上升的趋势。我们知道，百分比系数不可能一直保持上升趋势。当人员数量达到一个阈值后，对 CSI 的幅度值影响也会达到一个上限，导致 PER 不会再随着人员数量的增加而增加。这也是当前基于无线感知的人员数量检测技术存在的限制，实现轻量级的人员数量估算已经可以满足船舶日常管理需求。

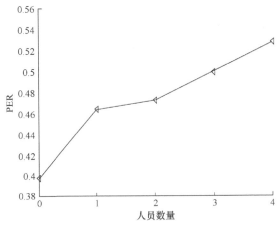

图 6-18　不同人员数量下的百分比 PER

对时域特征的提取首先需要通过傅里叶反变换将信道频率响应(channel frequency response, CFR)转换为信道冲激响应。不同人员数量下的信道冲激响应如图 6-19 所示。

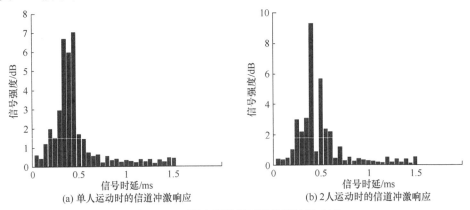

(a) 单人运动时的信道冲激响应　　　　　　　(b) 2人运动时的信道冲激响应

图 6-19　不同人员数量下的信道冲激响应

对比两种情况下 CSI 信道冲激的响应分布，当人员数量较少时，能量峰值到来的时间更早，大部分的信号能量都集中在时延较小的冲激响应分量中，且能量分布更加均匀。然后，以这两类情况中的 200 个 CSI 数据包作为统计样本，计算得到各自的信道平均过量延时，累积概率分布密度如图 6-20 所示。

可以发现，相比于人员数量较多时的情况，人员数量较少时获取的 CSI 信道冲激响应拥有更小的平均过量时延，因此可以通过信道的平均过量时延对信号传播环境中的运动人员数量进行有效评估。

6.1.4　入侵检测方法测试及分析

为了评估人员移动检测算法的准确性，我们在黄金七号游轮进行本次实验，

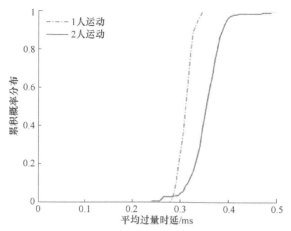

图 6-20　平均过量时延的累积概率密度分布

在船舶内部布置包括房间、走廊和大厅这 3 种实验场景(图 6-21)。通过 4 根天线形成矩形的实验区域，天线之间的间隔最少保持在 2m 以上。实验开始前，通过工控机配置好实验的各项参数，确保收发天线可以进行正常的通信(通信频率设置为 0.01，即每秒钟发射接收 100 组 CSI 数据包)。实验过程如下。

(1) 训练阶段。首先，采集几种场景下无人员运动时的 CSI 数据，采集时间大约为 1min，大约 6000 组数据包。然后，采集存在人员运动影响条件下的 CSI 数据，此段时间内有一名实验人员围绕天线围成的矩形区域内边界不停走动，且尽量保持 1m/s 的均匀速度。最终，采集得到包括 3 个场景下的有人员运动影响和无人员运动影响时的 CSI 数据，将这两类数据经过上述特征值提取和分类步骤的处理构造移动人员检测分类模型。仅采集一名人员运动时的 CSI 数据是因为更多的人必然会对 CSI 数据形成更大的影响，从而得到更佳的分类模型。这样的模型在鲁棒性上存在缺陷。实验的目的在于，建立对比最不明显的分类模型，在测试阶段可以适应更加复杂的情况。

(2) 测试阶段。此阶段是为了采集测试数据，用来对训练阶段生成的分类模型进行精确度测试。为了验证模型的普适性，我们选择对 0 到多人运动时的 CSI 数据进行采集，采集最多达到 4 个人时的测试数据集，同时将运动速度进行细致的分类，增加人分别在慢速(走动)和快速(跑动)运动时的数据采集实验。最终得到的测试数据集包括 3 个场景下 0~4 人进行走动和跑动时的 CSI 数据。

通过以下两个量定义人员移动检测算法的精确度，即 SR(static rate)，表示可以准确检测到环境中为无人员运动的概率；DR(dynamic rate)，表示准确检测到环境中存在人员运动的概率。准确率是指成功检测的样本数量与样本总体数量的比例。样本总体数量与时间窗的选取有关。

图 6-21　船舶环境实验场景图

(1) 敏感子载波的选取对检测精确率的影响。首先,我们对敏感子载波的选取对人员移动检测精确度的影响进行评估,基于同样的训练数据集合测试数据集,一组实验直接使用全部 30 个子载波构造分类模型,用包含 30 子载波的测试数据集对分类模型进行性能测试;另一组使用通过子载波敏感性评价模型从训练数据和测试数据集中挑选敏感性最高的 15 组子载波,进行分类模型的构造和分类效果的评估。然后,基于房间、走廊和大厅这 3 种场景下的数据,得到敏感子载波选取前后的人员移动检测准确率。敏感子载波选取对检测准确率的影响如表 6-1 所示。对敏感子载波挑选前,3 个场景下的检测准确度分别为 81.79%、74.96% 和 82.33%,维持在 80% 左右。当对敏感子载波选取后,各场景的准确度分别提高到 98.33%、92.00% 和 99.83%,检测准确率都提高到 90% 以上,在大厅和走廊的准确率甚至接近 100%。相比于敏感子载波选取,检测准确率得到很大的提升,因此通过选取对环境感知敏感度更高的子载波进行人员移动检测可以极大地提高检测准确率。

表 6-1　敏感子载波选取对检测准确率的影响

项目	大厅/%	房间/%	走廊/%
过滤前	81.79	74.96	82.33
过滤后	98.33	92.00	99.83

(2) 敏感子载波选取数量对检测精确率的影响。已经验证了筛选对环境更加敏感的子载波可以提高人员移动检测的准确率,但是选择敏感子载波数量为多少时对人员移动检测准确率的提升最大。本节对这个问题进行分析和实验论证。从

理论上分析，筛选得到的子载波越少，子载波包含的波动信息越多，对判断环境中有人运动时的情况是更加有利的，但是当筛选的子载波数量过少时，会破坏原始 CSI 数据信息的完整性，导致无法体现真实的环境特征。例如，当无人员运动时，筛选得到的敏感子载波的波动主要是船舶自身等环境因素导致的，而非人为因素，最终导致人员移动检测算法出现误判。为了验证这个理论，我们通过不断改变筛选的敏感子载波数量评估人员移动检测算法的准确率。如图 6-22 所示，分别选取 5、8、10、12、15、17、20、22、25 这 9 种数量的敏感子载波，得到每种情况下的分类准确率。可以看到，从 25 开始随着选取的敏感子载波数量减少到 12 时，准确率由开始的 70% 升高到 90% 以上，达到一个峰值，然后当选取子载波数量继续减少到 8 个时，检测准确率开始下降，当选取子载波数量在 10～12 时，检测准确率可以维持在较高的水平。实验验证选取子载波数量过多或过少时都会对人员移动检测产生不利的影响，当选取数量在 10 个左右时，检测准确率可达到最佳。

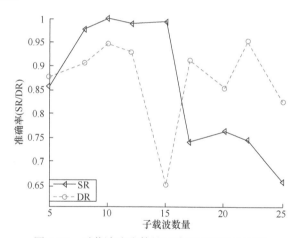

图 6-22　子载波选取数量对检测准确率的影响

(3) 人员移动速度对检测精确率的影响。在人员移动检测算法中，微弱动作的检测一直是入侵检测中的难点，因为当人的运动速度过于缓慢时，在指定时间窗内的运动量非常微弱，对信号传播环境造成的改变也非常小，人员移动检测很难捕获到如此微弱的动作。为了评估人员移动速度对检测准确率的影响，分别采集人在走动和跑动时的 CSI 数据，并对检测结果进行评估。如表 6-2 所示，3 种场景下对走动的人的检测准确率分别为 84.61%、60.17% 和 85.25%，当人在跑动时，检测准确率分别提升到 94.56%、75.65% 和 94.65%，因此在相同的时间窗口内，速度越大的运动对 CSI 数据造成的影响越大，越易被检测得到。

表 6-2　人员运动速度对检测准确率的影响

项目	大厅/%	房间/%	走廊/%
走动	84.61	60.17	85.25
跑动	94.56	75.65	94.65

当人员移动速度过慢时，固定时间窗内的 CSI 数据变化量太小而无法准确地判断出人员的移动。为了克服移动速速过于缓慢带来的影响，我们只能通过适当地增加数据检测的时间窗，增大时间窗内人员的运动程度和 CSI 数据的差异性。我们将采集的数据分别按照 30、40、50 的时间窗来划分，可以得到 3 种情况下的检测准确率。如表 6-3 所示，当时间窗为 30 时，检测准确率分别为 77.36%、71.96% 和 81.64%，时间窗增大到 40 时，准确率为 75.11%、75.11% 和 82.33%；当时间窗选为 50 时，准确率分别达到 80.12%、80.12% 和 84.37%。从结果可以看出，随着时间窗的增加，检测准确率在整体上是呈上升的趋势，因此可以通过适当地增加时间窗提高人员移动检测的准确率，但时间窗过大容易导致样本数量不足。

表 6-3　时间窗对检测准确率的影响

时间窗	大厅/%	房间/%	走廊/%
30	77.36	71.96	81.64
40	75.11	75.11	82.33
50	80.12	80.12	84.37

(4) 人员数量估算方法实验结果及性能分析。

为了验证人员数量估算方法的有效性，我们在船舶大厅中进行实验，分别采集 1~4 人走动时的 CSI 数据共 6000 组，将其中 4500 组数据包作为训练数据集，另外 1500 组作为测试数据集，滑动窗口长度设为 30，按照上述方法分别提取它们的时频特征。基于训练数据得到的特征值，通过支持向量回归算法构建人员数量匹配指纹库。然后，使用测试数据得到的特征值对回归模型进行验证。如表 6-4 所示，当人员数量较少时，人员数量识别准确率可达 90%，随着人员数量的增多，检测准确率呈下降的趋势，当人员数量达到 4 个时，识别准确率还能维持在 80% 以上，可以基本满足精确度需求。

表 6-4　人员数量估算方法准确率

人员数量/人	天线 a/%	天线 b/%	天线 c/%
1	88	92	96
2	86	90	94
3	72	82	84
4	76	82	80

进一步分析特征选取对人员数量检测精确度的影响，以上完成的人员数量估算方法是基于时域和频域特征相结合的时频特征。为了验证时频特征的优越性，本节比较不同特征值组合下的人员数量估算方法准确率。如图 6-23 所示，虽然随着人员数量的增多，整体的检测准确率都呈现下降的趋势，但联合使用频域和时域特征值进行人员数量估算时的检测准确率要高于分别单独使用两种特征值时的检测准确率。

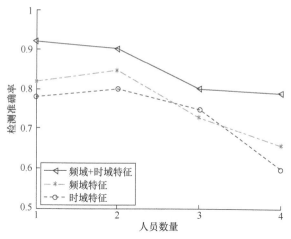

图 6-23　不同特征对检测准确率的影响

上节已经分析过矩阵的膨胀半径决定着百分比系数 PER 的增长速率，对检测准确率存在较大的影响，因此本节测试不同矩阵膨胀半径中百分比 PER 的变化情况。膨胀半径 R 对 PER 的影响如图 6-24 所示。

我们发现，不同膨胀半径下的百分比变化存在较大差异，当膨胀半径较小 ($R=5$) 时，百分比一直维持在较小值，且随着人员数量的增多，百分比变化不明显。当膨胀半径适中 ($R=20$) 时，百分比会随着人员数量的增多呈现出较为明显的增长趋势；当膨胀半径过大 ($R=50$) 时，会导致百分比增速过快，更快达到人员数量估算的上限值，同时导致检测准确率出现较大误差。因此，在一般情况下，将矩阵膨胀半径选取为 10～20 比较合适。

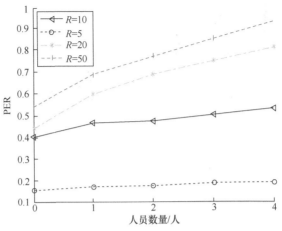

图 6-24　膨胀半径 *R* 对 PER 的影响

为了测试人员运动速度对人员数量估算方法的影响，我们新增人员在跑动状态下的检测实验，并得到在走动和跑动情况中的检测准确率，统计总体检测准确率。人员移动速度对数量估算方法的影响如表 6-5 所示。

表 6-5　人员移动速度对数量估算方法的影响　　　　　　　（单位：m）

项目	天线 *a*/%	天线 *b*/%	天线 *c*/%
走动	80	86	90
跑动	56	78	80

可以看出，人员在低速运动情况下，总体的检测准确率可以达到 80% 以上，而当人员处在高速运动状态时，估算结果可能出现较大的误差，最低时只有 56%。人员数量估算算法存在人员检测上限，剧烈的运动可能导致人员数量在较少时就到达检测上限，造成检测准确精度的急剧下降，可以通过在测试阶段根据测试结果不断对人员数量匹配指纹库进行更新，减少人员估算的误差。

6.2　驾驶员值班行为分析与安全管理方法

船舶值班驾驶员(officer of the watch，OOW)的行为对于保证船舶航行安全十分重要，为准确识别出 OOW 行为特征规律，同时又避免侵犯其行为隐私，本节提出一种基于 CSI 的 OOW 行为识别方法。针对 OOW 值班过程，在分析不同值班行为分别在时域和频域上对 CSI 影响的基础上，通过提取不同行为对应的速度特征，由此构建包括静止、行走、原地活动 3 种不同值班状态的 HMM，利用 HMM

对人体行为特征序列进行判别，从而实现 OOW 值班行为状态的分类。通过实船测试，结果表明，该识别方法具有较高的准确性和鲁棒性，识别平均准确度可达90%以上，可以为智能航运监管、船舶航行安全提供保障。

6.2.1　驾驶员研究现状

随着我国航运业的迅速发展，船舶数量空前增加。其中船舶的大型化和高速化又使其航行所需的水域大为增加，这就使有限水域的交通拥挤程度空前加剧，随之而来的安全问题日益受到人们关注。在海上交通事故中，人员往往是触发因素[8]，其中船员又是最主要的因素。其驾驶值班行为在很大程度上决定水上交通系统的安全水平[9]，因此深入研究 OOW 行为显得尤为重要。

国内外学者对驾驶员行为的研究在公路方面较为成熟，针对船舶驾驶员的相对较少。Jia 等[10]通过分析汽车驾驶员头部行为特征构建驾驶员疲劳检测模型。Kuge 等[11]通过采集汽车驾驶员换道时方向盘转角数据实现对驾驶员换道行为的建模。船舶驾驶环境与汽车驾驶环境有很大的区别，相关模型并不适用于船舶驾驶员。针对船舶驾驶员，徐小丽研究建立了视觉特征对驾驶行为的影响模型。席永涛建立了 CREAM 模型对驾驶员操作可靠性进行量化，以上研究的重点多为与 OOW 行为关联的因素，而对 OOW 自身行为关注过少。视频检测是一种常用的行为识别手段。Sun 等[12]提出一种基于改进背景减法的视频图像运动目标检测方法。该方法能够很好地抑制动态背景下噪声的干扰，对于目标检测具有较高的准确性，但是当有障碍物遮挡时的识别效果却有待提升。基于视觉的人体行为识别技术目前已经相对成熟，并且能够得到较高的识别准确率，但是会带来侵犯隐私的问题，并且摄像机会存在一些盲区，导致视野受限。解决这一问题可以增加部署摄像头的数量，但是成本和复杂度也随之增加。此外，摄像头对光线也有一定的要求。

本章利用 Wi-Fi 对 OOW 行为进行识别，Wi-Fi 无接触识别技术可以极大地保护人员隐私，同时不受障碍物遮挡的影响，被动式识别使检测目标无须佩戴任何设备，即可实现全天候无死角的行为识别[13]。其中，Wi-Fi 信号的物理层 CSI 可以刻画信号的多路径传播，而且其特性更加稳定，对人体具有较高的敏感性[14]。CSI 已经用来研究船载环境下室内定位[15]、入侵检测、区域分割[16]等问题。本节在分析 OOW 行为对 CSI 影响的基础上，通过提取 CSI 在时间和频率上的特征，构建识别人员在不同值班状态的 HMM，完成对 OOW 不同行为的识别分类。

6.2.2　OOW 值班行为的 CSI 特征提取

通过现有的 Wi-Fi 设备可以获得 30 个子载波的幅度和相位信息。人体活动时，会对信号造成连续的多径效应。假设无线信号历经 N 条不同的路径到达接收器，

其中第 k 条路径是经过人体反射形成的，若人体从时刻为 0 的位置 L_0 移动到时刻为 t 的位置 L_t，相应的传播路径长度从 $d_k(0)$ 变为 $d_k(t)$，那么 t 时刻的无线信号 CFR 可表示为

$$H(f,t) = \mathrm{e}^{-\mathrm{j}2\pi\Delta ft} \sum_{k=1}^{N} a_k(f,t) \mathrm{e}^{-\mathrm{j}2\pi f\tau_k(t)} \tag{6-23}$$

其中，$a_k(f,t)$ 为第 k 条路径的衰减与初始相位偏移的复数表示；$\mathrm{e}^{-\mathrm{j}2\pi f\tau_k(t)}$ 为第 k 条路径上的相移，其传播时延为 $\tau_k(t)$；$\mathrm{e}^{-\mathrm{j}2\pi\Delta ft}$ 为发射端与接收端之间的频差 Δf 引起的相移。

信号传播路径变化示意图如图 6-25 所示。

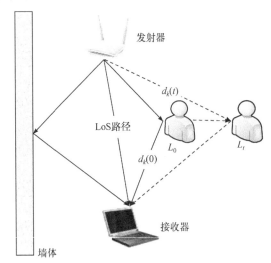

图 6-25　信号传播路径变化示意图

接收端到达信号的所有路径中，一部分是经过墙体等反射形成的静态路径；另一部分是受人体行为影响的动态路径。两者 CFR 分别用 $H_s(f)$ 和 $H_d(f,t)$ 表示，即

$$H_d(f,t) = \sum_{k \in P_d} a_k(f,t) \mathrm{e}^{-\mathrm{j}2\pi d_k(t)/\lambda} \tag{6-24}$$

其中，P_d 为长度变化的动态路径的集合；λ 为载波波长。

总的 CFR 可以表示为

$$H(f,t) = \mathrm{e}^{-\mathrm{j}2\pi\Delta ft} \left(H_s(f) + \sum_{k \in P_d} a_k(f,t) \mathrm{e}^{-\mathrm{j}\frac{2\pi d_k(t)}{\lambda}} \right) \tag{6-25}$$

因此，总的 CFR 具有随时间变化的特点，如果让人体以恒定速度从 L_0 移动到 L_t，使第 k 条路径的长度以恒定速度 v_k 变化，则有 $d_k(t) = d_k(0) + v_k t$。时刻 t 的瞬时 CFR 能量可以根据下式得出，即

$$|H(f,t)|^2 = |H_s(f)|^2 + \sum_{k\in P_d}|a_k(f,t)|^2$$

$$+ \sum_{k\in P_d}2|H_s(f)a_k(f,t)|\cos\left(\frac{2\pi d_k(0)}{\lambda}+\phi_{sk}+\frac{2\pi v_k t}{\lambda}\right)$$

$$+ \sum_{k,l\in P_d,l\neq k}2|a_k(f,t)a_l(f,t)|\cos\left(\frac{2\pi(d_k(0)-d_l(0))}{\lambda}+\phi_{kl}+\frac{2\pi(v_k-v_l)t}{\lambda}\right)$$

$$(6\text{-}26)$$

其中，$\dfrac{2\pi d_k(0)}{\lambda}+\phi_{sk}$ 和 $\dfrac{2\pi(d_k(0)-d_l(0))}{\lambda}+\phi_{kl}$ 为信号初始相位偏移的常量。

可以发现，CFR 能量是一部分恒定偏移量和一组正弦波的叠加，其中正弦波的频率与路径长度变化速度相关联。由此只要分离出代表不同行为的频率成分，然后乘以载波波长，就可以获得路径长度变化的速度，最终就将人体行为速度与 CSI 变化相互关联。

本节首先对 OOW 值班行为进行统计，通过分析一段航行内 OOW 的行为，确定值班过程中的主要动作，在船舶航行中，OOW 应恪守驾驶台相关职责，包括不断变换位置，覆盖船桥两翼进行瞭望，具体值班行为表现为连续性走动。此外，还有周期性的记录航海日志等文件，操作船舵，使用望远镜等具体表现各不相同的原地活动[17]。驾驶员各种活动时长比例如表 6-6 所示。

表 6-6　驾驶员各种活动时长比例

状态	各部分占总活动时长的比例/%	
走动状态	55	
原地活动状态	记录文件	11
	操纵船舵	10
	使用望远镜	6
	其他	18

可以看出，OOW 走动状态的时长占比最高，而在原地活动状态中，占比最高的为记录文件的行为。本节主要分析 OOW 的不同状态，将状态内具体动作的分析留作未来的工作。识别不同值班行为状态的关键是寻找不同行为引起的 CSI 变化特征。具体而言，从 CSI 中分离出不同行为的频率能量成分，因此可使用短时傅里叶变换计算值班行为中每个频率分量在不同时刻下的能量。如图 6-26 所示，连续性走动瞭望和原地记录文件值班行为的频谱三维图，峰值部分表示频率最集中部分。

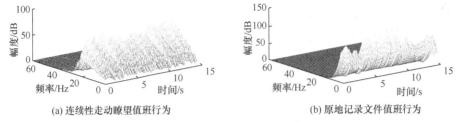

(a) 连续性走动瞭望值班行为　　　　　　　　(b) 原地记录文件值班行为

图 6-26　两种值班行为的 CSI 频谱三维图

连续性走动瞭望时的频率主要集中在 15～20Hz,而原地记录文件时的频率大多在 10Hz 以下。这是因为发射端在 2.472GHz 的频率下,子载波波长约为 12.14cm,那么连续性走动造成空间中信号路径长度变化的速度可以通过测得的频率乘以波长得到, 约为 1.8～2.4m/s。而考虑信号的往返传播,人体运动的速度一般认为是信号路径长度变化速度的一半[18],即 0.9～1.2m/s,符合人体正常的步行活动规律。当原地记录文件时, 由于身体的运动幅度比行走时要小,路径长度变化的速度也较小,因此频率大多在 10Hz 以下。利用人体活动时 CSI 频率的能量分布,可以量化不同人体运动速度与特定值班行为之间的关系。

6.2.3　基于 CSI 的 OOW 行为识别方法描述

在船舶驾驶室环境中, 由于船舶独特的钢铁材质,以及变化的运动状态,不可避免地会对信号产生影响。通过对原始 CSI 的分析,可以发现相同的值班行为对 30 个子载波的影响各有不同。其原因是, 不同的 CSI 子载波在不同的环境中会体现出不同的敏感性,一些子载波受该物理环境,以及人为因素的影响较低。如图 6-27 所示,当人体向前迈步时,CSI 总体上呈现出明显的波动变化,但是相反有部分子载波并无明显波动。例如, 子载波的波动变化特征相对于其他子载波较为平稳,因此不能完整反映人体的运动特征。本节根据人体运动时子载波之间

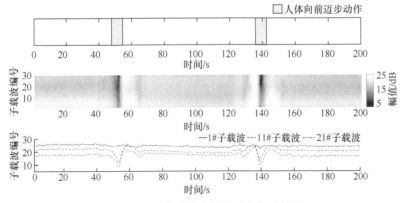

图 6-27　子载波随人体活动变化示意图

变化的相关性对子载波进行预处理,通过计算同一链路上子载波之间的皮尔逊相关系数,可以发现不同子载波之间的相关性存在一定的差别。相关性越大,波动程度越相似,即相关性与敏感度呈正相关。为此根据经验设定阈值,高于该阈值的子载波为挑选的敏感子载波。

船体环境中的震动等噪声会影响发射信号,导致接收的 CSI 中含有部分高频噪声,干扰人体活动特征的提取。因此,采用 5 阶巴特沃斯低通滤波器对预处理后的 CSI 进行滤波,消除非人体活动的高频噪声。实验发现,人体活动的频率集中在低频范围内,因此截止频率设置为 110Hz。为了进一步提取 CSI 在人体不同值班行为下的特征,对滤波后的 CSI 进行小波分解。小波分解可以将信号一层一层分解到不同频率通道上,且相邻级别的频率范围呈指数下降。每分解一层可以得到近似系数 CA 和细节系数 CD,分别代表低频信息和高频信息。分解下一层时只对低频段进行分解[19]。使用 harr 小波函数,对滤波后的 CSI 信号进行 4 层小波分解,第一层得到高频段(55~110Hz)的系数 CD_1、CD_2 代表 2.4GHz 频带中 3.3~6.7m/s 的移动速度,第二层得到分解系数 CD_2,表示的频率范围是 CD_1 频率范围的一半,即 27.5~55Hz,对应的人体移动速度为 1.7~3.3m/s。依此类推,最终得到的小波分解系数矩阵 $X = [CA_4, CD_4, CD_3, CD_2, CD_1]$,由此可以计算每一频段中的能量。能量越大,表示人体移动的速度越集中在该频段下对应的速度范围中,最终计算每个频段能量占总能量的比值作为值班行为特征量,代表不同速度范围内的运动强度。

本节利用 HMM 对不同值班行为的移动速度分布构建相应的模型。HMM 是一个双重随机过程,其中之一是描述状态转移的马尔可夫链随机过程,是隐含的;另一个是描述状态和观测值之间关系的可见随机过程[17]。因此,可通过观测序列间接地分析状态转变。具体而言,可以通过从 CSI 中提取的特征分析值班状态。定义观测序列为 $O = \{O_1, O_2, \cdots, O_T\}$,其中 T 代表序列的长短,那么与其对应的隐含状态序列可表示为 $Q = \{Q_1, Q_2, \cdots, Q_T\}$。HMM 的识别过程包含 5 个重要参数 $\lambda = (M, N, A, B, \pi)$。HMM 模型参数如表 6-7 所示。

表 6-7　HMM 模型参数

参数 λ	具体含义
CSI 特征提取后的观测值数 M	观测值的有限集 $V = \{V_1, V_2, \cdots, V_M\}$
值班行为的隐含状态数 N	值班行为的有限状态集 $S = \{S_1, S_2, \cdots, S_N\}$, 如静止、行走、原地活动状态
值班行为状态转移矩阵 $A = \{a_{ij}\}, i, j \in [1, N]$	每个值班行为状态之间的转移概率 $a_{ij} = P(Q_t = S_j \mid Q_{t-1} = S_i), i, j \in [1, N]$

参数 λ	具体含义
发射矩阵 $B=\left\{b_{j(k)}\right\},j\in[1,N],k\in[1,M]$	值班行为状态和 CSI 观测值的关系 $b_{j(k)}=P(O_t=V_k\mid Q_t=S_j),j\in[1,N],k\in[1,M]$
初始状态分布 $\pi=\left\{\pi_i\right\},i\in[1,N]$	$\pi_i=P(Q_1\mid S_i),\sum\limits_{i=1}^{N}\pi_i=1$

在本节的研究中，根据 OOW 值班行为的人体运动特征将其分为行走状态和原地活动状态，同时考虑人体处于静止的状态，因此建立 3 种不同值班状态的 HMM。完整的 HMM 模型结构如图 6-28 所示。值班行为状态在静止、行走和原地活动 3 种状态的马尔可夫链中相互转换，分别用 $S_N,N=1,2,3$ 表示，两种状态之间所有的转移概率 a_{ij} 构成转移矩阵 A。各个状态与观测值之间存在一个发射概率 $b_{j(k)}$，表示各状态产生不同观测值 V_M 的概率。

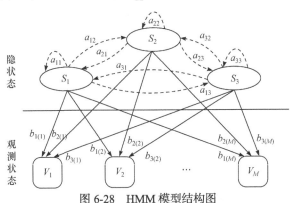

图 6-28　HMM 模型结构图

值班行为中获取的 CSI 经过特征提取后作为 HMM 的观测序列 O，调整 HMM 参数 λ，使条件概率 $P(O\mid\lambda)$ 在局部有最大值。为了训练参数 λ，得到 $P(O\mid\lambda)$，本节使用 Baum-Welch 算法，它可以计算参数 λ 的极大似然估计，通过递归更新权值可以得到最佳参数 λ，从而实现对 3 种不同值班行为状态的模型训练。在识别过程中，获取新的观测序列作为输入，$P(O\mid\lambda)$ 的输出结果代表该模型与观测序列的匹配度。输出值最大的模型就是与该序列匹配程度最高的模型，即该模型对应的行为状态是当前 OOW 的值班状态。

6.2.4　实验结果与分析

1. 实验场景

实验使用 TP-LINK 路由器作为无线 AP，接收端为配备商用无线网卡和 Linux

内核 2.6.34 操纵系统的笔记本电脑。借助开源的 CSI Tool 工具包，最终可以得 CSI 数据。

为了准确评估该系统的性能，在重庆至宜昌的游轮神女贰号上开展实验。收发设备放置在高 1.2m 的文件柜上，间隔为 5.5m，以 100Hz 的采样率进行数据传输。实验利用传感器测得平均船速为 22km/h。在对 OOW 活动状态进行观察后，分别让实验者在驾驶室模拟 OOW 的不同值班行为，同时记录此期间 CSI 的变化，每种值班状态获取 300 组样本，再按照 2∶1 分为训练样本和测试样本。

2. 实验评估

本节使用准确度来评估系统性能。准确度表示分类正确的样本数占总样本数的比例。如表 6-8 所示，行走状态的识别准确度最高为 95%，其余两个状态容易混淆识别准确度相对较低。除此之外，分别选取不同的子载波相关系数阈值、不同的实验者、船舶两种不同的状态等 3 种因素进一步评估系统性能。

表 6-8　实验结果

实际状态	识别状态			准确度/%	平均准确度/%
	行走状态	原地活动状态	静止状态		
行走状态	95	5	0	95	90.3
原地活动状态	4	89	7	89	90.3
静止状态	1	12	87	87	90.3

3. 不同子载波相关系数阈值的影响

如图 6-29 所示，当阈值设定在 0.6 时，准确度较低。这是因为所有子载波的相关系数值都高于该阈值，此时系统没有剔除任何子载波，而随着阈值逐渐增大，有部分低敏感度的子载波被剔除掉，准确度不断提升，最终到达一个峰值。随后准确度会随着阈值的增大而逐渐减小。当阈值过大，选取的子载波数量过少时，破坏信号的完整性，导致提取的特征值会丢失真实环境下的特征。结果表明，当阈值在 0.75～0.8 时，准确度较高，因此在实验中选择的阈值为 0.8。

4. 不同实验者的影响

不同的人执行相同的动作时会存在一定的差异性。为了验证系统对不同人员的鲁棒性，选择 A、B、C 等 3 位身高在 175～187cm，体重在 70～86kg 的实验者分别模拟不同值班状态下的行为。如图 6-30 所示，3 名实验者中行走状态的识别准确度最高，都在 92% 以上，说明准确度与人体运动速度相关，活动速度越大识

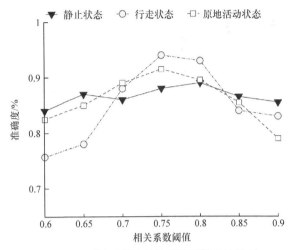

图 6-29　不同子载波相关系数阈值的结果图

别越准确。在某些时刻下，原地活动状态容易与静止状态混淆，因此准确度都低于行走状态，最低为 88.7%是实验者 *A* 在静止状态下的识别准确度。3 名实验者的系统平均识别准确度最大误差都在 2.2%以内，表明系统采用的 HMM 可以识别不同人员在不同速度差异下的相同值班状态。

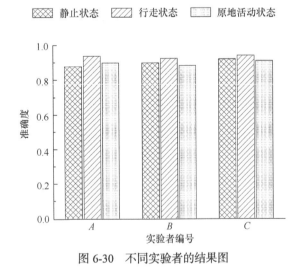

图 6-30　不同实验者的结果图

5. 船舶不同状态的影响

船舶环境不同于普通陆上环境，其动态的变化也会对系统识别造成影响。如图 6-31 所示，当船舶处于 22km/h 的航行状态时，平均识别准确度为 90.7%。相对于船舶停泊时，静止状态和原地活动状态的识别准确度都有所下降，其中静止状态的识别准确度下降 4.7%，而人员行走状态的识别准确度在船舶航行与停泊时相差仅为 0.8%。这表明，人体行走时对信号的影响大于船舶航行时对信号的影响，可见船舶航行产生的影响不利于识别速度较小的行为状态。

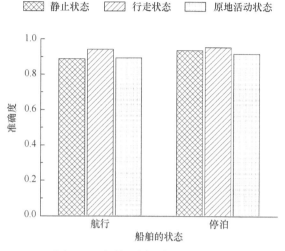

图 6-31 船舶不同状态下的结果图

为识别 OOW 值班行为，在分析人员不同值班行为对 CSI 影响的基础上，构建驾驶员不同值班行为状态模型，应用时频分析工具提取不同值班行为状态的速度分布特征，从而以速度特征为桥梁将 CSI 的变化与 OOW 行为相关联，最终利用 HMM 对 OOW 行为状态进行识别分类。在真实船舶驾驶室内对系统进行评估的实验结果表明，该方法平均识别准确率可达 90%以上，其中行走状态的识别准确率最高可达 94%。此外，系统具有较好的鲁棒性，可应用于不同的 OOW，同时也可以保护 OOW 的行为隐私。如何区分原地活动中的不同动作，减少船舶航行带来的不利影响，提升原地活动中细粒度行为的识别准确度，是我们后期的主要工作。

6.3 基于超宽带的船载室内无线定位系统

本节首先从船舶人员位置感知系统的设计需求出发，根据实现的功能和船舶的特殊结构提出基于 UWB 的船舶人员位置感知系统的整体设计方案，并对系统各个节点进行细致完整的技术方案设计，主要包括实现定位功能的固定节点、移动节点、区域分割节点的方案，以及用于数据汇总和传输的汇聚节点方案。

6.3.1　船载室内无线定位系统架构

基于 UWB 的船舶人员位置感知系统组成框图如图 6-32 所示。系统主要由四种类型的节点组成，即固定节点、移动节点、分割节点和汇聚节点。其中固定节点位置已知且固定，作为定基站；移动节点随身携带，作为定位标签；分割节点安装于船舶舱室、走廊、楼梯等的出入口处，用于进出该区域的用户身份信息的识别，从而使位置感知网络利用用户的身份信息对人员进行分区定位与管理；汇聚节点固定在每个舱室出入口附近，通过无线网络汇集舱内位置坐标后通过以太网传输至工作站。

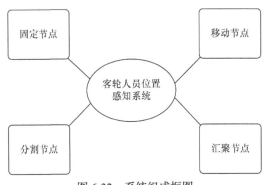

图 6-32　系统组成框图

每个舱室内由固定节点(定位基站，位置信息已知)、移动节点(定位标签，位置信息待求解)、分割节点构成独立的位置感知单元。基于 UWB 定位方法，每个移动节点可以测量获得其与每一个固定节点的距离，然后利用多个已知距离信息联立求解距离方程组，从而确定移动节点所在的位置坐标。每个舱室独立的位置感知网络单元利用汇聚节点接入网络，与布置在走廊、楼梯间等位置的其他独立位置感知单元组成整层甲板的位置感知网络。各层甲板的网络信息通过楼梯节点转发至协调器，协调器再将信息汇总至工作站，进而构成整个船舶的人员位置监控网络。

以两个舱室的节点部署作为示例，实际应用中同样节点的部署方案会遍及船舶的每一个角落，包括楼梯间、甲板、走廊等，以便实现针对所有船舶人员在船舶任意位置的感知。

1. 固定节点方案设计

根据需求分析可知，船舶人员位置感知的固定节点。如图 6-33 所示，其位置坐标已知且固定，主要用于移动节点位置坐标计算的参考点。固定节点应包含 UWB 模块、无线通信模块、主控模块、程序更新模块、电源管理模块。

其中，UWB 模块和主控模块完成测距数据的采集和计算，是固定节点的核心模块。由于船舱内部多为金属隔断，不利于布线，因此采用无线通信模块将舱室内的所有固定节点以星型网络拓扑结构连接起来，将所有固定节点数据汇总至汇聚节点，位置感知单元通过汇聚节点接入整个位置感知网络，并将固定节点的异常情况及时报告给工作站。在供电方面，固定节点固定安装于舱室的墙面。为了保障固定节点长期稳定的工作，因此采用外部供电较为合适。电源管理模块将输入电压合理地分配给节点的各个模块，保障所有模块稳点的电源供应。为了满足配套设施的功能需求的更新，预留程序更新接口，通过 Micro-USB 接口直接与PC 相连，达到更新节点固件的目的。

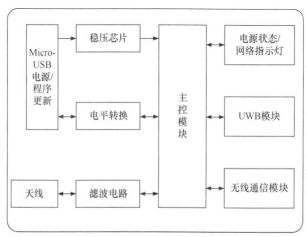

图 6-33　固定节点技术方案框图

2. 移动节点方案设计

船舶人员位置感知系统的移动节点，即乘客手持定位标签，需满足体积小、重量轻、携带方便等要求。移动节点需要随身携带，因此系统设计了一个表盘式可穿戴定位终端。它集成了各个功能模块，具有记录携带人员身份信息、实时获取位置信息，并通过与固定节点的通信上传至监控中心的功能，因此移动节点相比固定节点有更高的集成度和更低的功耗。设计时，我们将从硬件和软件两个方面进行优化。移动节点技术方案框图如图 6-34 所示。

移动节点中的 UWB 模块和主控模块完成测距数据的采集和计算，是必不可少的核心模块。为了区分开移动节点所在的舱室，确定一定节点的大概位置，每一个移动节点都集成一个微型的 RFID 标签。进出舱门时，该标签可以安装于舱门内外的分割节点，通过读取其唯一身份 ID 确定其当前的大概位置，实现对区域按舱室分割成独立的位置感知单元，从而进行下一步更精确的定位。移动节点内置无源 RFID 标签，不消耗移动节点的电源。显示模块用于显示移动节点的电池电量和工作状态。不同于固定节点，移动节点采用锂电池供电。为了增加电池的充放电循环次数，提高供电安全性，设置充放电保护电路模块是非常有必要的。为了降低功耗，添加运动检测模块。运动检测模块用于感知节点的运动状态，当节点静止时，移动节点会进入低功耗模式，降低与固定节点的通信频率，从而大幅提高移动节点的续航时间。最后也预留了程序更新接口，连接 PC 即可根据功能需求更新固件。

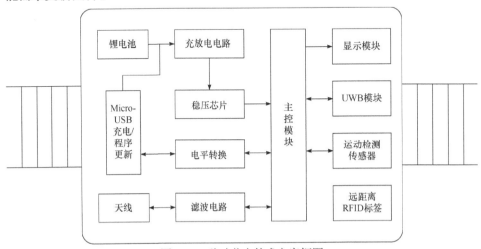

图 6-34　移动节点技术方案框图

3. 分割节点方案设计

分割节点安装于船舶舱室、走廊、楼梯等出入口处，主要功能是读取附近移动节点的身份 ID 并确定其大概位置，将其划分到具体的位置感知单元，以便下一步精确定位。为实现该功能，系统选择当前成熟可靠的 RFID 技术。该技术是自动识别技术的一种，通过无线射频方式进行非接触双向数据通信，利用无线射频方式对记录媒体(电子标签或射频卡)进行读写，从而达到识别目标和数据交换的目的。RFID 技术根据频率可以分为低频、高频、超高频和微波。RFID 技术对比如表 6-9 所示。

表 6-9　RFID 技术对比

类别	低频	高频	超高频	微波
频率	135kHz	13.56MHz	840～960MHz	2.45GHz
工作原理	电感耦合	电感耦合	电磁反向散射耦合	电磁反向散射耦合
识别距离	<50cm	<1m	1～8m	1～15m
标签类型	无源型	无源型	无源型/有源型	无源型/有源型
识别速度	<1s	<0.5s	<0.2s	<0.1s
环境影响	迟钝	-------------------------→		敏感

因为船舶人员需要满足无感通行，所以需要满足识别速度快，识别距离较远的特性。根据表 6-9 可知，选择超高频 RFID 技术是最合适的。其读取的数据通过串口发送至汇聚节点。分割节点的技术方案框图如图 6-35 所示。

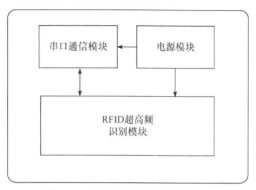

图 6-35　分割节点技术方案框图

4. 汇聚节点方案设计

船舶人员位置感知系统的定位网络由一个个独立的位置感知单元构成。每个独立的位置感知单元需要通过汇聚节点连接起来。这样数据汇总再打包发送的结构可以大大提高数据传输和管理的效率。舱内数据通过无线通信传输，但是由于船舶舱室的隔断多为金属结构，对无线信号有较强的屏蔽作用。为了数据传输的安全稳定，舱内数据传输至工作站则采用有线传输的方式。常用的有线传输技术对比如表 6-10 所示。

表 6-10　常用的有线传输技术对比

传输类型	速度	特点
485	典型速度为 10K	总线仲裁有损，利用率低需要主机仲裁，距离近(几米)，4～5 个节点
CAN	典型速度 100K	硬件仲裁，二进制退避，逐位仲裁无损，几十米，几十个节点
以太网	典型速度 10M～100M	易用于大批量的数据传输，总线占用的不确定性，实时性较高

由于系统传输数据量大，实时性要求较高，因此选择以太网进行有线数据的传输最为合适。为了避免长距离烦琐的船舶内部布线，可以利用船舶内部原有的网络接口和设备进行以太网的局域网传输，既方便也可大大节约成本。

根据以上功能需求，汇聚节点主要包含串口转以太网通信模块、无线通信模块、串行通信接口和电源模块。串行通信接口主要用于连接分割节点，接收 RFID

读写器识别的 ID。串口转以太网通信模块主要将无线通信模块接收到的舱内定位数据通过有线局域网的方式传输到船舶工作站。汇聚节点固定于舱室内墙壁，因此供电同样采用外部电缆供电，既稳定又安全。网络模块可以通过网络进行在线升级固件，因此无须预留程序更新接口。汇聚节点技术方案框图如图 6-36 所示。

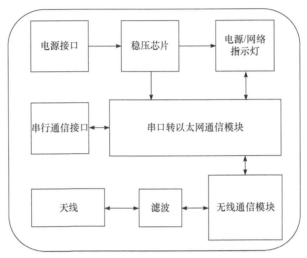

图 6-36　汇聚节点技术方案框图

6.3.2　船载室内无线定位系统硬件设计

本节在节点方案设计的基础上进行硬件组成和电路设计。对上述四个类型的节点，用到的主要功能模块包括主控模块、UWB 模块、无线通信模块、运动监测模块、超高频读写模块，进行芯片选型、电路设计，以及最后节点的印制电路板(printed circuit board，PCB)设计。

1. 主控芯片及其外围电路设计

主控芯片选择 STM32 系列单片机。该单片机拥有着 ARM Cortex-M3 内核，普通工作频率达到 72MHz，闪存 128KByte，SRAM 有 20KByte。另外，该芯片还提供三种低功耗模式，即睡眠模式、停止模式、待机模式，同时有丰富的 I/O口和外设接口。相比前 3 种主控芯片，没有明显的短板，且价格低廉，非常适合本系统的开发应用，因此本系统选用 STM32F1 系列单片机作为主控芯片。

2. UWB 芯片及其外围电路设计

UWB 射频模块是本系统的核心模块，主要完成固定节点与移动节点之间通过 UWB 射频模块的多次数据交互和双边双向测距(two way ranging, TWR)算法完成精准距离数据的采集任务，为接下来的定位提供精准的数据支持。

3. 无线通信模块及其电路设计

固定节点上的无线模块作为无线通信模块，主要用于多跳自组网络的建立，以及与其他节点进行数据的交互，并可将固定节点的异常情况及时报告给工作站。因此，至少需要满足短距离、自组网、低功耗。常用的室内短距离无线通信技术主要有 Wi-Fi、蓝牙和 ZigBee。相比于 Wi-Fi 和蓝牙，ZigBee 无线传感技术可以建立很多网络连接点，同时依靠网络辅助器还可以实时传输数据通信，因此在实时性和可扩展性上优于前两者。另外，ZigBee 的成本更低也是重要的原因之一。

本系统固定节点和移动节点上的 ZigBee 模块为终端节点。汇聚节点上的 ZigBee 模块为路由节点。ZigBee 模块均通过串口与 STM32 芯片连接，将 STM32 芯片处理计算后的数据从终端节点通过无线透传的方式发送到路由节点，从而完成定位数据的无线采集。

4. 运动检测模块电路设计

运动监测模块主要用来监测移动节点的运动状态。当移动节点处于静止状态时，移动节点会进入休眠状态。当从静止状态转变为运动状态时，移动节点会从休眠状态唤醒进入工作状态，这样可以大大提高移动节点的续航时间。

5. 串口转以太网通信模块电路设计

以太网通信作为使用最广泛的局域网通信技术，在控制领域得到越来越多的应用。以太网可以执行远程控制与数据传输。与传统的现场总线方法相比，以太网具有成本低、传输距离长、管理和控制简单的特点。

船舶人员位置感知系统中的 UWB 模块、ZigBee 模块和 RFID 都属于无线射频模块，因此在设计 PCB 板和走线时，电磁兼容与电磁干扰是必须要考虑进去的，主要考虑如下几个方面。

(1) 接地设计。在无线射频范围内，大多数电磁干扰是不正确的接地引起的。接地线的电位是整个系统的基准电位。如果接地线走线和设计不当，将导致电路故障或过度干扰。因此，接地线的构造必须确保电位稳定，避免电磁干扰。在 UWB 频段的 PCB 设计中，因为 RF 芯片和主控制芯片工作于更高的频率，并且每根导线都有电感。这导致导线的阻抗一般远大于 DC 电阻。因此，在芯片附近，接地线的布设需要尽量少、尽量短。

(2) 滤波设计。在 UWB 频段的 PCB 设计中，解决电磁干扰的关键在于滤波。在设计电磁兼容性时，滤波主要是低通滤波。这是因为大多数具有较高频率的信号都会产生电磁干扰。另外，电路操作不需要数字电路中的许多高次谐波，并且必须对其进行滤波来避免对其他电路的干扰。由于 UWB 频带板上的组件对电源精度有更高的要求，因此使用带有外部 100nF 和 100μF 的电容进行电源滤波。这意味着，施加到定向耦合器和平衡变压器的电压变得更稳定。其中，电容值较大的钽电容可用于滤除低频干扰，电容值较小的无极性电容可用于滤除高频干扰。

6.3.3 船载室内无线定位系统嵌入式软件设计

我们采用模块的思想完成系统的硬件设计，在接下来的软件设计上依旧采用模块化的设计思想，根据实现不同功能的程序模块化设计。这样使整个系统的软件代码看起来非常的明朗，使软件代码看起来像一个个的硬件模块，可以在一定的程度上提高系统的设计时间，增加代码复用的可能性，缩短开发周期。

1. UWB 定位程序设计

UWB 模块是待测目标节点与各基站根据双边测距模型，完成通信过程实现基本测距功能。然后，基站 0 作为主基站接收目标节点到各个基站的距离信息，以及基站之间的距离信息。滤波处理后再通过三边定位算法完成位置解算，通过 ZigBee 通信模块发送到汇聚节点，最后汇聚节点将各个舱室的位置数据经以太网发送到船舶工作站的上位机。上位机完成图形化的动态显示，从而达到实时监测船舶人员位置目的。DWM1000 的主要模式切换体现在接收与发送信息这两种模式。下面对 DWM1000 的发送信息状态，以及接收信息状态进行详细的说明。数据结构的传送是 DWM1000 收发器基本功能之一。传输结构格式如图 6-37 所示。基础发送序列如图 6-38 所示。

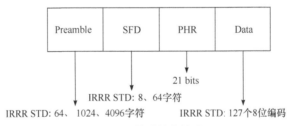

图 6-37　传输结构格式

DWM1000 一开始处于闲置状态并等待主控制器的指令。为了实现信息的传输，主控制器必须将传输数据写入发送数据缓冲区，同时配置各类发送参数，包括前导码的长度、数据的传输速率等。当发送状态启动之后，DWM1000 会自动发送完整的数据结构，包括前导码(Preamble)、帧起始界定符(SFD)、物理层帧头(PHR)、数据(Data)，其中前导码和帧起始界定符构成同时报头，物理层帧头主要定义数据长度和数据传输速率，数据为 MAC 消息。每完成一次数据的发送，系统事件状态寄存器就会被置位，CRC 作为辅助信息自动增补到 MAC 层结构中，

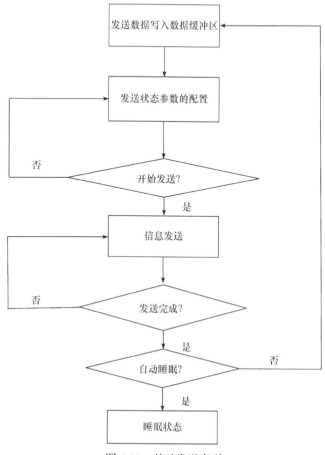

图 6-38　基础发送序列

而 DWM1000 回到闲置状态等待新的指令。这一过程最重要的事情就是标记发送信息的时间戳。在帧的传输过程中，PHR 的开始是由 IEEE 802.15.4 UWB 为消息时间戳指定的事件。从天线(定义为 RMARKER)发射的第一个符号的时间是被指定为传输时间戳的事件。DWM1000 数字传输电路在开始发送 PHR 时，将系统时钟计数器作为原始传输时间戳，然后增加传输天线延迟，获得天线调整的传输时间戳，并将其写入名为 Transmit Time Stamp 的寄存器文件中。传输天线延迟的配置在名为 Transmitter Antenna Delay 的寄存器中。图 6-39 所示为基础接收序列。

系统初始化包括主控系统 STM32GPIO、系统时钟、串口通信、SPI 通信，以及 DWM1000 模块的初始化和配置等。图 6-40 所示为系统设计流程图。

在 STM32GPIO 的配置中完成系统工作模式的配置、标签 ID 的配置，或者基站 ID 的配置、分组 ID 的配置。串口初始化完成串口比特率、串口字长、串口停止位、优先级等配置，使能串口 1，设置 STM32GPIOA 的引脚 9 作为串口发送端，GPIOA 的引脚 10 作为串口的接收端。启动 DWM1000 模块前必须使能 GPIO，然后完成 DWM1000 的配置。具体为信道、脉冲频率、传输序文长度、接收数据块大小、发送前导码、接收前导码、数据传输速率、PHR 模式、SFD 超时时间等参数的设置。

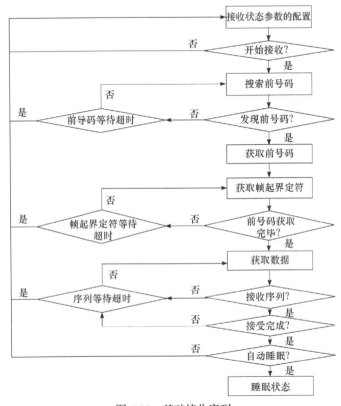

图 6-39　基础接收序列

2. ZigBee 无线透传程序设计

ZigBee 传输基于 TI 的 Z-Stack 协议栈。Z-Stack 协议栈是基于操作系统的思想，使用事件轮询机制，初始化各层之后，系统会切换到低功耗模式，并在发生事件时激活，系统开始进入中断处理事件，完成后继续进入低功耗模式。如果同时发生多个事件，判断优先级并逐个处理事件。整个 Z-Stack 的主要工作流程大致分为系统启动、驱动程序初始化、OSAL 初始化和启动，然后进入任务轮循阶段。Z-Stack 系统运行流程如图 6-41 所示。

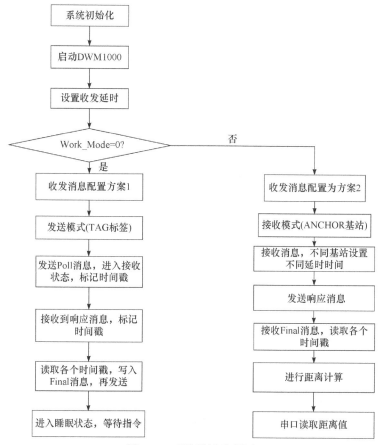

图 6-40 系统设计流程图

3. 硬件驱动程序设计

(1) 运动检测模块程序设计。MPU6050 通过 IIC(inter-integrated circuit)接口与单片机进行数据通信,所以首先对 IIC 通信协议进行软件设计。IIC 总线是 PHILIPS 公司开发的两线式串行总线, 用于连接微控制器及其外围设备。它是由串行数据线(serial data line, SDA)和串行时钟(serial clock line, SCL)构成的串行总线,可发送和接收数据。IIC 总线在传送数据过程中共有三种类型信号, 即开始信号、结束信号和应答信号。对于开始信号, SCL 为高电平时, SDA 由高电平向低电平跳变, 开始传送数据。对于结束信号, SCL 为高电平时, SDA 由低电平向高电平跳变, 结束传送数据。对于应答信号, 接收数据的 IC 在接收到 8bit 数据后, 向发送数据的 IC 发出特定的低电平脉冲, 表示已收到数据。CPU 向受控单元发出一个信号后, 等待受控单元发出一个应答信号。CPU 接收到应答信号后, 根据实际情况做出是否继续传递信号的判断。若未收到应答信号，判断为受控单元出现故障。在这些信号中，起始信号是必需的，结束信号和应答信号可不要。IIC 总线时序图如图 6-42 所示。

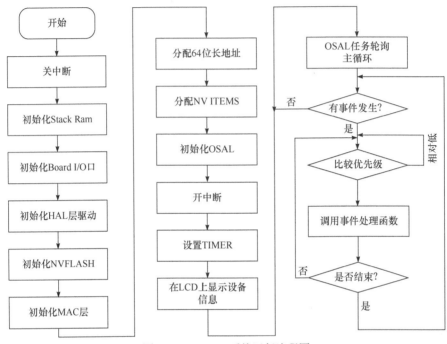

图 6-41　Z-Stack 系统运行流程图

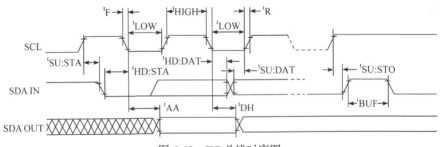

图 6-42　IIC 总线时序图

根据 IIC 总线时序图设计 IIC 驱动代码，实现包括以下步骤，IIC 的初始化函数(IO 口) void IIC_Init(void)；IIC 开始信号函数 void IIC_Start(void)；IIC 结束信号函数 void IIC_Stop(void)；IIC 等待应答信号函数 u8 IIC_Wait_Ack(void)；IIC 数据功能函数 void IIC_Send_Byte(u8 txd)；IIC 数据读取函数 u8 IIC_Read_Byte(unsigned char ack)。在其他函数中，只需要调用相关的 IIC 函数就可以和外部 IIC 器件通信了。移动节点通过单片机对 MPU6050 姿态数据的处理来得出移动节点是出于移动还是静止状态，从而判断节点是否进入低功耗模式。数据处理流程图如图 6-43 所示。

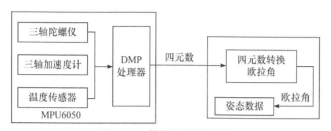

图 6-43　数据处理流程图

MPU6050 驱动程序设计分为以下几个步骤。

第一步，初始化 IIC 接口。MPU6050 采用 IIC 与 STM32F1 通信，需要先初始化与 MPU6050 连接的 SDA 和 SCL 数据线。

第二步，复位 MPU6050。这一步让 MPU6050 内部所有寄存器恢复默认值，通过对电源管理寄存器 1(0X6B)的 bit7 写 1 实现。复位后，电源管理寄存器 1 恢复默认值(0X40)，然后设置该寄存器为 0X00，唤醒 MPU6050，进入正常工作状态。

第三步，关闭中断、关闭 AUX IIC 接口、禁止 FIFO、设置陀螺仪采样率和设置数字低通滤波器等。

第四步，中断使能寄存器(0X38)和用户控制寄存器(0X6A)控制。

第五步，配置系统时钟源并使能角速度传感器和加速度传感器。系统时钟源同样通过电源管理寄存器 1(0X1B)设置。该寄存器的最低三位用于设置系统时钟源选择，默认值是 0(内部 8M RC 震荡)，一般设为 1，选择 x 轴陀螺锁相环 PLL 作为时钟源，以获得更高精度的时钟。同时，使能角速度传感器和加速度传感器，这两个操作通过电源管理寄存器 2(0X6C)设置，设置对应位为 0 即可开启。至此，MPU6050 的初始化就完成了，接下来通过读取相关寄存器，得到加速度传感器、角速度传感器数据确定移动节点的运动状态。

(2) 超高频读写模块程序设计。分割节点的 RFID 标签是 Alien H3/H4 芯片，18000-6C(EPCC1-G2)协议，64bit 的线程信息块 TID。RFID 读写器通过 RS232 转串口(transistor transistor logic, 晶体管-晶体管逻辑, TTL)与汇聚节点连接。串行通信接口的数据帧是一个起始位，8 个数据位，一个停止位，无奇偶校验位，缺省比特率为 57600。在串行通信过程中，每个字节的最低有效位先传输。通过上位机对读写器进行设置，当上位机通过发送命令数据块让读写器执行该命令后，将获得读写器的信息，其中包括读写器地址(Adr)、读写器软件版本(Version)、读写器类型代码、读写器协议支持信息、读写器的频率范围、读写器的功率、询查时间等信息。

① 设置读写器工作频率。这个命令用来选择频段及各频段中的上限频率、下限频率。上限频率必须大于或等于下限频率。读写器频率设置命令如表 6-11 所示。

表 6-11　读写器频率设置命令

Len	Adr	Cmd	Data[]		CRC-16	
			MaxFre	MinFre		
0x06	0xXX	0x22	0xXX	0xXX	LSB	MSB

MaxFre：一个字节，Bit7-Bit6 用于频段设置；Bit5-Bit0 表示读写器工作的最大频率。MinFre：一个字节，Bit7-Bit6 用于频段设置；Bit5-Bit0 表示读写器工作的最小频率。最小频率必须小于等于最大频率。

② 设置读写器地址。Address 为要设置的新的读写器地址。本条命令使用原来的地址应答。这个地址不能是 0xFF。如果设置为 0xFF，则读写器返回参数出错信息。读写器地址设置命令表如表 6-12 所示。

表 6-12　读写器地址设置命令表

Len	Adr	Cmd	Data[]	CRC-16	
0x05	0xXX	0x24	address 0xXX	LSB	MSB

③ 设置读写器询查时间。Scantime 为询查时间。读写器将会把询查命令最大响应时间改为用户给定的值(3×100ms～255×100ms)，以后将使用此项新的询查命令最大响应时间。出厂时缺省值是 0x0a(对应的时间为 10×100ms)。用户修改范围是 0x03～0xFF(对应时间是 3×100～255×100ms)。注意，实际的响应时间可能会比设定值大 0～75ms。当用户写入的值为 0x00～0x02 时，读写器会自动恢复成缺省值 0x0a(对应的时间为 10×100ms)。读写器时间查询命令如表 6-13 所示。

表 6-13　读写器时间查询命令

Len	Adr	Cmd	Data[]	CRC-16	
0x05	0xXX	0x25	Scantime 0xXX	LSB	MSB

④ 设置串口波特率。BaudRate 为新的波特率，默认为 57600。需要特别注意的是，本次传送应答数据所用的波特率还是原来的波特率。从下一次发命令开始，使用新的波特率。此命令用来更改读写器的串口波特率。串口波特率设置命令表如表 6-14 所示。

表 6-14　串口波特率设置命令表

Len	Adr	Cmd	Data[]	CRC-16	
0x05	0xXX	0x28	BaudRate 0xXX	LSB	MSB

⑤ 调整功率。读写器的功率决定标签的识别范围。合适的功率大小可以有效避免误读，造成船舶人员位置感知系统的错误判断，用以下命令设置读写器功率。范围是 0～30，取值 30 时约为 1W 的输出功率。功率调整命令如表 6-15 所示，其中 Pwr 为设定的功率参数。

表 6-15　功率调整命令

Len	Adr	Cmd	Data[]	CRC-16	
0x05	0xXX	0x2F	Pwr 0xXX	LSB	MSB

6.3.4　船载室内无线定位系统集成与测试

系统测试是每一个系统诞生过程中必不可少的一环，通过完整周全的系统测试可以得到系统的各个模块，以及整个系统的工作情况。因此，可以根据测试环节的分析报告决定系统的下一步优化和升级方案。本节将在真实的船舱环境对船舶人员位置感知系统的所有模块从独立到集成进行完整充分的软硬件联合测试，得出真实的测试结果，以便接下来的优化与改进。

1. 测试设备与环境介绍

系统的软件测试在大型内河船舶华夏神女二号的游客大厅、客舱、餐厅、甲板和船舶宴会厅等场所进行。测试环境包括安装有显示定位结果的上位机、Keil uVision5 嵌入式软件编程平台和接收各个模块数据的串口调试助手和网络调试助手。

2. UWB 测距功能测试

本系统的定位功能是在基于测距结果实现的，测距功能的准确与否直接影响定位的精度，因此测试的第一步就是记录模块工作状态，采集测距数据并进行误差分析。预估测距误差在 20cm 以内是系统允许误差，可以满足定位需求。

(1) 测试方案设计。

第一步，准备固定节点和移动节点各一台，下载对应的软件代码，固定节点采用 5V 外部供电，标签采用 3.7V 锂电池供电。

第二步，采用 UWB 转串口线将固定节点与 PC 机连接(RXD 接 TXD、TXD 接 RXD、GND 接 GND)。

第三步，在 PC 端打开 XCOM 串口调试助手即可接收所测得的距离。

第四步，观察记录固定节点和移动节点上电源指示灯是否长亮和 DWM1000 芯片工作指示灯是否闪烁是否正常(闪烁周期为 0.5s)。

第五步，在视距和非视距情况下分别测量十组距离，计算绝对误差，其中视距是理想情况下的状态，非视距才是实际状态，因此非视距情况下的测距数据更有参考价值。

(2) 测试数据与误差分析。测试环境为船舶餐厅，分别在视距和非视距环境下采集 10 组测距数据，其中视距下平均误差为 7.1cm，非视距下平均误差为 11.7cm。通过对数据的分析可知，无论是视距条件还是非视距条件，观测距离都比真实距离要大。这可能是因为系统存在一个为正值的系统误差。视距条件下比非视距条件下得到的实际距离观测值精度更高，离真实距离偏差更小。这是符合理论推导的，视距条件下信号质量好，所得的观测结果更精确。这是因为非视距条件下存在衍射与多路径效应等都会影响精度。

3. UWB 定位功能测试

完成测距功能的测试，接下来是系统的核心的定位功能测试。测试分为各个模块的功能稳定性测试和定位精度测试及误差分析。

(1) 测试流程。首先，搭建三基站一标签测试系统，其中基站采用 5V 外部供电，标签采用 3.7V 锂电池供电，基站 0 配置为 ZigBee 网络的终端节点，汇聚节点的串口转以太网模块配置为 ZigBee 网络的协调器节点。然后，将 ETH-01 串口转以太网模块和 PC 端 IP 地址配置为 192.168.1.X 网段。PC 端上位机和网关模块通过网线和路由器连接。最后，同一舱室内布置不共线的 3 个基站，测量 12 组数据，观察记录真实坐标和测量坐标，以及各个模块的发热情况和功耗。

(2) 结果分析。采用三基站多标签的定位模式，以基站 0 为坐标原点。基站 0 与基站 1 的延长线为 x 轴构建二维平面坐标系，在船舶游客餐厅固定 3 个基站，改变标签的真实坐标，记录下所测的标签坐标。根据定位测试数据可得，定位结果的平均误差为 16.9cm，相较测距误差有所增大，但仍在 20cm 误差精度以内。根据船舶游客大厅所测数据与之前在陆地室内进行的定位数据对比可得普通船舶的大厅环境下 UWB 定位精度无明显差异。标签数量由 1 个增加到 5，系统仍正常运作。

经测试，在功耗方面，固定节点的瞬时功率稳定在 0.9W 左右；移动节点的功耗随着电池电压的下降而降低，前 90min 的平均功耗为 0.4W，不到固定节点的一半。分析原因是，移动节点相较固定节点少 ZigBee 模块，且不工作时进入休眠模式，会降低移动节点的功耗。

4. 数据传输稳定性测试

(1) 测试流程。固定节点模块含有 ZigBee 终端。网关模块含有 ZigBee 协调器。协调器将终端发来的数据通过串口转以太网模块转换后通过网络发送到 PC 端上位机。

第一步，ZigBee 网络协议测试。通过下载器分别给固定节点的 ZigBee 模块下载终端代码，网关的 ZigBee 模块下载协调器代码，协调器端通过串口与 PC 连接，上电复位后会在串口助手打印 "reset!"，则 ZigBee 网络协议通信正常。

第二步，ZigBee 网络通信测试通过后，将网关模块通过网线、路由器与 PC 连接。模块的以太网口和 PC 接入同一个局域网内，PC 端 IP 地址配置为 192.168.1.X 网段。

第三步，ETH-01 模块配置。使用 NetModulConfig 软件，点击 "搜索设备"，设备列表会显示子网内的模块，双击列表的可获取模块的 IP 地址、子网掩码、网关等信息，填写好相应的网络和串口信息后，点击配置设备参数即可。

第四步，上电后，PC 端网络调试助手收到测距数据则成功建立 TCP 通信，网络数据传输正常。

(2) 结果分析。船舶人员定位系统采用 ZigBee 无线网络和以太网有线网络相结合的数据传输方式，根据船舶的实际环境选择不同的数据传输方式，在实际定位测试中，ZigBee 网络和以太网络数据传输稳定，定位结果准确，在 90min 的连续工作后仍保持稳定的状态。在各个时间段，网关节点的功耗稳定在 0.1W。测试结果如表 6-16 所示。

表 6-16　稳定性测试结果

类型	30min	60min	90min	120min
ZigBee 网络	正常	正常	正常	正常
以太网	正常	正常	正常	正常

本节基于 UWB 的船舶人员位置感知系统硬件设计实现对船舶人员位置的信息化管理。本节通过分析国内外有关船舶人员定位系统和基于 UWB 技术的室内定位技术的研究与应用入手，提出一套基于 UWB 技术的船舶人员位置感知系统的设计方案。根据方案完成硬件设计和实地测试，并取得较好的效果。本节主要完成的工作和成果如下。

(1) 根据大型船舶舱室结构的特殊性，完成船舶人员位置感知系统的整体方案设计和节点部署。

(2) 完成船舶人员位置感知系统固定节点、移动节点、分割节点和汇聚节点的硬件和 PCB 设计,其中对移动节点进行了小型化集成化处理,以满足作为可穿戴设备在日常使用中的需求。根据实际需求选用 STM32F1 系列单片机作为各个节点的主控制器,并完成了相应的最小系统和电源电路设计;选用 DWM1000 芯片作为 UWB 无线收发模组,与 CC2530 芯片作为 ZigBee 无线传输模块,并完成相应的外围电路和 PCB 设计。

(3) 根据实际需求和多种 UWB 测距算法的优缺点对比,最终选择双边双向测距算法作为本系统的测距算法,并根据 DWM1000 芯片手册和官方例程完成基于 C 语言的嵌入式软件设计。

(4) 深度分析和归纳三边定位算法、最大似然估计算法和最小二乘法三种基于距离的定位算法,并根据系统实际应用需求选择最小二乘法作为最终定位算法,并完成程序设计。最后,完成基于 Zstack 协议栈的 ZigBee 无限透传程序和其他功能模块的硬件驱动程序设计。

(5) 在硬件模块和嵌入式软件程序均完成的基础上,对系统进行真实船舱环境下的集成测试,对测试结果和数据分析得出不论是定位精度,还是系统稳定性均能满足设计要求。

6.4 小　结

本章介绍船载舱室无线感知技术,包括船舶舱室异常入侵检测方法、驾驶员值班状态检测方法、船舶应急导航与疏散方法,以及基于 UWB 的船载室内无线定位系统。

(1) 船舶舱室异常入侵检测方法。首先,分析船舶环境下的人员入侵感知需求和限制,结合实际的船舶结构特点和实船数据采集分析,对不同频率子载波对环境敏感程度存在的差异性和时变性现象进行解释,并提出敏感子载波的概念。通过基于 KL 散度的相似度度量模型对子载波敏感性进行评价并提取对环境感知更为敏感的子载波,通过对 CSI 数据的幅度值矩阵和相位矩阵进行 PCA 提取特征值,再使用支持向量分类算法构建分类模型,实现对船舶舱室内有无运动人员的有效分类。使用矩阵膨胀算法和信道平均过量时延特征建立 CSI 数据与运动人员数量之间的映射关系,然后使用回归算法构建人员数量匹配指纹库,实现对区域内运动人员数量的估算。

(2) 船舶驾驶员值班状态检测方法。船舶驾驶员的值班行为对保障船舶航行安全十分重要，为更加高效智能地识别出驾驶员值班行为特征，提出一种基于 Wi-Fi CSI 的驾驶员值班行为识别方法。在分析驾驶员值班过程中不同行为对 CSI 时域和频域影响的基础上，通过提取 CSI 中表征不同值班行为对应的速度特征，构建包括驾驶员静止、驾驶员行走、驾驶员原地操作活动 3 种不同值班状态的 HMM，利用 HMM 对人体行为特征序列进行判别，从而实现驾驶员值班行为状态的分类。实船测试表明，该方法具有较高的准确性和鲁棒性，识别不同值班状态的平均准确度可达 90.3%，可为智能航运监管、船舶航行安全提供帮助。

参 考 文 献

[1] 刘克中, 庄洋, 周少龙, 等. 基于节点感知信任度模型的无线传感网络事件检测方法. 北京邮电大学学报, 2015, 38(1): 61-66.

[2] 刘文远, 刘紫娟, 王林, 等. 基于信道状态信息子载波特征差分的人体移动检测方法. 感技术学报, 2016, 29(12): 1839-1845.

[3] Samimi M K, MacCartney G R, Sun S, et al. 28 GHz millimeter-wave ultrawideband small-scale fading models in wireless channels//IEEE 83rd Vehicular Technology Conference, Nanjing, 2016: 1-6.

[4] Sen S, Radunovic B, Choudhury R R, et al. You are facing the Mona Lisa: Spot localization using PHY layer information//Proceedings of the 10th International Conference on Mobile Systems, Applications, and Services, Lake District, 2012: 182-196.

[5] 姚志均, 刘俊涛, 周瑜, 等. 基于对称 KL 距离的相似性度量方法. 华中科技大学学报: 自然科学版, 2011, 39(11): 1-4.

[6] 陈家豪, 刘克中, 陈默子, 等. 基于信道状态信息的船舶敏感区域入侵检测方法研究. 大连海事大学学报, 2018, 45(1): 89-95.

[7] Jolliffe I T, Cadima J. Principal component analysis: A review and recent developments. Philosophical Transactions of the Royal Society A: Mathematical, Physical and Engineering Sciences, 2016, 374(2065): 20150202.

[8] 范诗琪, 严新平, 张金奋, 等. 水上交通事故中人为因素研究综述. 交通信息与安全, 2017, 35(2): 1-8.

[9] 吴兆麟, 朱军. 海上交通工程. 2 版. 大连: 大连海事大学出版社, 2004.

[10] Jia J, Peng H, Ruan N, et al. Wi-Find: Driver fatigue detection with fine-grained Wi-Fi signal features. IEEE Transactions on Big Data, 2018, 6(1): 1086-1096.

[11] Kuge N, Yamamur T, Shimoyama O, et al. A driver behavior recognition method based on a driver model framework. Intelligent Vehicle Systems, 2010, 25(4): 69-76.

[12] Sun S Y, Kuang Z H, Sheng L, et al. Optical flow guided feature: A fast and robust motion representation for video action recognition. Proceedings of the IEEE Conference on Computer Vision and Pattern Recognition, Salt Lake City, 2018: 1390-1399.

[13] 鲁勇, 吕绍和, 王晓东, 等. 基于 Wi-Fi 信号的人体行为感知技术研究综述. 计算机学报,

2019, 42(2): 231-251.

[14] Yang Z, Zhou Z M, Liu Y H. From RSSI to CSI: Indoor localization via channel response. ACM Computing Surveys, 2013, 46(2): 1-32.

[15] Chen M Z, Liu K Z, Ma J, et al. SWIM: Speed-aware Wi-Fi-based passive indoor localization for mobile ship environment. IEEE Transactions on Mobile Computing, 2019, 10(2): 977-990.

[16] Liu K Z, Chen M Z, Cai E. et al. Indoor localization strategy based on fault-tolerant area division for shipboard surveillance. Automation in Construction, 2018, 67(12): 206-218.

[17] Deng Q, Wang J, Soffker D. Prediction of human driver behaviors based on an improved HMM approach//IEEE Intelligent Vehicles Symposium, Chang Sha, 2018: 2066-2071.

[18] Wang W, Liu A X, Shahzad M, et al. Device-free human activity recognition using commercial Wi-Fi devices. IEEE Journal on Selected Areas in Communications, 2017, 35(5): 1118-1131.

[19] 贺炎, 王斌, 王忠民. 小波分解在移动用户行为识别中的应用. 北京邮电大学学报, 2016, 39(4): 67-70.